Qualità dei sistemi e del software

Martin Wieczorek • Diederik Vos • Heinz Bons

Qualità dei sistemi e del software

Il prossimo passo per l'industrializzazione

Martin Wieczorek
Diederik Vos
Heinz Bons
SQS Software Quality Systems AG
Cologne
Germany

Traduzione dall'edizione inglese "Systems and Software Quality"
© Springer-Verlag 2014

ISBN 978-3-662-47770-0   ISBN 978-3-662-47771-7 (eBook)
DOI 10.1007/978-3-662-47771-7

Springer Heidelberg New York Dordrecht London

© Springer-Verlag Berlin Heidelberg 2016
This work is subject to copyright. All rights are reserved by the Publisher, whether the whole or part of the material is concerned, specifically the rights of translation, reprinting, reuse of illustrations, recitation, broadcasting, reproduction on microfilms or in any other physical way, and transmission or information storage and retrieval, electronic adaptation, computer software, or by similar or dissimilar methodology now known or hereafter developed.
The use of general descriptive names, registered names, trademarks, service marks, etc. in this publication does not imply, even in the absence of a specific statement, that such names are exempt from the relevant protective laws and regulations and therefore free for general use.
The publisher, the authors and the editors are safe to assume that the advice and information in this book are believed to be true and accurate at the date of publication. Neither the publisher nor the authors or the editors give a warranty, express or implied, with respect to the material contained herein or for any errors or omissions that may have been made.

Printed on acid-free paper

Springer-Verlag GmbH Berlin Heidelberg is part of Springer Science+Business Media
(www.springer.com)

Prefazione di Livio Mariotti

Italia: qualità in primo piano

Quando si parla di "qualità" viene spontaneo pensare al popolo tedesco. Oltre ad avere una propensione per la qualità applicata alla produzione, basata su una innata disciplina, in Germania si è creato uno standard minimo oltre il quale non si può svolgere un'attività economica. Il futuro della produzione di beni o servizi è fatto di integrazioni che devono prevedere uno standard di connessione. La piccola media impresa in Europa conta il 68% dei ricavi; in Italia la percentuale è molto più alta: l'80%. Numeri simili indicano come non ci si possa esimere dal perseguire un livello di qualità adeguato, per vendere i propri prodotti oltre confine.

Il software applicativo, dopo aver ricoperto un ruolo secondario, torna ad essere protagonista per l'intero apparato economico e politico. Grazie alle tecnologie, il cittadino può, infatti, dialogare con il mondo economico, fatto di imprese e Pubblica Amministrazione, proprio per la presenza, sul mercato, di centinaia di applicazioni. E in questo contesto non si parla più di qualità del software, bensì di testing, che ha assunto lo stesso valore della progettazione. Napoleone diceva: "il concepire è poco, l'eseguire è tutto". Infatti, in Italia, siamo tutti portati a concepire delle idee importanti ma con un'esecuzione non all'altezza dell'idea stessa.

Il testing è, quindi, diventato il "testimone" che passa di mano in mano nell'ideale staffetta vincente che punta alla qualità complessiva del prodotto. Ed il software è il principale strumento di esecuzione. Come dire che il cruscotto difettoso di una vettura non dipende dai materiali, né dai robot, ma dal software che definisce le cinematiche e controlla costantemente gli allineamenti. La nostra idea di testing è, allora, tipicamente quella di un "esame finale", inserito nel processo che segue costantemente ogni lavorazione, con l'obiettivo di ridurre a zero la difettosità.

Nella Formula 1, ad esempio, quando venne introdotto il pit stop per il rifornimento e il cambio delle gomme, i tempi superavano anche i 20 secondi. Oggi, invece, il cambio gomme viene effettuato in 3 secondi. E questo è dovuto all'integrazione di test continui tra apparecchiature e uomini. Non a caso, si verificano meno problemi, i tempi tra un pilota e l'altro sono sempre più vicini e quando c'è un errore è così grave da far perdere anche la gara.

Insomma, la qualità non può più essere legata ad un solo Paese ed alla sua mentalità. Molte industrie nazionali hanno un elevato livello di qualità dei processi, che determinano la qualità del prodotto ed il relativo costo: di fatto il testing rientra negli investimenti che hanno l'obiettivo di portare valore aggiunto nel tempo. I costi elevati si scontrano con le esigenze immediate del mantenimento dei prezzi, ma il testing deve essere visto come necessario e sistematico.

In particolare, il nostro Paese è rimasto un passo indietro nel settore della Pubblica Amministrazione, trovandosi al penultimo posto in Europa per l'uso delle applicazioni dedicate ai cittadini e alle imprese. Su questo fronte la spending review va attuata, riconsiderando la difettosità dei portali pubblici, che aumentano la distanza tra contribuente e Stato. E per vedere effetti tangibili su questi interventi ci vorranno circa 4-5 anni, riprogettando la spesa ed effettuando dei testing periodici.

Grazie alle migliaia di casi esaminati in Europa, oggi disponiamo di Linee Guida, riportate con dovizia e precisione in questo libro, che rappresenta una grande esperienza maturata in 30 anni di attività nei sistemi di qualità del software.

Insomma, il nostro non è solo un invito alla lettura, ma un'indicazione di lavoro, perché l'apporto di ognuno sia sempre più professionale e corretto, all'interno della propria azienda e nei confronti dei clienti e degli stakeholder.

Livio Mariotti
CEO SQS Italia S.p.A.
Italia
Giugno 2015

Prefazione di Walter Brenner

Qualità del software: un evergreen della gestione dell'informazione

Da giovane, canzoni come "Yesterday" dei Beatles, "Satisfaction" dei Rolling Stones, "Comfortably Numb" dei Pink Floyd o "Layla" di Eric Clapton, mi hanno sempre trasmesso gioia e serenità. Non è che le ascoltassi ogni giorno, ma dopo poche battute le riconoscevo, e apprezzavo l'ingegno dei musicisti che le avevano create.

La qualità del software è un argomento che mi ricorda i miei studi nei primi anni '80, periodo in cui il program testing era già nel mio curriculum. Mentre lavoravo per un'azienda nel settore chimico, la qualità del software era una delle mie attività e dei problemi quotidiani. Oggi, la qualità del software non è il focus della ricerca dell'istituto, ma è un'area che continuamente stimola il mio lavoro sulla gestione dell'informazione, i servizi industriali e i sistemi enterprise, il design thinking e il consumer business digitale. Anche per il software, insomma, in quanto evergreen, vale quello che ho detto per la musica: dopo poche "battute" si è in grado di riconoscerlo, discuterne, come pure trovare difetti e rischi possibili.

Una delle caratteristiche della musica evergreen è che è fatta per l'eternità. Una conclusione simile sembra possibile per la qualità del software? Finché il software è sviluppato e usato abbiamo necessità di servircene attraverso la quality assurance e il test. E ogni generazione di sviluppatori del software ha necessità di imparare l'importanza della qualità del software e la necessità di raggiungere un alto livello di qualità.

Per me è chiaro: il software e la sua qualità diventeranno un fattore chiave nel business quotidiano e nella vita. In un futuro prossimo la maggior parte dei nostri prodotti e servizi dipenderanno da esso. Non ci sarà praticamente nessun prodotto o servizio che non avrà un componente software, non ci sarà nessun processo commerciale o privato che non sarà supportato, gestito o controllato senza software. Per ogni quesito ci sarà un'*app* che fornirà una risposta.

E aggiungiamo: la prossima fase di sviluppo può emergere dai *sistemi* e *sensori embedded*. I sistemi embedded sono processori integrati, per esempio, nelle auto, negli aeroplani, in strumenti di mietitura e nelle lavatrici e in ciò che li controlla. I sensori consentono una visione digitale sullo stato e sulle condizioni del mondo reale. Le reti globali collegano gli individui, le aziende e le macchine e rendono possibile lo scambio dei dati e delle informazioni. Questo nuovo mondo digitale funziona grazie alla complessità del software. Inevitabilmente, la qualità del software sarà un fattore chiave per molte aziende che stanno cercando di 'fare la differenza' con i loro prodotti, servizi e processi.

In questo libro i tre autori hanno colto la sfida di studiare e discutere la qualità del software e dei sistemi. Basandosi su molti anni di esperienza pratica, fatta in attività lavorative per aziende diverse, di dimensioni diverse. Il libro è di facile lettura e consigliato a chiunque abbia responsabilità in quest'area. L'approccio è pratico e aiuta a mettere in atto processi complessivi e meccanismi di governance. È un grande merito degli autori l'aver sviluppato un metodo che tenga in considerazione sia la qualità dei processi di business che i rispettivi sistemi software e la qualità dei sistemi integrati.

La visione olistica di chi scrive rende chiaro che i modelli di gestione tecnica integrata ed economica diventeranno ancora più indispensabili in futuro per garantire la qualità di tutti i sistemi software.

In passato ho potuto prendere visione di molti scritti che discutevano la qualità del software, sia dei sistemi del software di business, che di sistemi integrati. Di solito le persone che si interessano a queste problematiche operano in "realtà separate" all'interno dell'azienda. In futuro dovranno lavorare insieme, poiché questi due mondi si fonderanno sempre più.

In questo senso, allora, si comprende il parallelo con l'evergreen: si prenda, ad esempio, una registrazione di "Satisfaction" dei Rolling Stones della fine degli anni '60 e una registrazione della stessa canzone del 2013 all'Hyde Park. Si può notare che il testo della canzone è lo stesso ma il suono è stato migliorato in modo significativo dal 1960. E come è piacevole ascoltare sempre più la musica evergreen, leggere questo libro e ripensare alla qualità dei sistemi e del software risulterà gratificante.

Mi auguro, perciò, che i lettori abbiano piacere immergendosi nella lettura e che gli autori abbiano sempre maggiore successo nel mondo ancor più competitivo del mercato editoriale!

Walter Brenner
Professore di Information Management
Industrial Services, Design Thinking and
Digital Consumer, Università di St. Gallen,
Svizzera
Febbraio 2014

Prefazione di Wolfgang Gaertner

La gestione della qualità e delle attività di test nello sviluppo software è diventata recentemente più visibile e sofisticata. Non c'è dubbio che svolgere attività di test in modo professionale e avere un approccio complessivo alla qualità, che si basa su una metodologia sperimentata, sono chiavi di volta per sviluppare con successo il software. Comunque, non esiste un modello unico di soluzione applicabile universalmente in ogni contesto. I manager IT affrontano ancora la sfida di definire una struttura di qualità integrale, che tenga in considerazione, per un ambiente specifico dell'area di business, la tecnologia, la cultura e le esigenze della qualità di ogni rispettiva organizzazione.

Questo dovrebbe essere un manuale su come definire e stabilire una struttura di qualità. Ci permette, infatti, di ottenere informazioni su come un approccio standardizzato alla factory del software possa liberare potenziale e sinergie nascoste. Si è analizzato un approccio alla problematica della qualità a livello strategico, tattico e operativo, ottenendo un'opportuna nozione di software e della qualità dei sistemi. Questi argomenti sono rilevanti per chi voglia avere una visione complessiva della qualità e intraprendere azioni appropriate per raggiungere obiettivi ambiziosi in un ambiente complesso.

Per esempio, dando uno sguardo al business bancario odierno, vediamo cambiamenti costanti in un ambiente di mercato dinamico. La globalizzazione e l'incremento dei requisiti normativi in tutte le aree del settore bancario sono forti catalizzatori per il cambiamento. Per competere in questo mercato dinamico e impegnativo, le istituzioni finanziarie sono continuamente tese a fornire lo stato dell'arte dei prodotti e dei servizi, così come a ridurre il loro costo base usando un'infrastruttura IT standardizzata. Le unità IT del settore bancario sono adibite ad introdurre tecnologie nuove e innovative e a velocizzare i cicli di sviluppo per fornire più rapidamente al mercato il supporto nelle aree di business che sono direttamente a contatto con il cliente.

A prescindere dalle classiche attività lavorative, le unità IT odierne devono poter affrontare una moltitudine di attività e sfide, come l'integrazione di altre istituzioni finanziarie e il consolidamento di piattaforme IT. L'acquisizione e integrazione di

Postbank alla Deutsche Bank e l'implementazione di una nuova piattaforma IT congiunta per entrambe le banche sono buoni esempi di una tale sfida. Per compiere questa attività e portare cambiamenti, la Deutsche Bank nel 2011 ha introdotto il *Programma Magellano* che sarà completato nel 2015 sulla base delle release del software aggiornato ogni semestre.

In un programma come Magellano la qualità è un fattore chiave per un delivery di successo, l'impatto del cambiamento sull'utente finale e l'impegno di manutenzione del software sono considerevoli e soddisfare gli obiettivi di qualità è estremamente importante. Le misure di qualità che sono state applicate in un vasto programma sono anche un fattore di costo significativo. Per raggiungere la qualità richiesta nel modo più efficiente, la Deutsche Bank ha stabilito una struttura focalizzata sugli elementi maggiormente influenti.

I fattori chiave che abbiamo identificato e implementato alla Deutsche Bank in programmi vasti e complessi come Magellano sono i seguenti:

- Una struttura della qualità 'vincolata' per assicurare SDLC (Systems development life cycle), processi, metodi e strumenti standardizzati di gestione della qualità, dal front end al back end.
- Una gestione di release rigorosa che include il controllo del quality gate sul portfolio del progetto complessivo.
- Un'utility di test indipendente, ma integrata, che funge da quality assurance dedicata e gatekeeper per la produzione.
- Setup di tool altamente standardizzato e struttura di automazione completa sul processo di test complessivo.
- Ambienti di test centralizzati e gestione dei dati di test per garantire un inizio senza interruzioni nelle attività di test.
- Gestione della qualità operativa per i programmi e i progetti, in modo da raggiungere gli obiettivi di qualità definiti.

Nella Deutsche Bank consideriamo la qualità dei nostri processi di business una chiave discriminante in un mercato altamente competitivo e quindi la metodologia di base è di massima importanza. Le condizioni sono determinate dallo sviluppo nel settore bancario.

Spero che tutti i professionisti trarranno vantaggio dall'idea degli autori: cioè, che possano ottenere nuovi impulsi per strutturare o migliorare i loro processi IT e la qualità sistemi software a favore del loro business. Infine, mi auguro che si instauri un confronto interessante e produttivo tra gli autori e i lettori di questo libro.

Wolfgang Gaertner
CIO Retail,
Deutsche Bank AG Eschborn,
Germania
Aprile 2014

Prefazione di Ali Sunyaev

L'importanza della qualità dei sistemi e del software nello sviluppo e nella gestione in esercizio di un Information System (IS) è innegabile. Il successo dei progetti IS è una sfida cruciale per le organizzazioni, e l'alto tasso di fallimento dei progetti IS è un problema sul tappeto. Nonostante gli studi su quest'argomento, c'è ancora disaccordo su quali fattori portino al successo o al fallimento dei progetti IS. Gli aspetti importanti della qualità del software spesso sono non visibili, e questo vale sia per un'alta che per una bassa qualità del software. La non visibilità di un'alta qualità del software riguarda i riconoscimenti mancati degli impegni della qualità, poiché potrebbero non essere percepiti e quindi messi in discussione. La non visibilità di una scarsa qualità dei dati può, invece, comprendere costi aggiuntivi dopo lo sviluppo, dovuti ad effetti collaterali e bassa qualità non direttamente visibile per tutti gli utenti.

Per esaminare quali fattori di progetti IS e dei prodotti software di alta qualità portano al successo, l'Università di Colonia, in Germania, ha condotto uno studio intervistando executive ed esperti IT di diverse organizzazioni.[1]

Come è scritto nel libro, la mancanza di qualità nel software è una pecca evidente e il livello della qualità resta un fattore incerto, a meno che non sia pianificato e controllato. Lo studio mostra difetti e insidie in entrambi i casi e la definizione della qualità del software rappresenta la sfida maggiore.

La definizione della qualità del software è, dunque, una sfida dovuta alla diversità delle dimensioni della qualità, delle prospettive degli stakeholder e del progetto, così come del contesto organizzativo. Inoltre, la qualità del software comprende un processo in prospettiva del prodotto. Perciò, come suggerito nel testo a proposito del concetto delle 4 "P", è necessaria una prospettiva olistica della qualità del software all'interno di un'organizzazione. Lo studio mostra che una *policy* di qualità aziendale è un punto di partenza per la comprensione della qualità del software. In aggiunta, una policy di qualità enfatizza l'importanza della qualità del software rispetto a determinati vincoli di tempo e di budget: una sfida che è stata anche affrontata qui.

---

[1] Paul Glowalla, Ali Sunyaev: Software-Quality-Governance, università di Colonia (Germania), Febbraio 2014.

Per pianificare la qualità del software è necessario che la stessa sia definita, quanto più possibile, e misurabile. E misurare la qualità del software, che include le prospettive dei diversi stakeholder, è una sfida, specialmente all'inizio. Ma come si fa a misurare le quantità dei difetti se queste sono soggette ad interpretazione e quindi non necessariamente forniscono una valutazione affidabile della qualità del software? Perciò, oltre al proposito di misurazione della qualità del software, devono essere sistematicamente stabilite misure qualitative per comunicare e apprendere dagli aspetti non misurabili come raggiungere l'obiettivo della misurazione della qualità del software all'interno e attraverso progetti IS potenzialmente differenti.

Per controllare la qualità del software è necessario perciò un ciclo di vita continuo per perfezionare la definizione e la pianificazione della qualità del software e conseguentemente migliorare la qualità del software e il successo dei progetti IS.

Il top management ha la responsabilità principale del miglioramento sostenibile e a lungo termine della qualità del software, che potrebbe anche richiedere cambiamenti culturali. Il top management è responsabile della definizione delle strutture e dei ruoli che consentono la conoscenza della qualità del software all'interno dell'organizzazione. Ed è pure responsabile dell'assegnazione delle azioni da intraprendere (top-down). Inoltre, sono necessarie strutture per consentire un apprendimento sistematico rispetto ad ogni progetto IS (bottom-up). Le conclusioni principali dello studio sono le seguenti:

- Occorre distinguere la responsabilità della qualità in: qualità del processo e qualità del prodotto. Ed è necessario prevedere dei revisori all'interno dei livelli dell'organizzazione che costantemente facciano rispettare i requisiti di qualità all'interno dei singoli progetti, usando le esperienze acquisite all'interno dei progetti.
- È necessaria una policy della qualità che incrementi la consapevolezza e faciliti la comprensione comune per evitare prospettive divergenti. Una policy della qualità collega cultura e pratiche aziendali, ma i cambiamenti culturali producono pratiche che potrebbero richiedere tempo, poiché la gestione della qualità è un processo educativo.
- Le metriche esistenti sono necessarie per la gestione e il controllo del progetto tangibile e per la valutazione quantitativa agevolata delle attività di qualità. Comunque, se si dovessero verificare deviazioni, sarà necessaria una valutazione qualitativa aggiuntiva. Dato che il formalismo della gestione del progetto potrebbe migliorare i risultati, le misure di qualità dovrebbero essere formalizzate.

Raccomando questo libro in quanto risorsa preziosa. Fornisce indicazioni nel campo della qualità dei sistemi e del software e ispira i lettori ad adottare la prospettiva suggerita sulla qualità IS. Mi auguro che il volume trovi un'ampia diffusione e tutta l'attenzione che merita.

Ali Sunyaev
Professore di Information Systems and
Information System Quality,
Università di Colonia, Germania
Febbraio 2014

Prefazione di Ina Schieferdecker

I Cyber-physical systems (CPS) sono sistemi integrati nelle reti interconnesse con il cyberspazio. In Europa, si stima che i sistemi integrati abbiano oltrepassato la soglia dei 10 miliardi. Comunque, solo una piccola parte di questi sistemi è oggi in rete. Tuttavia, l'interconnessione di sistemi integrati tramite reti di informazione e comunicazione è cresciuta rapidamente. Nel 2020 ci saranno circa 26 miliardi di dispositivi nell'"Internet of Things"[1].

La rete e l'interconnessione dei sistemi integrati impongono nuovi requisiti e sfide per la relativa ingegneria della qualità: la complessità, l'eterogeneità e la dinamicità dei CPS e della rete di dispositivi, così come l'apertura al cyberspazio con precisi requisiti su funzionalità, performance, sicurezza, difesa e flessibilità, che richiamano a nuovi approcci riguardanti la relativa ingegneria della qualità costruttiva e analitica.

Ricerche recenti in Germania, in Europa e nel mondo intero, per esempio nei progetti CESAR (Cost-efficient methods and processes for safety-relevant embedded systems) e CRYSTAL (Critical system engineering acceleration) di Artemis, hanno rivelato nuovi metodi e tool che portano ad una piattaforma di tecnologia di consultazione per CPS. I risultati riscontrati nell'ingegneria della qualità dei sistemi integrati si trovano in Zandert et al.[2] Una ricerca più approfondita sull'ingegneria della qualità, rispetto alle esigenze di CPS, deve essere ancor sviluppata. Ma cosa ancora più importante, i risultati della ricerca devono essere trasferiti nel settore produttivo in modo che i nuovi metodi, tool e processi, possano essere adottati nell'uso industriale quotidiano.

È un piacere per me presentare questo libro che affronta tematiche attuali e interessanti sull'industrializzazione della qualità del sistema e del software. Il libro rivede lo stato dell'arte dell'industria e della standardizzazione della qualità del software e fornisce una guida pratica su come stabilire una gestione della qualità olistica.

---

[1] Gartner: "Forecast: The Internet of Things, Worldwide, 2013.", Dic 2013, http://www.gartner.com/document/2625419?ref=QuickSearch&sthkw=G00259115

[2] Justyna Zander et al.: Model-based Testing for Embedded Systems, CRC Press, 2011.

Vengono chiariti, con dovizia, sia la competenza, che i processi professionali e l'automazione per controllare la qualità dei sistemi di software. Facendo riferimento ai risultati tecnologici elaborati e alle *best practice*, il libro rappresenta una solida base per lo sviluppo di competenze e per il miglioramento dei processi. Uno studio recente di Fraunhofer Fokus su "Status and Trends of Quality Assurance of Interconnected Embedded Systems"[3] ha rivelato la crescente esigenza di un'ingegneria della qualità efficiente ed efficace. Nella seconda metà del 2013 sono state condotte 19 interviste con i manager della qualità su dispositivi medici, di trasporto, relativi all'avionica e al settore automobilistico e del settore delle smart grid. Le interviste si sono concentrate sulla qualità del prodotto e sulla *quality governance*, sulle strategie di *quality assurance* del prodotto e del processo, sulle sfide di qualità dei sistemi integrati interconnessi e sui requisiti, sulle opportunità e sulle opzioni di miglioramento.

È stato incoraggiante sentire che tutte le aziende riconoscono un alto valore alla qualità del prodotto e del processo. Vengono stabilite strutture e responsabilità chiare, sebbene queste differiscano molto da azienda a azienda. Test di revisione e test dinamici sono parte integrante della quality assurance. Eppure, le tecnologie più elaborate, i metodi e i tool che includono, per esempio, la quality assurance guidata dal modello, il test basato sul modello, la simulazione o la verifica formale, non sono in atto o lo sono solo di rado. Questa potrebbe essere la ragione per cui più della metà degli intervistati non è soddisfatta dei risultati del focus della qualità della loro azienda. Limiti di costo, risorse e tempo, sono spesso non rispettati proprio a causa dei problemi di qualità. Inoltre, molti intervistati citano carenze da parte dei fornitori nell'ingegneria dei requisiti e nella fase di accettazione delle componenti e del sistema. Il collegamento attraverso reti, l'interconnessione e l'apertura crescente di sistemi integrati, sono visti come nuove sfide critiche per il business. In particolare, la sicurezza ICT e le problematiche sulla privacy sono di importanza crescente e devono essere affrontate esplicitamente nella gestione della qualità. In breve:

- molti settori sono attualmente focalizzati sul miglioramento della qualità del prodotto di sistemi integrati in rete. In questo contesto, l'ingegneria della qualità per la sicurezza e per la difesa nel cyberspazio è una sfida ancora più grande;
- la qualità del prodotto è vista insieme al miglioramento del processo e a quello con i fornitori, come pure alla crescita delle risorse umane. Un approccio al miglioramento continuo è spesso la base per ottenere risultati sostenibili;
- ogni ciclo di rilascio del prodotto più veloce, e caratterizzato da una crescente complessità, richiede nuovi approcci nella quality assurance. I metodi Agile forniscono le alternative per un'efficiente ed efficace quality assurance.

---

[3] Martin Schneider et al: Stand und Trends der Qualitätssicherung von vernetzten eingebetteten Systenen Fraunhofer FOKUS Study (solo in Germania), Febbraio 2014.

Presentazione

Il Software ed i sistemi di qualità giocano un ruolo sempre più importante nella crescita di quasi tutte le organizzazioni, sia profit che non. La qualità è di vitale importanza per il successo delle aziende nei rispettivi mercati. Del resto, la maggior parte delle piccole imprese nel commercio e nell'assistenza utilizzano sistemi software nei loro processi di gestione e di marketing. Ogni studio medico utilizza un software per gestire i record dei pazienti. Le banche non potrebbero operare senza appositi software. Aerei, camion e automobili usano sempre di più i software per gestire i propri sistemi tecnici, di volta in volta più complessi. L'innovazione, la concorrenza e il contenimento dei costi sono tenuti sempre in maggiore considerazione nelle decisioni aziendali. Il problema che devono affrontare queste organizzazioni è come raggiungere un giusto livello di qualità del software e dei sistemi e prodotti software: cioè, un livello che possa essere premiato dal mercato, che possa ridurre i rischi dell'organizzazione e che l'organizzazione sia disposto a pagare.

Come in tutte i settori, quello del software è soggetto al cambiamento per diversi fattori. Nuovi modelli di business vengono creati in risposta alle nuove esigenze dei diversi mercati. Vengono definiti nuovi processi di business, o quelli esistenti adattati ai mutevoli modelli di business. Nuove soluzioni sono realizzate non appena altre tecnologie diventano disponibili. I cambiamenti nelle attività di business e nella vita quotidiana, ma anche i cambiamenti nella complessità e nell'integrazione dei software e dei sistemi, sono sempre più di vasta portata. Crediamo che questi cambiamenti abbiano un enorme impatto sull'arte dello sviluppo, ma comportino anche un migliore controllo della qualità, una migliore gestione della qualità ed una migliore ingegneria della qualità. Non è sufficiente definire quest'ultima in funzione solo del budget e della tempistica.

La crescente integrazione del software, così come la ricerca di adeguati modelli di *supply chain* del ciclo di vita, richiedono soluzioni di qualità adeguate. Le principali fonti per migliorare l'efficacia, l'efficienza e l'affidabilità sono il riuso, la standardizzazione, l'automazione e la specializzazione come parte di un paradigma di industrializzazione nel settore del software. La rapida evoluzione delle esigenze, causata da nuove conoscenze, dalla concorrenza, e dalla riduzione dei costi, ma anche dalla disponibilità di nuovi strumenti tecnologici, come i dispositivi mobile, ha aumentato la pressione sul settore del software e dei suoi prodotti. Allo stesso modo, hanno un notevole impatto anche le nuove disposizioni emanate da autorità pubbliche e private come Basil III, l'ingente mole di dati e di informazioni per gli utenti ed i provider e, per ultimi, ma non meno importanti, i nuovi paradigmi del settore del software, come lo sviluppo Agile, che a sua volta introduce nuovi requisiti e variabili.

Per molti decenni il software ha utilizzato due mondi differenti: l'"Embedded World" e l'"ICT World" (ICT=IT, anche se per lo scopo di questo libro, preferiamo il termine ICT). Secondo la nostra esperienza questi due mondi si comportano diversamente, a seconda del modo in cui impostano la qualità dei relativi prodotti e risultati finali. Il libro mette in discussione questo punto di vista e si chiede, in maniera diretta, se tale compresenza e forte separazione di tecniche e procedure abbia senso in un futuro in cui la globalizzazione porta ad una maggiore integrazione e interoperabilità di sistemi separati o poco integrati. Che cosa possiamo imparare da entrambi i mondi e come possiamo applicare le migliori pratiche per migliorare la qualità dell'ICT aziendale?

Sebbene un certo numero di buone pratiche vengano già utilizzate, c'è ancora un ampio margine di miglioramento. A nostro avviso, manca un approccio olistico verso la qualità dei sistemi e del software. Le strategie e le strutture sono le basi che produrranno il tipo di software e di sistemi di cui abbiamo bisogno e per cui siamo disposti a pagare. Cerchiamo allora di guardare i due mondi dei "sistemi embedded" e "sistemi ICT" e di imparare da entrambi, sia dalle sovrapposizioni che dalle singole soluzioni. Questo è il momento giusto per fare il passo successivo per l'industrializzazione nel settore del software. Avendo l'obiettivo di integrare una visione di prodotto e di progetto, in questo libro ci concentreremo su tre concetti: 1) right sofftware and systems quality; 2) industrializzazione dell'ingegneria della qualità; 3) approccio olistico alla qualità ICT dell'azienda. Per quanto ci riguarda, "Alea iacta est", il dado è tratto.

Informazioni sul libro

Struttura del libro

Considerato che l'ICT oggi dovrebbe essere una utility per rendere il business efficace e redditizio, vale la pena discutere entrambi questi aspetti di un'impresa: abbiamo bisogno di conoscere le capacità dell'ICT, nonché le esigenze del business. Pertanto, le nostre discussioni nei prossimi capitoli seguiranno due strade. Ci concentreremo sul miglioramento della qualità dei prodotti ICT, ma terremo in considerazione anche le esigenze di business.

La qualità dei prodotti ICT va oltre l'effettuazione di processi di test e della messa in atto di un sistema per la gestione della qualità. Come già discusso da Heinz Bons, Rudolf van Megen e Peter Schmitz nel loro libro "Software-Qualitätssicherung Testen im Software-Lebenszyklus" (1982), ogni approccio o concetto di test deve rispondere a queste 5 domande, quando si effettua il *bug fixing*, si apportano modifiche del prodotto e si creano nuovi prodotti:

1. Quali sono gli elementi che potenzialmente devono essere testati?
2. Che cosa si deve testare?
3. Quando si dovrebbe fare il test?
4. Come farlo?
5. Chi farà il test?

Un sistema di gestione della qualità definisce e valuta tutti i processi rilevanti. Sappiamo anche che i buoni processi sono necessari ma non sufficienti per sviluppare, mantenere e gestire prodotti ICT durante tutto il loro ciclo di vita. Riteniamo che in un'impresa sia necessario un approccio olistico della qualità e che esso dovrebbe comportare la definizione di una nozione di corretta qualità, un quadro di attuazione e una serie di concetti e di regole per stabilire la giusta qualità a livello strategico, tattico e operativo.

Questo libro è diviso in otto capitoli, seguiti da due appendici e un glossario. Le problematiche da discutere e a cui dare delle risposte sono le seguenti:

1. **Motivazioni e introduzione.** Perché crediamo che un approccio olistico alla qualità migliorerà la qualità ICT dell'azienda? Come si fa a valutare la situazione attuale delle imprese ICT? Che cosa possiamo imparare dal mondo embedded?
2. **Le quattro "P" delle imprese ICT.** Quali sono i cardini fondamentali di un'impresa ICT? Perché è utile applicare il portfolio management, insieme al controllo, alla gestione e all'ingegneria della qualità? Come investire nei progetti giusti?
3. **Che cosa sono il "right software" e la qualità dei sistemi?** Quali sono i fattori determinanti per la corretta qualità? Quali sono le caratteristiche di qualità pertinenti? Come possiamo definire modelli di qualità insieme a processi di sviluppo e di manutenzione all'interno del ciclo di vita? Le caratteristiche di qualità sono indipendenti dalla tempistica e dalle aspettative degli stakeholder?
4. **Come possiamo stabilire la corretta qualità per un'impresa?** Perché gli approcci di governance esistenti non sono a nostro avviso sufficienti? Come possiamo affrontare le esigenze della corretta qualità ai vari livelli di un'impresa? Che relazione esiste tra il portfolio management ed il panorama di business in un ottica strategica? Perché e come un portafoglio di applicazioni è utile nel panorama ICT sotto il punto di vista tattico? Che beneficio trae l'esecuzione del progetto a livello operativo?
5. **Come possiamo attuare un quadro di riferimento per la corretta qualità?** Quali sono i componenti principali del nostro quadro di attuazione? Come contribuiscono a dare un approccio da factory all'ingegneria della qualità? Come definiamo la nostra *House of Quality*?
6. **La Quality Service Factory.** Che cosa è una factory dei Servizi di Qualità? Quali sono gli elementi costitutivi di una QSF? Come possiamo impostare e gestire una QSF? Di cosa deve tener conto una QSF in relazione alle unità di business esistenti ed ai fornitori di servizi ICT?
7. **I benefici del RiSSQ, bilanciamento della qualità e del rischio.** Qual è il vantaggio del nostro approccio RiSSQ? Come possiamo calcolare il livello di qualità/rischio in base al tempo e al budget? Come bilanciamo il costo della qualità e il costo del rischio?
8. **Sintesi e conclusione.** Che cosa abbiamo ottenuto con questo libro? Come possiamo sostenere un'impresa, stabilendo la corretta qualità e realizzando in pratica una struttura? Quali sono gli aspetti principali di una checklist?

Destinatari

Questo libro tratta diversi aspetti delle imprese ICT e dei loro problemi in termini di qualità. Definisce il concetto fondamentale di *right software and systems quality*, offre un approccio olistico di qualità per le imprese ICT che combini la gestione del portafolio con la gestione della qualità ed il controllo della qualità, e fornisce una struttura che consenta lo sviluppo del right software and systems quality attraverso una progettazione di qualità industriale.

Per tali ragioni, questo libro è rivolto ai vertici ed ai membri del consiglio di amministrazione che sono responsabili per il business, per l'ICT e per la definizione degli opportuni valori, strategie, direttive. È inoltre rivolto ai dirigenti responsabili dell'attuazione delle strategie aziendali, in particolare della strategia ICT, e ai responsabili per la creazione di regole e condizioni ottimali, delle infrastrutture e dell'ambiente di lavoro. Tra questi sono inclusi responsabili di divisione e di dipartimento, direttori dello sviluppo, governance manager, gestori di portfolio, responsabili di prodotto, applicazioni e sistemi proprietari, responsabili della qualità, responsabili di processo, project manager e test manager.

Anche gli addetti ai test, gli ingegneri della qualità, gli sviluppatori e quanti altri svolgono compiti operativi nel ciclo di vita del software e dei sistemi sono invitati a leggere questo libro. Crediamo che le nozioni ed i concetti presentati possano contribuire in modo significativo al miglioramento della qualità dei prodotti e dei processi del ciclo di vita.

Raccomandiamo la lettura del capitoli 1, 2, 4 e 7 a tutti i lettori. Il capitolo 3 è destinato principalmente ai dirigenti responsabili per la definizione degli adeguati modelli di qualità e di rischio. Coloro che sono interessati alla creazione di una factory dei Servizi di Qualità dovrebbero leggere anche i capitoli 5 e 6. Coloro che sono impegnati nell'ingegneria della qualità ed hanno bisogno di definire o di adottare modelli di qualità dovrebbero anche leggere il capitolo 2.

Notizie sugli autori e collaboratori

Autori

Martin J. Wieczorek si è unito a SQS Software Quality Systems AG nel marzo del 1995. Da allora è stato investito di vari ruoli e responsabilità nel Gruppo SQS, incluso il ruolo di responsabile dell'Unità di Business "Telecommunications, E-Commerce and Public", responsabile delle vendite e del delivery, responsabile di mercato dell'unità di mercato "Public", responsabile dello sviluppo di business e direttore della "Research and Innovation", responsabile della gestione del servizio e l'innovazione del servizio nel Gruppo SQS.

Ha oltre 30 anni di esperienza nel campo dello sviluppo di software e sistemi, della quality assurance e delle attività di test, della gestione del rischio e della valutazione e miglioramento del processo. Ha esperienza in progetti nazionali e internazionali e in settori come le Telecomunicazioni, la Logistica e il settore Pubblico, inclusa la NATO. In quanto ingegnere del software ha partecipato anche a progetti internazionali come D1Mission nello German Space Operations Centre. Ha anche una considerevole esperienza nella formazione di professionisti IT e nella formazione di studenti in varie università. Attualmente segue gli studenti nelle loro tesi di laurea di primo e secondo livello.

Martin Wieczorek ha ricevuto il dottorato dalla Radboud University Nijmegen in Olanda nel 1994 con la tesi dal titolo "Locative Temporal Logic and Distributed Real-Time Systems – Specification".

Diederik (Dik) Vos è CEO della SQS Software Quality Systems AG dall'ottobre 2012. È responsabile della strategia dell'azienda e della gestione della Direzione del Gruppo, ruolo in cui è stato nominato nel marzo del 2011. Dik Vos ha iniziato nel Gruppo SQS come COO, responsabile delle vendite e dell'esercizio a livello mondiale. In questo ruolo ha puntato ad una direzione finalizzata alla crescita aziendale e al miglioramento dell'eccellenza operativa del Gruppo SQS. Nel 2013 Dik Vos ha assunto il ruolo di direttore della Thinksoft Global Services Limited, partecipata di SQS, focalizzata esclusivamente sul BFSI testing.

Ha una considerevole esperienza nel campo dei servizi di gestione, dei servizi IT e della consulenza di gestione. In quanto manager esperto a livello internazionale, ha dimostrato capacità di apportare cambiamenti all'interno dell'organizzazione, realizzandoli in aziende produttive e aumentando contemporaneamente la customer satisfaction. In precedenza ha ricoperto posizioni di senior management alla AT&T, Lucent Technologies, AVAYA e International Network Services.

Heinz Bons ha lavorato nell'area dello sviluppo e manutenzione del software per 40 anni, principalmente nei campi della gestione della qualità, nella quality assurance e nell'attività di test. Ha guadagnato esperienza teorica, operativa e gestionale in questi campi. È coautore di uno dei primi libri in Germania sulla quality assurance e sull'attività di test nel ciclo di vita del software (pubblicato nel 1982).

Dopo gli studi all'Università di Colonia è stato membro dello staff di ricerca all'Università, incluso il campo della quality assurance e delle attività di test. È stato consulente specializzato in queste aree dal 1981. Heinz Bons è cofondatore della SQS Software Quality Systems AG. È direttore di gestione e membro del consiglio di SQS da circa 25 anni. Oggi è il consulente principale di SQS e il responsabile della definizione, dell'implementazione, della preparazione e del miglioramento di processi, metodi e tecniche per le attività di test, così come della gestione della qualità e della quality assurance.

Collaboratori

Kai-Uwe Gawlik possiede un dottorato in Fisica, focalizzato sulla fisica sperimentale e dello stato solido. Lavora con SQS da 17 anni, attualmente come responsabile generale della gestione dei servizi, responsabile dell'innovazione e dell'industrializzazione dei servizi SQS e del consolidamento continuo delle best practice SQS PractiQ. Come capo progetto Kai-Uwe ha lavorato in vari progetti di ingegneria della qualità per diversi settori. Le sue responsabilità e attività includono le impostazioni delle unità organizzate, la gestione della qualità, la valutazione della qualità tecnica, i dati di test e la gestione dell'ambiente e le attività di test in generale.

Shan Rajegopal ha un dottorato in Business, con focalizzazione sulla ricerca operativa. Lavora con SQS dal 2013 ed è responsabile del set-up di un Global Project and Portfolio Management Practice. Shan è consulente di business e una delle autorità nel campo dell'innovazione, portfolio e gestione dell'esecuzione. Fornisce consulenza e supporto negli investimenti dell'innovazione e del portfolio, e nella gestione del delivery, alle aziende internazionali in diversi settori, per migliorare le loro performance. Shan è anche uno tra i più noti conferenzieri internazionali e autore di diversi libri.

Thomas Thurner ha ottenuto una laurea in Ingegneria Elettrica, con un focus sul Data Processing and Telecommunication. Lavora con SQS da 6 anni ed è responsabile dell'unità di mercato "Industrial Services and Solutions". In precedenza ha lavorato per 19 anni come Ingegnere, Project Manager e Division Manager nel campo dei sistemi integrati dell'automobilismo. Il suo raggio d'azione include lo sviluppo e l'attività di test dei sistemi meccatronici, sistemi operativi real-time, data bus network, quality assurance e architetture fault tollerant.

Detlef Vohwinkel ha una laurea in Business Economics, con un focus sulla Business Informatics. Lavora con SQS dal 1992 ed è attualmente responsabile del "Process Intelligence" competence centre. Opera come responsabile tecnico della valutazione e del miglioramento del processo e per la supervisione dei cambiamenti del processo per i clienti SQS. È uno dei membri fondatori del Test SPICE SIG che sviluppa e potenzia sistematicamente il modello per migliorare i processi di test. Rappresenta SQS nel comitato consultivo di intacs per lo sviluppo e la qualità della qualificazione tecnica di SPICE e Automotive SPICE ed è responsabile del business in SQS per il SEI.

In alto, da sinistra a destra: Shan Rajegopal, Kai-Uwe Gawlik, Detlef Vohwinkel, Thomas Thurner
In basso, da sinistra a destra: Martin Wieczorek, Dik Vos, Heinz Bons

È stato un eccellente lavoro di squadra. Siamo profondamente in debito con Detlef, Kai-Uwe, Shan e Thomas, Martin Wieczorek, Dik Vos, Heinz Bons.

Ringraziamenti

Diversamente da altri settori e tematiche correlate, l'ICT è un recente campo di ricerca, di sviluppo e di applicazione. Ha portato e porterà molti cambiamenti nel nostro business e nella nostra vita quotidiana. All'inizio degli anni '80 l'attività di test del software è stata considerata come superflua, a causa dei nuovi tool di generazione del codice in arrivo e la qualità del software era considerata un'idea bizzarra. Sembrava che solo gli sviluppatori avevano a che fare con l'attività di test. Circa 30 anni dopo possiamo scrivere le nostre esperienze e conclusioni, derivanti da più di 7.000 progetti nello sviluppo di software e sistemi, nella gestione della qualità e della quality assurance e nelle attività di supporto delle aziende per migliorare sia i prodotti ICT che i processi.

Una volta presa la decisione di scrivere questo libro abbiamo dovuto concepire un'idea di partenza, abbiamo avuto bisogno di tenere sessioni di brainstorming e di parlare con persone del settore per avere una comprensione migliore degli argomenti. Durante l'intero progetto siamo stati fortunati ad avere il contributo e la visione di manager, direttori ed esperti, insieme alla loro volontà di aiutarci a raggiungere i nostri obiettivi. Siamo enormemente in debito con Riccardo Brizzi, Sven Euteneuer, Kai-Uwe Gawlik, René Gawron, Ralph Gillesen, Gireendra Kamalkar, Shan Rajegopal, Jürgen Stöterau, Thomas Thurner e Detlef Vohwinkel.

Procedendo nella stesura dei capitoli, le revisioni sono diventate fondamentali per affinare i nostri concetti e l'impostazione del volume. In questa fase sono stati coinvolti esperti del business, dell'ICT, della gestione della qualità e della quality engineering per confutare i nostri ragionamenti e le affermazioni in base alla loro esperienza e conoscenza. Perciò siamo molto grati a Tom Arant, Axel Bartram, Jochen Brunnstein, Viktor Clerc, Phil Codd, Jürgen Diel, Ivan Ericsson, Ben Fry, Rajesh Gidwani, Martin Hamann, Johannes Kreiner, Sven Nordhoff, Sylvia Resetarits, Jeff Schmidt, Evan Sloss, Ian Spurs e Keith Yorkston.

Per trasformare un documento di pochi capitoli in un libro completo e pubblicarlo sono stati necessari alcuni step. Prima c'è stata l'attività di revisione dell'intero testo nella struttura e nel contenuto. Siamo perciò enormemente in debito con Ralph Gillessen, Jeff Schmidt e Phil Tomblin, che hanno effettuato la revisione finale e fornito input e feedback preziosi. Un'altra attività è stata la valutazione formale di riferimenti e link, come pure il miglioramento di illustrazioni e tabelle. Molti ringraziamenti vanno a Verena Ruckes e Alexander Scheffer per la loro pazienza nell'inserire i riferimenti, rivedere e migliorare il layout, il testo, le tabelle e le illustrazioni.

In un progetto come questo ci sono molte discussioni, conversazioni e colloqui informali con persone che potrebbero essere state dimenticate nei precedenti ringraziamenti. Perciò estendiamo la nostra gratitudine anche a quei colleghi. È stato un eccellente lavoro di squadra.

Siamo orgogliosi di quello che tutti insieme siamo riusciti a realizzare.
Martin Wieczorek, Dik Vos, Heinz Bons

Ringraziamenti per l'edizione Italiana

L'edizione Italiana del libro è stata curata da Livio Mariotti, Francesco Casale e Gianluca Ferri. Un ringraziamento speciale a Martin Wieczorek e agli autori tutti per il supporto e l'adesione a questa iniziativa editoriale, che rappresenta un *unicum* senza precedenti in Italia, in grado di fornire materiale prezioso – sul piano della qualità operativa – a tutti gli addetti ai lavori nel settore dei servizi informatici.

Marchi registrati

I nomi delle attuali aziende e prodotti citati in questo libro possono far riferimento a marchi registrati dai loro rispettivi proprietari. Ci riferiamo in particolare ai seguenti nomi:
- AIRBUS A380®
- APRESS®
- ARCHITECTURE TRADEOFF ANALYSIS METHOD^{SM}(ATAM)
- AUTOMOTIVE SPICE®
- AVALOQ®
- COBIT®
- CMMI®
- EFQM®
- FLEXRAY™
- INTACS™
- ISACA™
- ISTQB®
- ITIL®
- MERCEDES-BENZ E-SERIES®
- MERCEDES-BENZ S-SERIES®
- MICROSOFT®
- NASDAQ®
- PHOTOSHOP®
- PMI®
- SQS PRACTIQ®
- SAP®
- TEMENOS®
- TEST SPICE®
- TMMI®
- TMAP®
- TOGAF®
- V-MODELL®

Indice

1 Motivazioni e Introduzione 1
    1.1   Qualità mancante, un peccato 2
    1.2   Information and communication technology 9
    1.3   Perché l'industrializzazione per la qualità dei prodotti ICT 22
    Riferimenti e link 26

2 Le quattro "P" dell'azienda ICT 31
    2.1   La nostra visione di un'azienda ICT 31
    2.2   La prima "P": Persone 34
    2.3   La seconda "P": Processi 37
    2.4   La terza "P": Prodotti 40
    2.5   La quarta "P": Progetto e Portfolio 43
        Riferimenti e link 48

3 Cosa è Right Software and System Quality? 51
    3.1   Fattori di qualità determinanti 52
    3.2   Rilevanza delle caratteristiche di qualità 58
    3.3   Modelli di qualità nel ciclo di vita 63
    3.4   Cambiare la qualità in relazione al tempo e alle aspettative degli stakeholder 69
    3.5   Right Software and Systems Quality 73
    Riferimenti e link 76

4 Come possiamo stabilire la corretta qualità per un'azienda? 79
    4.1   Apprezzamento della governance ICT 79
    4.2   Il nostro approccio alla qualità ICT a livello aziendale 83
    4.3   Portfolio management e realtà di business 85
    4.4   Portfolio dell'applicazione e realtà ICT 90
    4.5   Esecuzione del progetto 94
    4.6   Gestione in esercizio 97
    Riferimenti e link 99

5 Come possiamo implementare un framework per la right quality? ... 101
5.1 Industrializzazione della quality engineering 102
5.2 Modularizzazione 107
5.3 Standardizzazione 109
5.4 Specializzazione 113
5.5 Automazione 117
5.6 Miglioramento continuo 124
5.7 House of Quality risultante 127
Riferimenti e link 131

6 Quality Services Factory 133
6.1 Il nostro approccio alla factory 134
6.2 Cooperazione con il business e l'ICT 153
6.3 Transizione e trasformazione 155
Riferimenti e link 156

7 Benefici della RiSSQ, bilanciare qualità e rischio 157
7.1 Fare chiarezza sui rischi del prodotto ICT 157
7.2 Bilanciare qualità e rischio 160
Riferimenti e link 161

8 Come concludere la discussione 163
8.1 Ciò che è stato ottenuto 163
Riferimenti e link 171

Appendice A: Modelli di qualità e metodi di verifica ... 173

Appendice B: Standard rilevanti internazionali 177

Glossario 181

Indice delle figure

Figura 1.1:	Le dimensioni dell'industrializzazione BITKOM	8
Figura 1.2:	Evoluzione dei sistemi ICT ed embedded	9
Figura 1.3:	Ecosistema elettronico web-based	11
Figura 1.4:	Mobile banking, ATM e bank counter	13
Figura 1.5:	V-Model nella realtà ICT	14
Figura 1.6:	Controllo elettronico nella Mercedes classe E	17
Figura 1.7:	Modello Tripla V nel mondo ES	18
Figura 1.8:	Un esempio di modello del ciclo di vita	25
Figura 2.1:	Una panoramica sulle aziende	32
Figura 2.2:	Azienda ICT	33
Figura 2.3:	Staff e stakeholder dell'azienda	36
Figura 2.4:	Il modello del ciclo di vita del prodotto	37
Figura 2.5:	Prodotti nel ciclo di vita	41
Figura 2.6:	I prodotti e la struttura verticale	42
Figura 2.7:	Un esempio di retail banking	43
Figura 2.8:	Elementi di progetto da considerare	44
Figura 2.9:	Portfolio management	46
Figura 2.10:	PQM - Get it Done and Do it Right	48
Figura 3.1:	Modello quality-in-use e modello product quality	56
Figura 3.2:	Modello data quality intrinseco e modello data quality system-dependent	58
Figura 3.3:	Distribuzione delle caratteristiche della qualità del prodotto	63
Figura 3.4:	Modello di Kano che comprende cambiamenti nel tempo	70
Figura 3.5:	Modelli di qualità in evoluzione nel tempo	73
Figura 3.6:	Migliori implicazioni di qualità?	73
Figura 3.7:	Costo della qualità	74
Figura 3.8:	Triangolo RiSSQ	75
Figura 3.9:	La Right quality nel ciclo di vita riduce complessivamente gli investimenti	76
Figura 4.1:	Approccio olistico all'enterprise ICT, inclusi qualità e rischio	85

Indice delle figure

Figura 4.2:	Realtà di business e modello di qualità del rischio	86
Figura 4.3:	Allineamento strategico per la massimizzazione della consegna	87
Figura 4.4:	Struttura di un portfolio management integrato	88
Figura 4.5:	Bassa qualità porta ad alti rischi	90
Figura 4.6:	Realtà ICT, modelli di qualità e asset di verifica e validazione	91
Figura 4.7:	APM vs PPM	92
Figura 4.8:	Sviluppo e manutenzione del prodotto, requisiti di qualità e asset V&V	95
Figura 4.9:	Ambiente di produzione che include il monitoraggio della qualità	97
Figura 5.1:	Dall'approccio individuale alla Quality Service Factory	103
Figura 5.2:	Situazione iniziale – IQA e sistema in ambiente	104
Figura 5.3:	Esempio di assicurazione - asset V&V	106
Figura 5.4:	Primo step - Modularizzazione del workflow QE	107
Figura 5.5:	Modularizzazione - esempio di scomposizione del prodotto . .	108
Figura 5.6:	Modularizzazione - esempio di assicurazione	109
Figura 5.7:	Secondo step - Standardizzazione del workflow QE	110
Figura 5.8:	Standardizzazione - esempio di scomposizione del prodotto . .	111
Figura 5.9:	Standardizzazione - esempio dell'assicurazione	112
Figura 5.10:	Terzo step - Specializzazione del flusso QE	114
Figura 5.11:	Specializzazione - esempio di scomposizione del prodotto . .	115
Figura 5.12:	Specializzazione - esempio dell'assicurazione	116
Figura 5.13:	Quarto step - automazione di flussi QE	119
Figura 5.14:	Automazione - regole di verifica e validazione	120
Figura 5.15:	Gradi di automazione	122
Figura 5.16:	Automation - esempio di assicurazione	123
Figura 5.17:	Quinto step - continuo miglioramento del flusso QE	125
Figura 5.18:	Esempio assicurativo - miglioramento continuo	127
Figura 5.19:	Il processo di industrializzazione è completo - QSF	128
Figura 5.20:	Industrialised House of Quality	128
Figura 5.21:	il modello-Y per il controllo di qualità	130
Figura 6.1:	Quality Service Factory	135
Figura 6.2:	Factory processing	136
Figura 6.3:	Test funzionale manuale dovuto al CR	139
Figura 6.4:	Ottimizzazione degli asset di test dovuta all'ottimizzazione del processo di business	140
Figura 6.5:	Il ciclo di vita della qualità è uguale al ciclo di vita del prodotto	142
Figura 6.6:	Esempi di reporting fornito dal portale QI	148
Figura 6.7:	Collaboration e Escalation	151
Figura 6.8:	Transizione in una QSF	155
Figura 7.1:	Evoluzione della qualità e del rischio	158
Figura 7.2:	RiSSQ calculation sheet	160
Figura 7.3:	Bilanciare qualità e rischio	160
Figura 7.4:	Esempio di calcolo RiSSQ per una change request	161
Figura 7.5:	Diagramma di investimento/rischio per l'esempio del calcolo RiSSQ	161
Figura 8.1:	Qualità di un'azienda ICT che attiva la RiSSQ	164

Indice delle tabelle

Tabella 1.1: Modello di progetto ICT 15
Tabella 1.2: Schema di progetto ES 19
Tabella 1.3: Confronto tra ICTS e ES 23
Tabella 1.4: Caratteristiche della produzione industriale 24
Tabella 3.1: Esempio di classificazione delle caratteristiche
del quality-in-use 59
Tabella 3.2: Esempio di classificazione delle caratteristiche della qualità
del prodotto per applicazioni legacy 60
Tabella 3.3: Esempio di classificazione delle caratteristiche della qualità
del prodotto per applicazioni multi-channel 61
Tabella 3.4: Esempio di classificazione delle caratteristiche della qualità
del prodotto per applicazioni ERP 61
Tabella 3.5: Esempio di classificazione delle caratteristiche della qualità
del prodotto per applicazioni PLM 62
Tabella 3.6: Esempio di confronto tra caratteristiche della qualità del prodotto
per diversi tipi di applicazioni 62
Tabella 3.7: Prodotti e corrispondenti modelli di qualità nel ciclo di vita .. 65
Tabella 3.8: Incidenza delle caratteristiche di qualità del prodotto
per un particolare stakeholder 72
Tabella 4.1: APM vs PPM 92
Tabella 5.1: Dimensioni dell'industrializzazione relative ai livelli aziendali 105
Tabella 6.1: Esempio di selezione dell'OXL disponibile 137
Tabella 6.2: Un esempio di configurazione del servizio QSF per sistemi
legacy 143
Tabella 6.3: Esempio di una definizione di servizio 144
Tabella 6.4 Ruoli e responsabilità della sede dell'azienda 145
Tabella 6.5: Ruoli e responsabilità della sede di QSF 145
Tabella 6.6: Report di qualità e performance 147
Tabella 6.7: KQI/KPI 149
Tabella 6.8: Service Level Agreement 149

Tabella 6.9:	Modello della governance	150
Tabella 6.10:	Esempio di configurazione del pricing degli ordini della QSF durante la fase stabile	152
Tabella 6.11:	Esempi di quality gate di una QSF	153
Tabella 8.1:	Checklist – livello strategico	169
Tabella 8.2:	Checklist – livello tattico	170
Tabella 8.3:	Checklist – livello operativo	171

Capitolo 1
Motivazioni e Introduzione

Nel passato, la vita e il lavoro si basavano sull'uso dei prodotti che la natura metteva a disposizione. Le nostre tecnologie erano fuoco e strumenti come lame, asce di pietra, aste e lance di diverso tipo.

I primi strumenti di memoria e calcolo, noti come *tally sticks*, venivano usati per registrare e documentare numeri, misure o anche messaggi. Un altro strumento antico è il pallottoliere cinese per i calcoli aritmetici. Nel mondo di oggi siamo diventati fortemente dipendenti dai sistemi tecnici e dall'information technology. Il progresso tecnologico ha subìto una tale accelerazione che, mentre nel passato le innovazioni si sviluppavano in centinaia di anni, ora la tecnologia viene superata in poche settimane.

Come settore relativamente giovane, quello del software ha visto nascere diversi metodi, procedure e strumenti per rendere lo sviluppo meno propenso all'errore e più redditizio. Sono stati inventati molti paradigmi, come quello incrementale e quello Agile. La qualità del prodotto, come quella del processo, stanno diventando concetti importanti in ugual misura. In generale, crediamo che sia necessario un ulteriore step per migliorare in senso più ampio lo sviluppo del software o parte di esso. Abbiamo trattato questa tematica introducendo il concetto di gestione della qualità, quello di industrializzazione della *quality engineering*, e la definizione della nozione di *right quality*.

Le pagine successive chiariranno tale approccio con la trattazione di interessanti similitudini e differenze tra realtà embedded e realtà ICT. La sezione 1.1 precisa il nostro approccio e il contenuto del nostro libro. In essa facciamo riferimento ad esempi reali di insuccessi nei sistemi e discutiamo le principali sfide che devono essere raccolte e risolte. La sezione 1.2 fornisce una breve visione storica dei sistemi d'informazione e dei sistemi embedded e confronta le caratteristiche tipiche del sistema di entrambe le realtà. La sezione 1.3 tratta l'industrializzazione come concetto di management per l'industria del software, con un focus speciale sulla *quality engineering*.

1.1 Qualità mancante, un peccato

La qualità ICT è gratuita, poiché viene realizzata nel prodotto durante lo sviluppo e la manutenzione. Ma il livello di qualità è incerto se non viene controllato periodicamente e se non sono pianificate azioni specifiche. Definiamo questa come qualità casuale. Invece, la right quality non è gratuita ma può fare la differenza in un mercato altamente competitivo. Se ci guardiamo attorno, possiamo trovare concetti non esatti sulla definizione di qualità nel nostro lavoro e nelle nostre attività quotidiane di business. In effetti, sono emerse molte aspettative rispetto alla qualità dei sistemi ICT, a ciò che dovrebbe essere, e in che modo il quality management e la quality assurance possano contribuire alla qualità del software e dei sistemi nel ciclo di vita. Sebbene durante gli ultimi 30 anni siano stati fatti molti progressi nella qualità del software, troppi progetti ancora faticano a raggiungere il giusto equilibrio tra tempo, budget e qualità. Stabilita la qualità del software e dei sistemi in un dato ambiente, essa si traduce in un livello di rischio che deve essere noto al proprietario del sistema. Fino a un certo punto, l'ambiente è stabile: il solo parametro per controllare il rischio è la qualità, che a sua volta dipende dal budget e dal tempo.

Analizziamo, per dire, alcuni esempi di insuccessi di sistemi software che hanno avuto un grande impatto sull'immagine dell'azienda, sui prodotti e/o sul budget o sui clienti e utenti.

1. **Esempio preso da Russolillo 2012**: *"Il primo agosto 2012 il New York Stock Exchange (NYSE) decise di annullare tutte le operazioni finanziarie sui titoli di 6 società. "Tra le 09:30 a.m e le 10:15 a.m. Eastern Time, saranno bloccate tutte le operazioni finanziarie eseguite in un range del 30% in più o in meno rispetto al prezzo di apertura di oggi. Questa situazione è ancora in fase di revisione da parte di tutte le autorità governative rilevanti", disse NYSE. In precedenza quel mercoledì, NYSE Euronext aveva detto agli operatori finanziari che sarebbero state controllate le operazioni finanziarie sui titoli di 148 società, eseguite tra le 9:30 a.m. e le 10:15 a.m. Eastern Time. La Knight Capital Group, un'azienda di trading, disse ai clienti di spostare gli ordini da qualche altra parte poiché si stava analizzando un problema software che stava compromettendo il trading. Le azioni scesero del 27% a $7.51."*

    Discussione: Questo esempio mostra come l'insuccesso di un sistema può avere impatto a livello mondiale. Venne riferito che la problematica suddetta era stata causata da qualcuno che stava effettuando l'analisi di un problema software. Perché dovrebbe essere permesso a qualcuno di analizzare un problema software effettuando prove e commettendo errori in ambiente di produzione? Un ambiente, tra l'altro, in cui chiunque dovrebbe sapere che questo potrebbe avere un impatto diretto sulle attività di business quotidiane? Inoltre, questo è avvenuto in un intervallo di tempo molto breve, con operazioni finanziarie eseguite al 30% in più o in meno del prezzo di apertura!

2. **Esempio preso da NHTSA 2012**: *"Ritiro dei modelli BMW serie 7 a causa di un problema che comportava l'apertura accidentale delle portiere. Il problema software ha coinvolto complessivamente 7.485 berline. Il malfunzionamento è*

1.1 Qualità mancante, un peccato

stato rilevato in Giappone nel 2007, ha interessato modelli di auto prodotti dal 2005 al 2007 e ha portato al ritiro del prodotto. Dopo il ritiro in Giappone, nel 2011 la NHTSA chiese aggiornamenti sul problema agli Stati Uniti. La BMW rispose che il software era stato aggiornato nell'80% delle auto. La BMW annunciò il ritiro nell'ottobre del 2012."

   Discussione: È stato riportato che si è verificato un problema software. Ma si era davvero consapevoli che si trattava di un problema software, piuttosto che di un problema di requisiti errati, implementati nel modo giusto? I requisiti per l'apertura delle portiere in anticipo erano stati definiti in modo completo e durevole? Dal nostro punto di vista, non è chiaro se l'origine – non la causa – è stata un problema di software, nel senso di codice software errato.

3. **Esempio preso da Lever 2012**: *"Durante le elezioni del 2012, guasti alle apparecchiature elettroniche provocarono proteste negli USA, causando numerosi problemi denunciati dagli elettori. Per esempio, un errore del touchscreen automaticamente causava la modifica del voto da un candidato a un altro e non permetteva all'elettore di effettuare una nuova selezione o di correggere l'errore."*

   Discussione: Questo esempio è relativo a problemi hardware e non software. A prima vista sembra essere un problema hardware relativo al touchscreen. Ma anche in questo caso, non è chiaro cosa abbia causato il problema. Sebbene tali questioni non sembrano avere un impatto immediato a livello mondiale, avrebbero potuto avere conseguenze sulle decisioni politiche: e questo è molto rilevante in una società democratica.

4. **Esempio preso da Linsky 2012**: *"Per la terza volta nel 2012 il guasto di un computer ha generato caos tra milioni di viaggiatori delle US airline, ritardando voli per ore. Un intoppo nel sistema software di comunicazione si è trasformato in centinaia di voli nazionali e internazionali cancellati. Le due ore di disservizio hanno ritardato 636 dei 5.679 voli previsti e 10 voli sono stati cancellati del tutto."*

   Discussione: Rispetto a questo esempio le conseguenze sono la perdita finanziaria e i danni all'immagine della compagnia aerea. Perché la causa non è stata trovata prima? Perché il problema si è verificato 3 volte in un anno? Era dovuto ai vincoli di budget o di tempo? Il management ha deciso di non investire nella gestione degli errori e nel bug fixing?

5. **Esempio preso da Gibb 2012**: *"Un tribunale disse ad un giocatore d'azzardo, che pensava di aver vinto più di 1 milione di dollari, che invece la sua vincita, visualizzata nel gioco online a cui lui aveva partecipato, in realtà non era milionaria. Un problema software aveva riportato erroneamente vincite più alte rispetto a quelle che erano in realtà e, a causa di questo imprevisto contemplato dai termini e dalle condizioni del gioco, egli non avrebbe potuto richiedere la vincita."*

   Discussione: È stato riferito che un errore software ha riportato erroneamente le vincite. Ancora una volta, non è chiaro se sia stato provocato proprio da un errore software: potrebbe anche essere stato causato da un testo errato in una tabella del database o da un requisito non corretto. Il giocatore deve sapere che i messaggi generati dal software del videogioco durante l'esecuzione non sono sempre affidabili e che la vincita potrebbe non essere reclamata legalmente, come riportato nei termini e nelle condizioni del gioco che solitamente escludono molte responsabilità. Abbiamo la cultura corretta per gestire tali situazioni?

6. **Esempio preso da Webb 2012**: *"Un'azienda australiana operante nel settore dell'energia ha mandato migliaia di penali per pagamento tardivo ai clienti, per fatture non ricevute a causa di un problema informatico: costato, cioè, al fornitore di energia $2.24 milioni in pagamenti effettuati."*

   Discussione: Anche qui le ragioni che hanno causato il problema non sono evidenti e l'impatto causato è stato grande: ovvero, perdite finanziarie e danno d'immagine. La domanda è ancora una volta: perché la causa dell'insuccesso non è stata trovata prima? Il problema è dovuto a vincoli di tempo o di budget? Perché il management non ha deciso di investire nella gestione dell'errore prima?

7. **Esempio preso da Zappone 2012**: *"L'interruzione del servizio di cloud computing di una multinazionale leader nel settore, che ha causato problemi ai clienti e alle organizzazioni governative, è stata provocata dal giorno aggiuntivo del mese di febbraio 2012. Lo stesso bug del giorno aggiuntivo dell'anno bisestile ha influenzato il sistema di pagamento australiano utilizzato nel settore della sanità, causando problemi a 150.000 pazienti che non hanno potuto usare per 2 giorni la card dell'assistenza sanitaria privata per operazioni mediche."*

   Discussione: Il fenomeno della data aggiuntiva dell'anno è ben noto nell'industria del software. È abbastanza semplice effettuare il test per evitare un errore. Perché ciò non è stato risolto prima? Ancora una volta è stato causato da vincoli di budget e di tempo? Il management ha deciso di non investire nella error detection?

Finora abbiamo discusso un numero di esempi in cui i difetti si verificano ripetutamente. Per molti anni, diversi *research report* hanno presentato tali esempi, esaminandoli e fornendo le statistiche. Sebbene le aziende rischino che i clienti si rivolgano ad altri per usufruire di prodotti e servizi, riteniamo che esse preferiscano sempre più convivere con questi problemi piuttosto che eliminare tutti i difetti in un ambiente di produzione. Le ragioni sono molteplici: spesso troviamo complessità, direttive aziendali e carenza di manutenzione in cima alla lista. Ciò potrebbe mettere in cattiva luce il settore del software se questo è citato come causa del fallimento. Ciò non è accettabile e dal nostro punto di vista può essere ridotto o risolto.

Nell'analizzare le cause di tali gap di qualità, è utile differenziare tre categorie principali di difetti: 1) reali, causati da errori commessi durante lo sviluppo del software; 2) originati da convinzioni errate e progettazione non corretta; 3) originati da incomprensioni delle esigenze e dei requisiti dell'utente. C'è un'altra categoria, ossia i difetti relativi all'età del prodotto/sistema o parte di esso.

1. **Quello che è stato progettato è diverso da quello che è stato ottenuto**: per esempio, i documenti di design sono ambigui e danno al *software engineer* un certo grado di libertà; oppure i vincoli tecnologici creano restrizioni per il software engineer nello sviluppo e nell'implementazione del software corrispondente.
2. **Quello che è stato richiesto è diverso da quello che è stato progettato**: per esempio, i requisiti sono ambigui e il progettista ha una relativa libertà nelle decisioni; oppure i vincoli ambientali portano a risultati diversi da quelli richiesti.

1.1 Qualità mancante, un peccato

3. **Le esigenze sono diverse da ciò che è richiesto**: per esempio i requisiti specifici non riflettono le esigenze reali o lo fanno solo in parte; i requisiti non sono specificati correttamente a causa delle esigenze degli utenti o mancano completamente.

Accettare una qualità inferiore a quella ottimale sembra essere una pratica diffusa. Spesso noi sentiamo: "Sì, ha causato problemi, ma li abbiamo accettati". Oppure: "Sì, le attività di business sono state interrotte per un certo periodo di tempo con una perdita finanziaria e hanno danneggiato la nostra immagine, ma abbiamo accettato ciò". O ancora: "Sì, c'era un rischio per la vita o l'integrità fisica, ma l'abbiamo accettato perchè non c'erano altre opzioni". Tutto questo è spesso accompagnato da comunicazioni inadeguate agli stakeholder dell'azienda, sia esterni che interni. Tutto ciò sembra essere considerato come una legge naturale. Nel mondo della gestione del rischio, la sua accettazione sembra essere una questione di scelta, sebbene chiunque sia consapevole che potrebbe essere una scelta costosa. Ciò si verifica nonostante l'esistenza della *quality engineering*, disciplina che fornisce soluzioni per la trasparenza e l'affidabilità del software e le connessioni per realizzare la *business continuity*. Non gestire la qualità nel modo corretto è un peccato, poichè tali sistemi richiederanno un impegno sempre maggiore nel processo decisionale.

In conclusione, è chiaro che quello che otteniamo spesso non è ciò di cui realmente abbiamo bisogno nella nostra attività di business e nella vita quotidiana. Le ragioni sono molteplici. Specialmente nel modello di sviluppo sequenziale, c'è un gap non evidente tra la fase di definizione dei requisiti e quella del delivery della soluzione. Durante l'intervallo di tempo che intercorre tra queste fasi, la realtà di business potrebbe essere cambiata; spesso potrebbero anche essere cambiati utenti, rischi e opportunità. Dal nostro punto di vista ci sono 7 argomenti, o "peccati", conosciuti storicamente come sfide per il futuro nel ciclo di vita dei sistemi software.

1. **Necessità e requisiti dell'utente finale**: gli utenti finali sono a conoscenza di quali siano le esigenze che un sistema ICT o embedded deve soddisfare per supportare la loro attività di business o di vita quotidiana? Sì, molto spesso le conoscono, ma la sfida è ottenerle da loro. È il "dilemma del key player": gli utenti possiedono la conoscenza dei processi di business, ma non sono per niente collaborativi. Un'ulteriore sfida è rendere i requisiti completi e utilizzabili quando vengono documentati. Questo è un lavoro operativo e ci sono metodi, procedure e strumenti per risolverlo. Ma ciò che ancora manca è la tracciabilità dalle esigenze rispetto ai requisiti, ai processi di business, ai componenti del sistema e alle attività di verifica e validazione.
2. **Pianificazione vs governance**: la pianificazione ai livelli strategico, tattico e operativo di un'azienda è importante e necessaria. Per esempio, stimare il tempo o il numero di risorse o il budget necessari per realizzare un progetto sembra un'attività semplice, ma in realtà è complessa. È cruciale trovare una WBS (Work breakdown structure) adatta per ogni processo di project management da eseguire nel concreto. La qualità, infatti, è pianificata dal basso verso l'alto. Richieste adeguate non sono fornite a livello senior. Raramente tutti gli aspetti del progetto sono noti in fase di pianificazione: di solito emergono durante l'esecuzione.

Poiché non possiamo prevedere tutti gli eventi e le circostanze, dobbiamo accettare le incertezze nella pianificazione, ma dobbiamo anche avere una buona struttura di governance a tutti i livelli di un'azienda. In questo senso, spesso riscontriamo che nella pratica si fa uso di troppa pianificazione e troppo poca governance.

3. **Cultura della collaborazione e dell'insuccesso**: spesso le organizzazioni adottano comportamenti che non sono adatti a risolvere i rischi. Qualche volta si ha l'impressione che diversi stakeholder partecipanti ai progetti e agli incontri siano più interessati alla politica e ai loro impegni che a lavorare insieme per raggiungere il successo. Ciò dipende spesso dalla scarsa capacità di gestire gli insuccessi in maniera costruttiva e dalla mancanza di qualità. C'è il timore di riferire problemi che potrebbero influenzare la pianificazione e le problematiche *time-to-market* in modo controproducente. Ma non è forse vero che prima veniamo a conoscenza dei problemi e dei rischi, più efficacemente potremo dare ad essi una risposta?

4. **Risolvere i problemi con l'outsourcing**: la nostra esperienza suggerisce che le organizzazioni imparano più velocemente come risolvere le loro carenze quando danno in outsourcing parti del loro business o dell'ICT. Questo perché i processi e le interfacce con i partner in outsourcing devono essere efficienti e chiari. L'outsourcing è guidato dal risparmio sui costi. Ma questi risparmi non sono solo ottenuti trasferendo lavoro verso paesi a basso-salario e cambiando i contratti. Tutto ciò non basta per salvare il software dal fallimento. I cambiamenti organizzativi e di processo hanno anche bisogno di un prerequisito per il successo. È necessaria una certa "maturità dell'intera organizzazione". Questa maturità e i costi complessivi di outsourcing sono spesso sottostimati. Ciò vale per lo sviluppo, così come per la quality assurance e le attività di test.

5. **Assegnazione del budget**: il budget ICT per il successivo periodo di reporting è di solito stabilito in base al budget dell'intera azienda. Per esempio, uno dei nostri clienti stava decidendo se investire in uno strumento costoso oppure economico. Inizialmente scelse uno strumento economico. Sono stati, quindi, fatti alcuni calcoli sui costi-benefici. Un confronto dei diversi tool nel mercato ha rivelato quello che era realmente un buon tool per soddisfare le caratteristiche richieste, ma era senza dubbio più costoso, a causa del numero di licenze richieste. Considerare l'investimento e le caratteristiche del tool, trascurando l'efficienza del suo uso durante l'intero ciclo di vita dell'applicazione, ha portato a diverse classificazioni. Discorso analogo si può fare per un progetto in cui si decide di non investire in script automatici di regressione, perché il ROI (Return of investment) sarebbe conseguito dopo la fine del progetto. Questo, quindi, ostacola il team operativo, coloro che devono supportare e gestire il sistema durante il suo ciclo di vita. Tale investimento a breve termine porta a un costo totale di gestione più alto! Qual è, allora, il corretto budget? Quali sono i fattori determinanti? È una buona idea limitarsi al successo del progetto senza considerare il costo del ciclo di vita, causato dalla scarsa qualità dei risultati del progetto?

6. **Portfolio management**: occorre distinguere due aree di applicazione del portfolio management: una che si occupa di progetti e programmi e l'altra che si occupa di applicazioni, software e sistemi. Mentre la prima categoria è quasi sempre

implementata, la seconda viene spesso trascurata. Ricordiamo il problema Y2K. Quasi tutte le grandi aziende, il cui business era altamente legato a dispositivi hardware e al software, hanno cercato soluzioni per risolvere il problema dello stato di rischio per il bug Y2K. Sono state intraprese azioni costose, che richiedono molto tempo, per catalogare tutti i sistemi. Con il senno di poi, è stato detto che "troppo impegno e denaro sono stati spesi, e ciò si è rivelato non necessario". Intanto va detto che tale affermazione è successiva alla spesa. In secondo luogo, potrebbe essere che, in qualche caso, sia stato speso troppo impegno o denaro, ma soprattutto i risultati consolidati non sono stati usati dopo il bug Y2K. Se ci fosse stato un sistema di portfolio management i risultati del catalogo Y2K avrebbero potuto essere archiviati per future pianificazioni e per successive attività operative. Quindi la sfida è definire e applicare un adeguato portfolio management per assicurare il riuso di attività in progetti, programmi, dipartimenti aziendali, etc., in un altro portfolio.

7. **Industrializzazione**: l'industrial processing ha guadagnato importanza in molti settori. Nel settore del software, l'industrializzazione spesso significa automatizzare e svolgere attività lavorative con tool o dare in outsourcing parte delle attività lavorative. È abbastanza? Indipendentemente dal tipo di progetto e dalle attività specifiche, lo sviluppo software è anche una forma di opera d'arte, se così si può dire. Quindi abbiamo bisogno di un modello adatto per l'industrializzazione e abbiamo bisogno di implementare ciò nelle organizzazioni per mezzo dell'orientamento al processo e dell'orientamento al prodotto (cfr: anche Mellis 2001). Inoltre, abbiamo bisogno di una nozione di *Right Software and Systems Quality* per assicurare un'industrializzazione efficace. In alternativa essa sarebbe dannosa al nostro business, alle nostre aziende e magari alla nostra società.

Sembra che, per risolvere le suddette sfide, il settore del software si focalizza principalmente sull'industrializzazione. Quindi l'industrializzazione oggi è più spesso associata alle 5 dimensioni citate in BITKOM 2010 (cfr: Fig. 1.1):

- **Riuso**: vengono forniti componenti software, come parte di librerie, framework e servizi di repository, per poter essere usati in diversi ambienti.
- **Standardizzazione**: si applicano gli standard nel senso di concetti di modellazione e piattaforme di sviluppo.
- **Specializzazione**: a causa della complessità, le linee della tecnologia e delle linee di prodotto sono i motori principali per la specializzazione nello sviluppo software e nel miglioramento dell'efficacia dei costi.
- **Automazione**: si devono supportare diverse attività e si devono attivare due strategie per la gestione dei tool ben note e usate; cioé la strategia *best-of-breed*, in cui i tool sono poco utilizzati in un tool stream, e quella *best-of-suite* in cui una piattaforma completa copre molti aspetti.
- **Miglioramento continuo**: non sono possibili miglioramenti senza conoscere lo stato di un'organizzazione; inoltre, apportare miglioramenti una volta sola non è efficiente, quindi un'organizzazione deve essere esaminata continuamente attraverso valutazioni e parametrazioni dei sistemi basati sul software, e rispetto ai processi ICT.

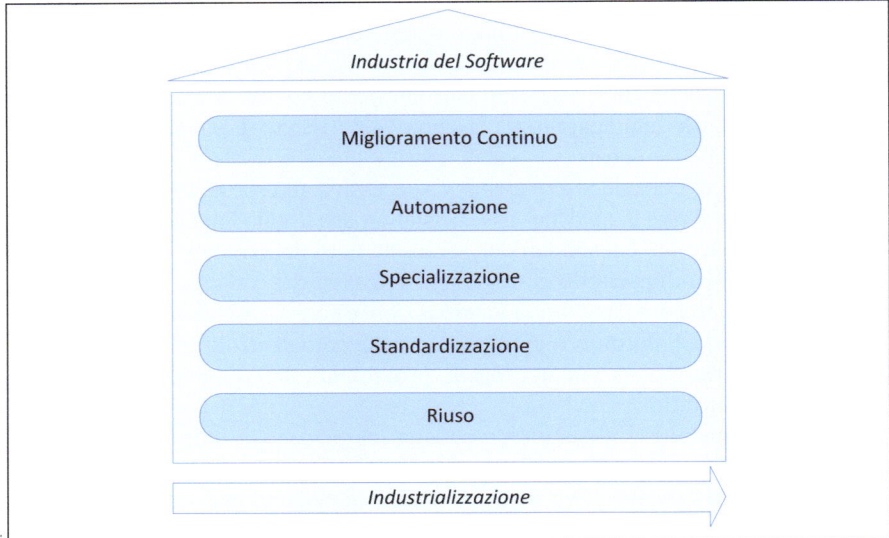

Figura 1.1: Le dimensioni dell'industrializzazione BITKOM

Le aziende che sistematicamente applicano l'industrializzazione in tutti questi ambiti hanno il potenziale per raggiungere significativi miglioramenti. Ciò avrà impatto sulla produzione aziendale. Massimizzare il valore del *core system* e il relativo processo di sviluppo è anche un eccellente punto di inizio per l'outsourcing al fine di migliorare ulteriormente il rapporto costi-benefici.

Crediamo che l'industrializzazione da sola non sia la migliore soluzione. Nell'ICT e nei progetti ICT che presentano tale importante investimento, deve essere definito un approccio rispetto agli obiettivi: in tal modo, investimenti e benefici possono essere pienamente realizzati. Ulteriori trend di outsourcing su larga scala e subforniture su tutti i progetti ICT incrementano sensibilmente il rischio. Questo comporta un onere anche maggiore per gli executive. L'outsourcing può creare una relazione di business ben disciplinata per rilasciare componenti e servizi ICT, ma non garantisce che i benefici di business siano pienamente soddisfatti. Per tornare alla situazione delineata in precedenza, confessare un "peccato" potrebbe ridurre un problema, ma non risolverlo!

Crediamo che puntare più sui problemi della qualità in un approccio olistico, orientato al business, aiuterà l'azienda a raggiungere la struttura ottimale per l'intera organizzazione, evitando di trascurare i progetti e le applicazioni specifiche. Maggiore enfasi è stata posta sulla qualità del prodotto, cioé sistemi ICT e sistemi software. Questo è possibile solo se tutti e tre i livelli di un'organizzazione, cioé strategico, tattico, operativo, sono coinvolti nei corrispondenti problemi di qualità.

Riteniamo che siano necessari 3 punti-base per assicurare e migliorare la qualità del business attraverso l'ICT:

1.2 Information and communication technology

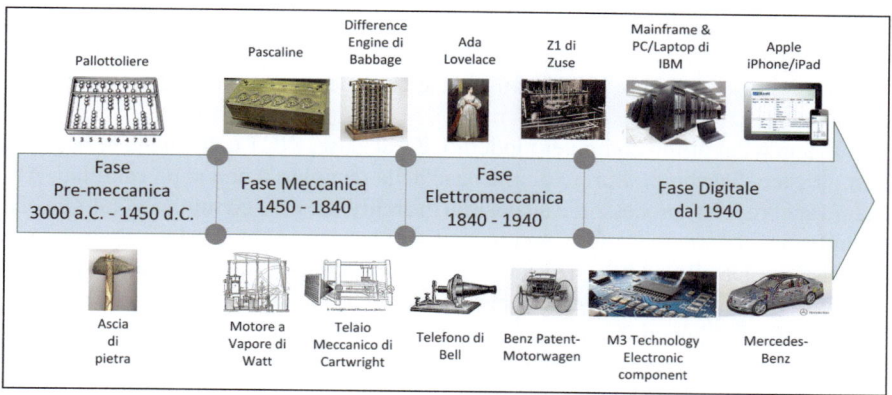

Figura 1.2: Evoluzione dei sistemi ICT e embedded

1. Un concetto di impresa integrato con il portfolio management, la quality governance, il quality management e la quality engineering.
2. Un modello di industrializzazione per la quality engineering come struttura di implementazione.
3. Una nozione a livello aziendale di un corretto livello del software e del sistema della qualità.

1.2 Information and communication technology

L'inizio dell'ICT, sebbene il termine in sé non fu usato a quel tempo, risale al 3000 a.C., forse prima, quando la scrittura, nella sua accezione più ampia, fu sviluppata per archiviare, recuperare, manipolare e comunicare le informazioni. In seguito (Butler 2012), si distinguono quattro fasi nello sviluppo dell'ICT e dei sistemi (cfr. Fg. 1.2).

Durante la fase "pre-meccanica", dal 3000 a.C. fino al 1450 d.C., vennero alla luce immagini, disegni, lingue e alfabeti. In questo periodo, apparve il primo sistema numerico e furono usati strumenti come il pallottoliere per effettuare i calcoli. La principale caratteristica di tale sistema è la semplicità: ossia, è fornita solo una singola funzione. Tra il 1450 e il 1849, si sviluppa la fase "meccanica": furono inventati un grande numero di sistemi tecnici, come il motore a vapore e il telaio meccanico. Furono gettate le basi per la pubblicazione dei libri con l'invenzione del processo di stampa a caratteri mobili di Gutenberg, che è anche nota come il primo boom dell'informazione. Blaise Pascal con la sua "Pascaline" e Charles Babbage con la sua "Difference Engine" rappresentano il successivo step verso i moderni sistemi di computer. In quest'ambito abbiamo visto macchine portare a termine attività più complesse rispetto a quelle eseguite dall'uomo. Tra il 1840 e il 1940, fase "elettromeccanica", si trova il fondamento per la moderna ICT. Fu il tempo di Alexander G.

Bell, che inventò il primo computer Z1, e il primo programmatore Ada Lovelance. La fase successiva, nota come "fase elettronica", iniziò nel 1940 ed è ancora in corso. In questa fase sempre più sistemi ICT e embedded sono stati creati da diverse persone.

Iniziando dal primo computer moderno, Z1 di Zuse, l'ICT è diventata sempre più complessa e distribuita. I princìpi alla base della tecnologia non sono cambiati. Abbiamo ancora microprocessori e dispositivi di archiviazione e comunicazione. Ciò che è cambiato è il numero di questi componenti, le loro connessioni e i loro algoritmi per vari sistemi. Da allora, diversi sistemi come mainframe, personal computer, internet e telefonini sono stati inventati per rendere la vita e le attività di business più agevoli ed efficienti. Mentre un computer mainframe fornisce potenza elaborativa per l'intera organizzazione e le sue attività, il PC fornisce potenza elaborativa all'individuo. Internet permette la connessione di PC, persone e organizzazioni per soddisfare le loro attività. L'avvento delle comunicazioni wireless ha portato gli individui e le aziende a non avere più bisogno di una location fissa per essere connessi.

Di conseguenza, i limiti tra sistemi tecnici, sistemi embedded e sistemi ICT sono stati confusi. Prendiamo ad esempio i sistemi di infotainment nelle auto, i sistemi di assistenza sanitaria per pazienti o quelli di controllo del traffico per mantenerlo scorrevole. Altri esempi sono i sistemi di commercio elettronico nella Borsa, quelli di gestione del magazzino o i sistemi informativi dell'ospedale. È il momento di Rick Belluzzo, il quale in un discorso del 1996 come vice presidente executive e general manager di Hewlett-Packard afferma che abbiamo raggiunto "la fase in cui diamo il computing per scontato. Notiamo solo la sua assenza, piuttosto che la sua presenza". Anche altri sostengono ciò: sono Mark Weiser (Weiser 1991) e Friedmann Mattern (Mattern 2008).

I sistemi di oggi elargiscono informazioni alle persone, alle organizzazioni, alle società e ad altri sistemi, che le usano a turno per effettuare un'attività specifica. Da una 'prospettiva-utente' tali sistemi sono progettati per collezionare e fornire informazioni, o sono scelti per effettuare una particolare attività, che può essere svolta più velocemente, in più iterazioni, o attivata prima. Ci aspettiamo quindi un certo livello di qualità da quei sistemi, in modo da poter contare sulle performance e sulle informazioni fornite dal sistema e ottenere la soluzione corretta per un'attività specifica. Un esempio di quest'ultimo è "guidare da A a B in un certo periodo di tempo". Negli anni '60 ciò era definita "attendibilità dei sistemi" (Boland 2010). Oggi è presente in temi come privacy, sicurezza, integrità e origine dei dati, dove sono più rilevanti che mai.

Sistemi software

Molti termini e concetti sono apparsi nella teoria e nella pratica, in pubblicazioni scientifiche e in materiale promozionale. Pensiamo, ad esempio, ai termini come "pervasive computing", "ubiquitous computing", "wireless sensor network", "embedded systems", "ICT systems", "computer systems", "computing systems", "smart

1.2 Information and communication technology

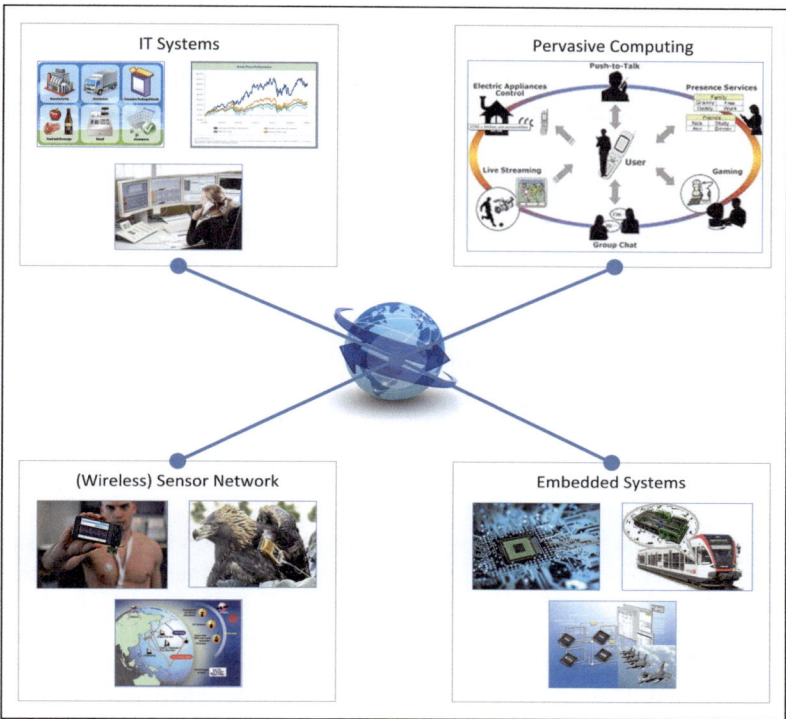

Figura 1.3: Ecosistema elettronico web-based

grid", "autonomic computing". *Una prospettiva-utente è allo stesso tempo una prospettiva di qualità.* Entrambe pretendono sistemi affidabili e correttamente funzionanti. Quali sono le nozioni e i concetti giusti per garantire affidabilità? E come possiamo ottenere una comprensione chiara e affidabile delle caratteristiche rilevanti e una valutazione autorevole di affidabilità?

In questo primo capitolo distinguiamo tra la realtà ICT e il mondo embedded per apprendere le procedure raccomandate in entrambe le realtà e definire le nozioni di qualità per sistemi ICT attuali e futuri. Il mondo ICT è un mondo digitale, in cui il software è il fulcro, assumendo che l'hardware, il middleware e le interfacce utente, che stanno alla sua base, siano tutte correttamente funzionanti come insieme di componenti. Il mondo embedded è un ibrido ed è composto sia da componenti digitali, sia analogici, ma usa anche software che è spesso – ma non sempre – integrato nella memoria della scheda del processore. Il mondo elettronico di oggi e del futuro unisce sistemi ICT e sistemi embedded in un ecosistema elettronico web-based composto da molti sistemi diversi, complessivamente interconessi e qualche volta autonomi (cfr: Fig. 1.3).

Per dare un'idea dell'evoluzione di questo ecosistema, si può ricordare che Machina Research prevede che il numero totale di connessioni di dispositivi aumenterà dai 9 miliardi di oggi ai 24 miliardi nel 2020, incorporando metà di queste tecnologie tramite mobile (cfr: GSMA 2012).

Dal 1990, le Wireless Sensor Network sono diventate un'infrastruttura prominente per monitorare e controllare l'ambiente (cfr: Dargie and Poellabauer, 2010). Esempi sono il monitoraggio strutturale della sanità, il controllo del traffico, l'assistenza sanitaria, il monitoraggio dei gasdotti e i lavori sotterranei.

Fondamentalmente, tutto ciò appartiene al mondo dei sistemi. A proposito di una prospettiva di qualità, sono importanti i seguenti aspetti: la capacità di superare le problematiche dei nodi e della comunicazione, la mobilità dei nodi, la capacità di resistere in un ambiente complesso e la facilità d'uso. Un altro tipo di sistema, in fig. 1.3, è chiamato *pervasive (ubiquitous) computing*. È un concetto di computing avanzato in cui "tutti i dati e le informazioni sono disponibili sempre e dovunque usando l'ICT" (cfr: Weiser 1991; BSI 2006). Gli esempi sono smart grid, smart home, e-commerce, sistemi di assistenza per intelligent car, smart card e electronic identification card. Le altre 2 categorie in fig. 1.3 saranno discusse in seguito con maggior dettaglio. Da un punto di vista tecnologico, i sistemi embedded e i sistemi ICT sono i concetti alla base di tutti gli esempi menzionati.

La qualità è vitale per persone, organizzazioni e società. Ovviamente, i sistemi di cui parliamo ci danno più informazioni, maggiore fruibilità, maggiore velocità, maggiore mobilità e così via. Per esempio, pensiamo ai Big Data, cloud e app. Abbiamo, quindi, bisogno di chiederci se concetti, metodi, procedure e strumenti siano ancora quelli giusti o se abbiamo bisogno di pensare a tali sistemi in maniera più olistica. Molto spesso la differenziazione è *history-based* e riflette solo diverse visioni dello stesso tipo di obiettivi. Abbiamo bisogno della qualità del sistema come punto di forza e valore aggiunto in un mercato competitivo: essa si manifesta a livello verticale e orizzontale in un'azienda. *Pensiamo ciò in termini di prodotto e ciclo di vita.*

Sistemi ICT oggi

Di solito, i sistemi ICT sono progettati per l'acquisizione, l'archiviazione, la manipolazione, la trasmissione, il recupero e l'uso delle informazioni. Un'implementazione di successo dei servizi ICT dipende non solo dai corrispondenti componenti come il software, l'hardware e i dispositivi, ma deve anche fare i conti con l'architettura complessiva e il suo ambiente. Teoricamente parlando, i servizi ICT sostengono le persone nei loro processi di business e nella risoluzione e nel supporto delle attività quotidiane. Essi migliorano efficacia, efficienza e affidabilità del business dell'azienda ai livelli strategico, tattico e operativo. Il valore di ICT e sistemi di ingegneria ICT (cfr: McGraw-Hill 2002)

> "*...consentono effettivamente di ottenere progettazioni migliori dei sistemi e delle organizzazioni esistenti, consentono anche la progettazione di sistemi e organizzazioni principalmente nuove come le virtual corporation. Quindi, gli sforzi in quest'area includono non solo l'interazione nelle attività lavorative con i clienti per soddisfare le attuali esigenze, ma anche la conoscenza di possibili problemi tecnologici, organizzativi e umani, così da essere preparati alla transizione verso i nuovi servizi ICT che saranno sviluppati in futuro.*"

1.2 Information and communication technology

Figura 1.4: Mobile banking, ATM e bank counter

I tipici servizi ICT odierni si applicano ai diversi settori: per esempio, automobilistico, avionico, manifatturiero, dell'intrattenimento e dell'assistenza sanitaria; ma anche al settore del software stesso. Il range dei sistemi va dall'amministrazione ai sistemi di marketing, ai sistemi informativi dell'ambulatorio del medico per gestire le pratiche dei pazienti, ai sistemi di trading per la Borsa, ai sistemi di retail banking e molto altro. Esaminiamo in modo più approfondito l'esempio del *retail banking*.

Oggi le transazioni finanziarie sono spesso offerte da una banca attraverso una varietà di diversi canali di accesso come: mobile banking, usando smartphone e tablet; home banking, usando tablet e PC e ATM. Ma all'interno del ramo bancario è anche disponibile il tradizionale sportello bancario. Tale sistema nel suo complesso ha un'infrastruttura articolata che consiste di hardware, reti e dispositivi (cfr: Fig 1.4).

Il software viene eseguito sulle componenti suddette, in parte visibile al cliente dell'azienda e in parte eseguito in background. Alcuni sistemi o sottosistemi vengono eseguiti in tempo reale, altre volte sono eseguiti in maniera asincrona o offline. Per soddisfare le esigenze del cliente viene usato anche Internet. Per tutti questi sistemi e sottosistemi, la sicurezza e le performance sono caratteristiche obbligatorie. Un cliente della banca, per esempio, userà questo sistema per gestire il suo conto bancario. Potrebbe avere bisogno di soldi in contanti dalla banca o voler trasferire soldi da un account a un altro, o volere informazioni sullo stato del suo account. Se un ATM non funziona c'è di solito un altro ATM a disposizione del cliente. Una situazione simile potrebbe verificarsi quando il cliente della banca va dal "suo" operatore di sportello. Se l'impiegato "non riesce ad erogare il servizio", ci sarà un altro impiegato che servirà il cliente. Con l'online banking è più difficile: ottenere contanti non è possibile. Gli altri servizi possono anche essere eseguiti attraverso l'online banking. In questo caso, è importante che il sistema si rivolga solo al cliente con le sue informazioni esclusive e trasferisca denaro solo dall'account dell'utente.

Ma cosa succede se c'è un interruzione della connessione internet durante le transazioni del cliente? Nel migliore dei casi, il sistema si arresta finché il servizio non sia nuovamente disponibile. Nel peggiore dei casi non sappiamo cosa il sistema stia facendo al momento, ma in qualsiasi caso dobbiamo essere sicuri che non succeda niente al nostro account o alle nostre informazioni. La qualità è un "must" e noi dobbiamo controllarla prima che il sistema vada in esercizio. Qual è la qualità auspicabile del servizio per un cliente di banca? Possiamo permettere, per esempio, che l'online banking abbia un livello di qualità più basso del bancomat o del servizio bancario di un impiegato? Quali sono le differenze tra i canali di accesso? Dal punto

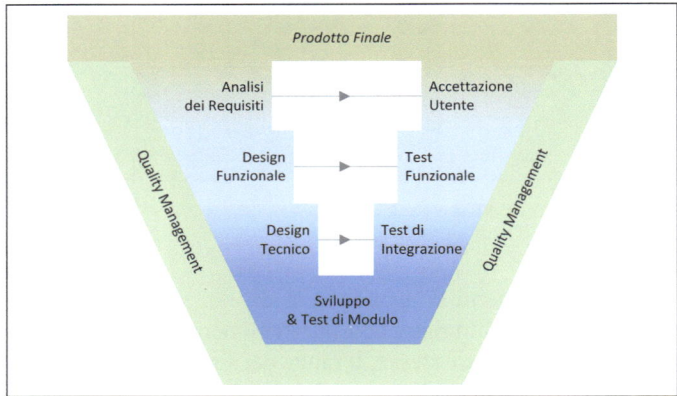

Figura 1.5: V-Model nella realtà ICT

di vista storico, la versione-impiegato è l'unico modo per eseguire tutti i casi d'uso. Lui autorizza l'accesso all'account del cliente, gli dà il denaro e si assicura che il conto elettronico venga modificato correttamente dopo il ritiro del denaro. Gli altri due canali dipendono solo dal corretto funzionamento del corrispondente hardware e software. Il sistema ICT autorizza il cliente in base a meccanismi predefiniti. I sistemi ATM attuano anche il trasferimento, forniscono le informazioni, o effettuano il pagamento del denaro in contanti. Quindi il sistema sta prendendo decisioni al posto dell'impiegato, senza conoscere il cliente che viene servito.

Come si costruiscono oggi sistemi come il suddetto sistema di retail banking? Come possiamo verificare che sia stato fatto tutto il necessario per raggiungere il corretto livello di qualità? Di solito noi abbiamo due flussi della quality assurance: l'attività di test come parte del modello di sviluppo e il quality management che accompagna il processo di sviluppo. Un esempio di tale processo di sviluppo nell'ICT è il V-model XT (V-Model XT 2004), rappresentato in fig. 1.5.

Per i nostri scopi, non abbiamo bisogno di differenziare tra i paradigmi di sviluppo, come la metodologia Agile, la metodologia a cascata o quella incrementale, poiché siamo interessati ad una qualità olistica di un'azienda ICT dove i modelli di sviluppo sono parte del modello operativo. In base al modello di sviluppo suddetto, spostiamo l'attenzione verso alcuni aspetti di un progetto ICT che sono stati completati con successo nel 2012 (cfr: Tabella 1.1). I processi del progetto sono descritti usando lo schema in fig. 1.5.

Il progetto inizia con l'identificazione delle esigenze della gestione ICT:

- ridurre i costi futuri di manutenzione;
- aumentare l'efficienza attraverso un software standard moderno.

Lo scopo e la pianificazione del progetto si concretizzanno in:

- sostituzione del software esistente per la gestione dei conti bancari come parte di un application cluster con software standard di mercato;

1.2 Information and communication technology

Tabella 1.1 Modello di progetto ICT

Schema di un progetto ICT per il settore finanziario	
Analisi dei requisiti	
• Nessuna documentazione disponibile del BP esistente • Analisi dei gap tra i BP esistenti e le funzionalità del software standard • Specificazione del delta dei requisiti supplementari	
Progettazione funzionale	
• Miglioramento dei BP per i processi di sistema • Perfezionamento dei requisiti di business secondo i requisiti di sistema	
Progettazione tecnica	
• Gestione dell'ambiente di test • Separare gli ambienti di test per unit test e integration test, test di sistema, test di integrazione di sistema, test di accettazione utente, test di migrazione • Dati di test anonimi e migrati • Non è stato fornito un meccanismo di reset on-demand • La gestione dei dati di test è stata chiarita internamente da mezzi organizzativi all'interno del team di test	
Test di sviluppo e di modulo	
• Personalizzazione del software standard • Sviluppo add-on • Test di modulo Sono stati effettuati in base alla progettazione tecnica	
Test di integrazione tecnica	Gestione della qualità: • Revisione per i prodotti
• Attività di unit test e integration test; *scopo*: attività di test rispetto alla progettazione dei test dettagliata • Attività di test di integrazione peer-to-peer; *scopo*: test di interfaccia tra i sistemi rispetto ai requisiti di sistema • Test di migrazione dei dati (software e dati); *scopo*: test del sistema di migrazione dei dati • Migrazione dei dati dei test di performance; *scopo*: test di migrazione dei dati one-time • Test di performance dei BP; *scopo*: testare processi di business selezionati rispetti ai requisiti di business • Test di integrazione di sistema; *scopo*: use case del nuovo sistema di test e loro integrazioni limitate al dominio di business e cluster del sistema	
Test funzionale	
• Test dell'intero BP end-to-end; *scopo*: test delle funzionalità del Sistema rispetto al business reale • Test di Sistema; *scopo*: test funzionale della personalizzazionee delle nuove funzionalitàrispetto ai requisiti del sistema degli sviluppatori e al sistema front-end individuale	
Accettazione utente	
• Test di accettazione utente; *scopo*: copertura dell'intera attività del test end-to-end • Test di accettazione in esercizio; *scopo*: test delle funzionalità del sistema rispetto ai requisiti tecnici provenienti dalla gestione in esercizio	

- integrazione del nuovo software nei vari processi di business a livello aziendale;
- definizione del delta delle specifiche dei modelli del processo di business come parte coperta dal nuovo sistema;
- pianificazione di varie fasi di test e cicli di bug-fixing per assicurare la qualità del nuovo sistema.

La gestione della qualità è stata istituita nel corso dell'esecuzione del progetto. La qualità dei relativi prodotti nel processo è stata garantita da revisioni, ma non è stata impiantata nessuna metodologia sistematica e completa dall'inizio del progetto fino al rilascio in esercizio. Dopo l'accettazione del nuovo sistema ICT da parte dell'utente, ha avuto luogo una cosidetta "prova generale" prima di andare in esercizio nell'ambiente di produzione del sistema.

Da una prospettiva della qualità, il progetto ha una sequenza di fasi di test per verificare caratteristiche come funzionalità, performance, interoperabilità e migrazione dei dati. Nelle prime fasi non sono state considerate le caratteristiche statiche e i *quality gate*.

Dopo il completamento del progetto è stata effettuata una valutazione del processo di test dal team di test. È emerso qualche dubbio sui test di base necessari per coprire tutte le funzionalità del sistema, poiché ciò non era stato pienamente documentato o fornito dagli esperti. Durante l'attività di test, il team ha anche dovuto gestire alcune attività non dichiarate dai vari stakeholder. Dopo l'avvio in esercizio, la qualità del prodotto è stata valutata durante le prime 4 settimane e in seguito nei mesi successivi. I risultati sono stati eccellenti: non si è verificato nessun errore grave e non sono state interrotte le attività di business quotidiane.

In conclusione, il management dell'azienda afferma che le attività di test richiedono troppo impegno e potrebbero essere ridotte per i successivi progetti. Il management sta davvero chiedendo meno impegno e quindi meno costi per le volte successive? Come specificare i requisiti operativi della qualità che siano conformi ai requisiti strategici della qualità? Come bilanciare i requisiti di qualità con budget e tempo? Come viene misurata la qualità? Come possiamo dire che la qualità fornita è quella auspicata?

Osservando il "triangolo magico" dalla prospettiva del project management è più facile gestire il time-to-market e il budget. Subito dopo la conclusione del progetto possiamo verificare se esso sia stato completato in tempo o meno, e se il budget è stato sforato o meno. Ma in termini di qualità, quando sappiamo se il corretto livello della qualità sia stato raggiunto?

Sistemi embedded oggi

Di solito, i sistemi embedded sono progettati per eseguire attività specifiche, piuttosto che essere sistemi di calcolo *general-purpose* per attività multiple. La sfida nel mondo ES non è solo la gestione informatica delle informazioni, come nel caso del mondo ICT, ma anche una sapiente armonizzazione tra sistemi meccanici, elettronici, di calcolo e di controllo. I sensori misurano segnali analogici dall'ambiente circostante, il sistema li trasforma in segnali digitali, li combina con segnali da altre sorgenti, esegue la gestione informatica delle informazioni e mette in moto i corrispondenti attuatori per condurre le attività desiderate. I vincoli real time, come le caratteristiche di sicurezza e robustezza, devono essere continuamente monitorati e gestiti durante la vita dei sistemi embedded e dei relativi componenti. La prevedibili-

1.2 Information and communication technology

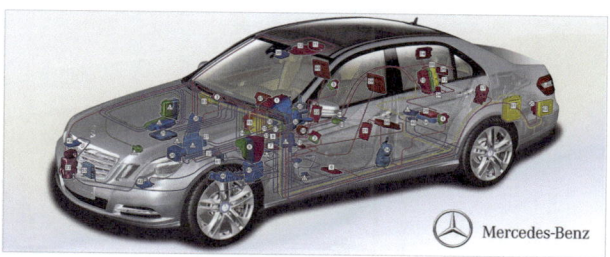

Figura 1.6: Controllo elettronico nella Mercedes classe E

tà del comportamento dei sistemi embedded e dei suoi componenti risulta essere un fattore chiave.

Specifici sistemi embedded oggi sono applicati nella maggior parte dei settori: per esempio quello automobilistico, avionico, manifatturiero, dell'intrattenimento e dell'assistenza sanitaria, ma anche quello logistico e bancario. Il range dei sistemi embedded va dalle auto, treni, aerei, ai sistemi di telecomunicazione, diversi tipi di fabbriche industriali e molto altro. Fa parte di questo mondo anche la componentistica delle auto, come l'unità di controllo per il sistema frenante anti-lock o i sistemi di controllo di volo. Per esempio, analizziamo nel dettaglio le unità di controllo di una particolare serie di auto.

La mercedes classe-E è un buon esempio (cfr: Fig.1.6 e anche Thurner 2001). Quasi tutte le funzioni della classe-E sono supportate da sistemi elettronici, per esempio:

- propulsione;
- comfort;
- sistemi per il display;
- dispositivi telematici;
- sicurezza attiva e passiva;
- strumenti per diagnosi;
- antifurto.

I vincoli tecnici di tale sistema, a basso costo ovviamente, sono:

- memoria limitata;
- performance di piccole CPU;
- sistema operativo semplice;
- stabile a tempo di compilazione;
- hard real-time;
- Networked Electronic Control Units come LIN, CAL e FlexRay.

Oggi, la radio e il sistema di navigazione nell'attuale Mercedes-Benz classe S richiedono da soli più di 20 milioni di linee di codice e contengono circa le stesse ECU dei nuovi Airbus A380 (escludendo il sistema di intrattenimento di bordo degli aerei). In totale, questo equivale ad una dozzina di microprocessori che eseguono 100 milioni di linee di codice per avere un'auto di qualità superiore e "questo software sta solo diventando più complesso" (Charette 2009).

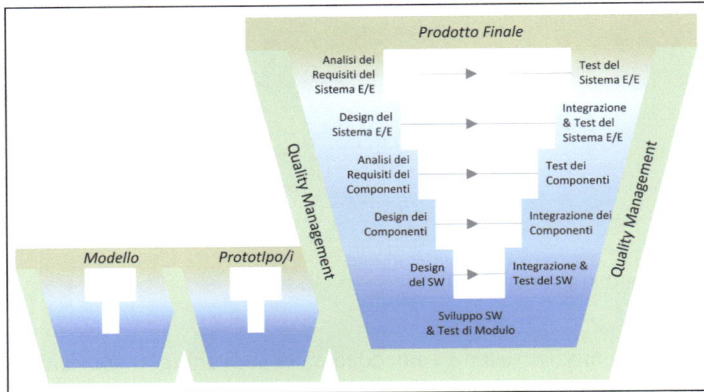

Figura 1.7: Modello Tripla V nel mondo ES

Sebbene il software sia solo una parte tra diversi componenti dell'intero sistema, in realtà non è il più importante. L'interazione tra tutti i componenti è fondamentale. A causa della complessità di ogni componente, di solito le aziende specializzate stipulano contratti con altre aziende per realizzare l'integrazione finale dell'intero sistema. L'integrazione verticale dell'azienda che partecipa all'integrazione non è elevata come in ambito ICT. Questo si concretizza in una *supply chain* multidimensionale interconnessa, dove ogni partner partecipante deve assicurare la qualità del componente necessario per l'intero sistema.

Come si costruiscono sistemi per un'auto? Come si garantisce che ogni cosa sia stata fatta per raggiungere il corretto livello di qualità? Nella realtà embedded è normale avere almeno una tripla "V" (cfr: ISO 26262 2009), una per la fase di modellazione, un'altra per la fase del prototipo, una terza per il prodotto finale. (cfr: Fig. 1.7).

Come parte di tutte le fasi di sviluppo abbiamo pure due flussi di: quality assurance; validazione e verifica (testing) come parte del processo di sviluppo; e il quality management, che accompagna il processo di sviluppo. Siamo dunque interessati ad una qualità olistica di un'azienda ICT, dove i modelli di sviluppo siano parte del livello operativo. Prendere in considerazione il modello di sviluppo suddetto, ci consente di discutere alcuni aspetti di un progetto ES (cfr: Tabella 1.2). I processi di progetto sono descritti usando lo schema di fig. 1.7. Tale progetto inizia con l'identificazione delle esigenze della gestione del prodotto:

- ridurre i costi di sviluppo e manutenzione;
- ridurre l'emissione di scarico per incontrare gli standard assegnati;
- incrementare la sicurezza;
- incrementare la comodità.

La gestione della qualità è stata instaurata durante l'esecuzione del progetto. La qualità del corrispondente prodotto nel processo è stata assicurata attraverso revisioni, ma non è stata istituita nessuna metodologia end-to-end sistematica e completa.

1.2 Information and communication technology

Tabella 1.2: Schema di progetto ES

Schema di un progetto di sviluppo di un prodotto E/E nel settore automobilistico	
Sistema E/E - Analisi dei requisiti e progettazione • revisione delle specifiche funzionali • sicurezza dei check di conformità Componenti - Analisi dei requisiti e progettazione • revisione delle specifiche funzionali • sicurezza dei check di conformità Software - Progettazione • valutazione della progettazione tecnica • sicurezza dei check di conformità Software - Integrazione e test Effettuato da OEM e fornitori Componenti - Integrazione e test Effettuato da OEM e fornitori Sistema E/E - Integrazione & test (HiL, assemblaggi di breadboard, prototipo di auto, auto) Effettuato da OEM e fornitori	Gestione della qualità: • valutazioni per tutti i fornitori • health check di sviluppo (fornitori) • check di conformità e supporto per i requisiti di qualità, gestione del progetto, processi di sviluppo, processi di test e qualità di accettazione (OEM, fornitori) • gestione del cambiamento del supporto, gestione della configurazione, gestione dei requisiti (OEM e fornitori) • pianificazione e reporting sui risultati della quality assurance (statistiche e KPI) • revisione di standard per lo sviluppo • valutazione continua della maturità dei processi e progetti per ECU critici

(Left vertical label: Prototipo/Prodotto Finale del modello T)

Gli effetti tipici di malfunzionamento di un sistema embedded sono minacce per:

- la vita o le condizioni fisiche;
- le condizioni finanziarie;
- le tematiche della qualità.

Questo conduce all'esigenza di evitare errori e/o di rilevarli in anticipo. Come previsto nel profilo del progetto, è obbligatorio che il quality management sia abbinato a tutti i processi e le attività del progetto stesso nella realtà dei sistemi embedded. L'obiettivo è sempre assicurare, per tutte le *supplier chain*, un livello minimo di maturità nei processi, prodotti e componenti rilevanti. Un controllo continuo è necessario per massimizzare la trasparenza e la compatibilità, onde evitare risultati inaspettati. Ciò che viene corretto all'inizio non deve essere corretto di nuovo in seguito. Questo è il solo modo in cui i sistemi embedded complessi, dove molte discipline tecniche sono coinvolte nello sviluppo, possono essere integrati per costruire un sistema completo che si comporta correttamente ed è affidabile. Sebbene, anche in questo mondo embedded, la quality assurance integrata insieme alla supply chain non è ancora una realtà. Si può ancora migliorare molto (Anders et al 2013).

I valori della Qualità ICT oggi

Il valore della qualità dei sistemi ICT si sta allineando con le richieste di business nel modo corretto. La qualità, per sua natura, è multidimensionale e comporta sempre una certa quantità di compromessi. La qualità è composta da diverse caratteristiche,

che non sono sempre indipendenti l'una dall'altra. Inoltre, una caratteristica può avere un'influenza negativa o positiva su un'altra caratteristica.

Tom DeMarco (DeMarco 2001) afferma che "la qualità di un prodotto software è, in primo luogo, funzione della sua utilità". Come esempio ha preso il software di photoshop che ha molte funzioni per migliorare le foto, una delle quali è comporre una nuova immagine a partire da alcune immagini base: "ad esempio, prendi la parte di una foto in cui mia moglie sta bene, mentre io sono imbronciato, e combinala con una in cui sembro più simpatico e mia moglie non è presente". Anche sapendo che questo software qualche volta porta a blocchi e ad altri problemi, nella maggior parte dei casi lo acquistiamo e ce ne serviamo per la sua "utilità". Ma come definiamo l'utilità di un sistema del prodotto software e come possiamo misurarla? Come possiamo valutarla finché non abbiamo messo in esercizio il software? Oppure vale semplicemente il numero di utenti o il prezzo?

Qualche volta la qualità del sistema o del prodotto software è definita attraverso le funzionalità e le proprietà tecniche. Alcune delle caratteristiche sono misurabili, come il "tempo di risposta ad una richiesta è di 10 secondi", mentre altre come "il colore dei pulsanti di una schermata deve essere usabile" sono più soggettive. Alcune volte quella che viene considerata buona qualità da una persona è considerata scarsa da un'altra. Per esempio, abbiamo fatto alcuni esercizi con studenti che partecipavano ad una lezione chiamata "Healthcare management – information management" alla University of Applied Sciences di Colonia. Abbiamo mostrato loro alcune homepage di aziende tedesche di assistenza sanitaria e abbiamo chiesto di descrivere la qualità di queste pagine dal punto di vista di ognuno. I risultati sono stati estremamente divergenti riguardo la posizione e il colore dei pulsanti, i filtri utili per la ricerca, le funzioni fornite, le indicazioni di performance e le altre tematiche. Questo dimostra che nella valutazione della funzionalità, così come delle proprietà tecniche, viene applicato un criterio soggettivo.

Quanto detto deriva dalla nostra esperienza su più di 7.000 progetti di quality assurance e testing del settore privato e pubblico. Spesso gli stakeholder hanno diverse valutazioni e aspettative di qualità rispetto all'ICT. Se un utente non ottiene la necessaria qualità, avrà a che fare con limiti che potrebbero portare a situazioni inefficienti e a costi non voluti. Perciò il responsabile delle attività di business del sistema deve definire le caratteristiche della corretta qualità e concordarle con gli altri stakeholder. Il responsabile delle attività di business deve decidere non solo i requisiti funzionali e gli altri requisiti del sistema, ma anche le altre caratteristiche della qualità necessarie per un supporto efficiente della gestione delle attività di business quotidiane. E deve fornire il budget. Inoltre, ci sono progettisti e sviluppatori che devono progettare e implementare il corrispondente prodotto partendo dai requisiti. Devono garantire la presenza di tutte le caratteristiche richieste per l'uso del sistema, ma devono anche garantire le caratteristiche necessarie per rendere operativo il sistema. Comunque, sappiamo che nei progetti come nelle organizzazioni, ci sono obiettivi discordanti tra i diversi partecipanti e stakeholder, che causano problematiche.

Poiché le persone sono sempre interessate al miglioramento – più elevato, più veloce, più a lungo termine – è assodato che la qualità di un sistema o prodotto

1.2 Information and communication technology

software non sia stabile nel tempo. Una caratteristica del prodotto, che è importante per uno stakeholder all'inizio del ciclo di vita del sistema, potrebbe essere superflua in una fase successiva perché sono cambiate le aspettative dello stakeholder. In questo senso potremmo forse parlare di "fasi della qualità del sistema" (cfr: Capitolo 2).

La qualità è una nozione che non è facile definire come, ad esempio, il budget e il tempo. Quando parliamo del budget di solito facciamo riferimento ad una cifra specifica e lo stesso vale per il tempo, che esprimiamo con una certa data o una quantità di giorni. Ciò rende la definizione di qualità anche più difficile e porta a *workaround* del tipo "una buona qualità è fornita quando sono eseguiti tutti i test case e nessun grave errore si verifica alla fine". Questo fornisce un'indicazione accurata della qualità del sistema? Ovviamente no, perché non conosciamo la qualità dei test case. Possiamo comunque seguire questo ragionamento e provare a scoprire la qualità del test case e così via.

La nozione di qualità del processo è nata qualche anno fa. Standard come ISO 9001 (2008) e ISO 15504 (2011) forniscono il processo adatto e i modelli di valutazione che possono essere applicati in modo costruttivo e analitico. Quando vennero applicati per la prima volta tali modelli di processo, ci si aspettava che la qualità sarebbe stata raggiunta solo eseguendo un buon processo e ciò avrebbe portato ad un buon prodotto finale. Questo è stato un grande equivoco e un grande errore di valutazione. Di certo i buoni processi tendono a migliorare la qualità dei loro risultati, ma non c'è niente di prestabilito. Esistono molti fattori e molte connessioni tra questi fattori che influenzano il risultato. Per lo scopo della nostra trattazione possiamo cambiare la richiesta di buona qualità con quella di buon processo per un progetto specifico. Sappiamo che avere un buon processo in atto non necessariamente porta a prodotti che soddisfano le esigenze degli stakeholder. Al contrario, sappiamo che cattivi processi potrebbero (in teoria) anche produrre buoni prodotti; ma la probabilità è bassa. Sappiamo che molte di queste carenze sono dovute a esigenze che non sono state chiaramente descritte, o non sono state affrontate del tutto, o sono dovute a considerazioni, che sono state tralasciate, sul contesto e sull'ambiente nel quale il sistema o il prodotto software deve essere performato.

Cosa dire rispetto a tale situazione? Logicamente, avere un buon processo in atto è necessario, ma non sufficiente. Questo significa che se un buon processo è in atto, la probabilità di ottenere un prodotto di alta qualità è maggiore rispetto al caso in cui non ci siano buoni processi. Sebbene un buon processo debba trovare un equilibrio tra qualità richiesta, budget, tempo, conoscenza e documentazione di esigenze reali, risorse umane disponibili (qualifica, background knowledge e motivazione), risorse tecniche (tecniche, tool, ambienti di test), lo stesso processo può andar bene per un'organizzazione, ma può essere meno efficace per un'altra. Anche in questo caso, persone valide possono garantire che deficit possibili non avranno troppo impatto sulla vita quotidiana e sulle attività di business. Se la qualità di un sistema o il prodotto software è così volatile come descritto, abbiamo bisogno di strategie, concetti e piattaforme migliori che massimizzino la trasparenza sulla qualità e sul rischio.

Cosa possiamo imparare dalla realtà dei sistemi ICT e dei sistemi embedded di oggi?

I sistemi ICT e i sistemi embedded hanno alcune importanti similitudini, ma anche alcune differenze. Un certo numero di caratteristiche risulta chiaro dalle discussioni precedenti. Noi abbiamo scelto 10 categorie importanti rappresentate in Tabella 1.3.

La categoria "Quality Requirements" contiene un set di valori – basso, medio, alto – che dovrebbe dare un'indicazione dell'importanza, secondo la nostra esperienza, delle corrispondenti caratteristiche di qualità: per esempio, se la sicurezza ha poca rilevanza nella realtà ICT (basso) mentre è considerata di fondamentale importanza nella realtà embedded (alto) e proviene dall'esperienza di più di 7.000 progetti. Dalla Tabella 1.3 possiamo riassumere che:

- L'iterazione tra i sistemi ICT e i loro ambienti sembra essere meno pianificata di quella dei sistemi embedded e, perciò, il comportamento dei sistemi ICT sembra essere meno prevedibile.
- Un approccio sistemico, come per le considerazioni riguardanti l'esistenza, porta ad una maggiore attendibilità dei prodotti del mondo embedded; questo è meno vero per il mondo ICT.
- Per prodotti nel mondo embedded, molte caratteristiche sono fattori chiave e sono state intraprese varie azioni per garantire la qualità; questo è meno vero nella realtà ICT e più spesso viene definito singolarmente per ogni progetto.
- Le supply chain e lo sviluppo distribuito sono normali nella realtà embedded e forniscono strutture organizzative flessibili, incluse outsourcing verso partner specializzati: questo avviene meno nell'ICT.

In conclusione, l'intero processo di approvvigionamento nell'ICT, incluso lo sviluppo e relativo esercizio e manutenzione, si concentra troppo sulla parte del software e non abbastanza sulle funzioni dell'intero sistema durante il suo ciclo di vita come prodotto.

Il valore aggiunto della gestione della qualità e l'ingegneria della qualità è più basso di quello che potrebbe risultare. I costi sono più alti di quelli che potrebbero essere. Si richiede un approccio sistemico per i sistemi ICT e la qualità deve diventare una parte integrante dell'intero ciclo di vita. La qualità è il ponte tra il business e l'ICT.

1.3 Perché l'industrializzazione per la qualità dei prodotti ICT

Adam Smith ha detto nel suo famoso "Wealth of Nations" (cfr: Sutherland 2008) che l'incremento della produttività in una società fondata su specializzazione e industrialismo essenzialmente è rappresentato dal concetto di divisione del lavoro. Nel saggio di Smith sono stati studiati e confrontati approcci diversi alla produzione degli spilli. Gli stessi princìpi possono ora essere applicati al settore del software e riflettono l'evoluzione vista nei decenni passati.

1.3 Perché l'industrializzazione per la qualità dei prodotti ICT

Tabella 1.3: Confronto tra ICTS e ES

Categorie	Realtà dei sistemi ICT	Realtà dei sistemi embedded
Ambiente e comunicazione	diversi canali con dispositivi diversi e altri sistemi nell'ambiente; incorporati in un ambiente complesso → ambienti che cambiano dinamicamente	sensori, attuatori e altri sistemi nell'ambiente; incorporati in un ambiente elettromeccanico e/o elettronico → ambienti stabili
Vista sistemica	focus sul software e sulle applicazioni; nessun pensiero sistemico	focus sui prodotti, linee di prodotti, serie di prodotti; pensiero sistemico significativo
Varianti	domanda crescente di software standard dovuta al numero crescente di piattaforme	vasto numero di variabili dovuto a diversi modelli, opzioni e norme specifiche per nazione
Durata	dipende dal tipo di range del sistema/applicazione da diversi mesi a più di 10 anni con diverse release; non viene presa in considerazione durante lo sviluppo	da una prospettiva del prodotto individuale meno di 10 anni; da una prospettiva dell'azienda del prodotto, 20 anni o più (incluso sviluppo e produzione fino alla fase in cui il prodotto viene dismesso)
Requisiti di qualità	dipende dal tipo di sistema/applicazione	più indipendente dal tipo di sistema
-Esempi selezionati- Correttezza funzionale Criticità temporale Sicurezza Affidabilità Difesa Manutenibilità	Alta Media Bassa Alta Media Media	Alta Alta Alta Alta Alta Alta
Gestione della qualità e quality assurance	la qualità è scarsamente integrata nel ciclo di vita dell'applicazione/software: la qualità è considerata più in termini di test dinamici	la qualità è una parte integrante del ciclo di vita del prodotto e altamente testata dalla gestione della qualità, dai mezzi di validazione e verifica
Impatti della qualità mancante	minacce alle condizioni finanziarie, qualità del business, immagine dell'azienda e forse anche sopravvivenza dell'azienda	minacce alla vita e alle condizioni fisiche, condizioni finanziarie, problemi di qualità, sopravvivenza dell'azienda
Sviluppo distribuito	diviene più rilevante a causa della pressione del costo	alta distribuzione dovuta alla supply chain
Supply Chains	Uno o pochi partecipanti	Molti partecipanti
Certificazione	Alcune volte in atto, di solito opzionale	Obbligatoria in molti casi a causa di requisiti di interoperabilità e sicurezza

Poiché l'industria del software si è evoluta nel tempo, sono stati messi in atto cambiamenti fondamentali nelle attività di business e nel supporto delle organizzazioni ICT. Questi anni hanno visto la transizione dalle unità integrate a pieno servizio alla specializzazione dei dipartimenti e delle aziende nelle varie funzioni richieste per eseguire attività di business, e il loro supporto alle organizzazioni ICT. In aggiunta, l'efficienza in termini di costi mette pressione sulla parte esecutiva rispetto alle competenze core e con l'affidamento di attività non-core in outsourcing a fornitori specializzati. Ma come si fa ad applicare i concetti di industrializzazione ad un'organizzazione operativa ICT? I sistemi, che sono stati sviluppati e mantenuti per 20 anni oltre il termine stabilito e hanno sperimentato un grande numero di cambiamenti, portano a svariate attività di manutenzione?

Tabella 1.4 Caratteristiche della produzione industriale

Caratteristiche tipiche della produzione industriale/ industria manifatturiera	Rilevanti per il settore del software
Produzione di massa	No
Meccanizzazione	Parzialmente
Automazione	Sì
Elevata intensità tecnologica	Sì
Condivisione del lavoro	Sì
Produzione regolare	Sì
Separazione del sito di produzione dall'area residenziale e di svago	Parzialmente
Standardizzazione	Sì
Scambiabilità dei prodotti o dei componenti	Sì
Realizzazione di prodotti quotati sul mercato	No

Sebbene l'industrializzazione è ben conosciuta e applicata nel mondo embedded, è ancora di relativa esperienza nel mondo ICT. Come detto di seguito (Buxmann et al. 2008), l'industrializzazione è un "concetto di gestione sviluppato storicamente che consente una produzione redditizia dei prodotti". I punti di partenza per Buxmann et al. sono standardizzazione, specializzazione e automazione. Dalle pubblicazioni sull'industrializzazione (Buxmann et al. 2008 - Capgemini 2012 - Simon et al. 2014) o da definizioni in Wikipedia (Wiki-Industrializzazione 2013), si può dedurre che l'industrializzazione è il processo di *"... sviluppo e implementazione di tipi di produzione industriale."*

L'industrializzazione ha impatto sui prodotti e prodotti intermedi, così come sui processi di business del settore corrispondente. Un fattore chiave è la tecnologia e la sua evoluzione. Ci sono varie caratteristiche tipiche per la produzione industriale che possono essere differenziate. Dal nostro punto di vista, alcune sono rilevanti per l'industria del software, altre non lo sono. Per una breve sintesi si fa riferimento alla tabella 1.4.

I prodotti nel settore sono software e sistemi software, progettati e implementati per sostituire particolari attività e supportare certe attività tra i processi di business predefiniti. I processi chiave nell'industria del software sono sviluppo, implementazione, esercizio e manutenzione. Tutti i processi, così come i prodotti, sono complessi e costosi e spesso il risultato è insoddisfacente. Per lungo tempo lo sviluppo software è stato considerato più un'arte che una disciplina ingegneristica, che applica paradigmi industriali. Ci sono argomentazioni che (Capgemini 2012) danno una visione dell'allocazione del budget ICT oggi. In tal senso, sono definiti sei diversi raggruppamenti:

- 28,5% per hardware, reti e infrastrutture in generale;
- 21,8% per progetti che consegnano più release del software esistente;
- 20,8% per la manutenzione continua del software e i progetti che consegnano meno release;
- 13,7% per progetti rivolti all'ottenimento, lo sviluppo e l'implementazione delle innovazioni;

1.3 Perché l'industrializzazione per la qualità dei prodotti ICT

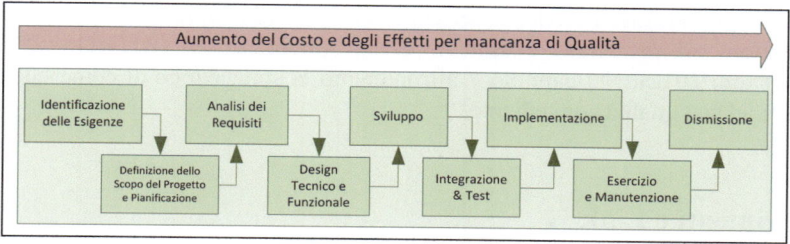

Figura 1.8: Un esempio di modello del ciclo di vita

- 8,0% per progetti che consegnano la valutazione di innovazioni;
- 7,2% buffer per attività e progetti non previsti.

Questi numeri mostrano che il 42,5% dell'intero budget ICT di un'azienda è spesso usato per mantenere il software esistente in esecuzione e per i suoi aggiornamenti a causa dei difetti e delle *change request*. Perciò, è interessante cercare approcci industrializzati nell'ICT e pretendere la qualità conveniente.

Le attività professionali in un ciclo di vita del prodotto software tipicamente variano dall'identificazione delle esigenze, definizione dello scopo e pianificazione del progetto, analisi dei requisiti, progettazione funzionale e tecnica, sviluppo, integrazione e test, implementazione, esercizio e manutenzione e dismissione (cfr: Fig. 1.8 come esempio derivato dal modello pubblicato dal dipartimento US di Giustizia 2003). Le fasi iniziano dall'implementazione, che normalmente rappresenta non più del 30% dell'impegno speso sul prodotto durante il suo intero ciclo di vita. Di solito, le fasi dall'analisi dei requisiti all'implementazione sono piani programmati e iniziati in una seconda fase. È importante notare che, a causa dei difetti e delle carenze, più alti sono i costi e più grande è l'impatto sul sistema, il suo ambiente e le caratteristiche della qualità.

Noi concordiamo con Martin Jeffries (cfr: Fice 2013) che l'intero ciclo di vita del prodotto può essere reso più efficace ed efficiente se l'industrializzazione è integrata. Per industrializzazione intendiamo "il processo di sviluppo e implementazione della produzione industriale che si forma in un ciclo di vita del prodotto (sistemi e software)". Industrializzazione spesso significa standardizzazione, specializzazione e automazione (cfr: Buxmann et al 2008).

Tre modi di definire l'industrializzazione nel settore del software può essere derivata dalla figura 1.8:

1. industrializzazione dell'intero ciclo di vita;
2. industrializzazione di una box o sequenza di box;
3. industrializzazione di due flussi paralleli indipendenti, come parte dell'intero ciclo di vita.

Proponiamo di seguire l'ultima modalità. Teoricamente, l'industrializzazione nel settore del software dovrebbe essere suddivisa in due attività parallele, ossia sviluppo (in senso stretto) e ingegneria della qualità. Perciò, discuteremo nel dettaglio il nostro modello di industrializzazione nel capitolo 5. Questo modello è diverso dalle definizioni già presentate e usate in alcune pubblicazioni (BITKOM 2010) e (Capgemini 2012). Nel capitolo 7 affronteremo la spiegazione di come questo ci porterà ad una qualità conveniente.

Riferimenti e Link

Anders R, Bölter P, Thurmer T (2013) Industrialised test automation – harmonizing testing for mechatronic systems. In: Vos D, Ericsson I, Brunnstein J, Euteneuer S (eds) Whitepaper book thought leadership 2013. SQS, Colonia

BITKOM (ed) (2010) Industrielle Softwareentwicjlung, Leitfaden und Orientierungshilfe. BITKOM, Berlino

Boland T (2010) Toward a preliminary framework for assessing the trustworthiness of software. NIST, Gaithersburg

BSI (2006) Pervasive computing: Entwicklungen und Auswirkungen. Bundesamt für Sicherheit in der Informationstechnik. BSI, Bonn

Butler J (2012) A History of information Technology and Systems. Università dell'Arizona. http://www.tcf.ua.edu/AZ/ITHistoryOutline.htm. Consultato il 2 agosto 2012 (originariamente sviluppato come lezione per MAR 203 Concepts in New Media, un corso all'Università dell'Arizona, estate 1997, da Jeremy G. Butler)

Buxmann P, Diefenbach H, Hess T (2008) Die Softwareindustrie: Ökonomishe Prienzipien, Strategien, Perspektiven. Springer, Berlino

Capgemini (2012) Studie IT-Trends 2012 – Business-IT-Alignement sichert die Zukunft. Capgemini, Berlino

Charette R (2009)This car runs on code. http://spectrum.ieee.org/green-tech/advanced-cars/this-car-runs-on-code. Pubblicato l'1 febbraio 2009, 5:00 GMT. Consultato il 7 novembre 2013

Chrissis M, Konrad M, Shrum S (2011) CMMI for development: guidelines for process integration and product improvement, 3rd editionPearson Education, Boston

Dargie W, Poellabauer C(2010) Foundamentals of wireless sensor networks – theory and practice. Wiley Chichester

DeMarco T (2001) Spielräume – Projektmanagement jenseits von Burn-out, Stress und Effizienzwahn. Carl Hanser, Monaco

Fice S (2013) Industrialisation of IT quality to be the norm by 2018. http://www.manufactoringdigital.com/innovators/industrialisation-of-it-quality-to-be-the-norm-by-2018. Consultato il 13 novembre 2013

Gibb F (2012) Gambler loses to computer virus. http://www.thetimes.co.uk/tto/law/article3447502.ece. Consultato il 12 novembre 2013

GSMA (2012) Experience a world where everything intelligently connects: The Connected Life. http://connectedlife.gsma.com/wp-content/uploads/2012/02/conn_lif_pospaper_web_01_11-13.pdf. Consultato il 7 novembre 2013

ISO 15504 (2014) Information technology- process assessment, ISO/IEC 15504. International Organization for Standardization (ISO), Ginevra

ISO 26262 (2009) Road vehicles – functional safety, ISO/DIS 26262. International Organization for Standardization (ISO), Ginevra

ISO 9001 (2008) Qualitätsmanagementsysteme – Anforderungen, ISO 9001: 2008. International Organization for Standardization (ISO), Ginevra

Lever R (2012) Vote glitch reports pile up in US election (Update). http://phys.org/news/2012-11-vote-glitch-pile-election.html. Consultato il 12 novembre 2012

Linsky K (2012) United Airlines software glitch strands travelers again. http://www.pcworld.com/article/2014282/united-airlines-software-glitch-strands-travelers-again.html. Consultato il 12 novembre 2013

Riferimenti e Link

Mattern F (2008) Allgegenwärtige Datenverarbeitung – Trends, Visionen, Auswirkungen. In: Rossnagel A et al (eds) Digitale Visionen – Zur Gestaltung allgegenwärtiger Information-stechnologien. Springer, Berlino

McGraw-Hill (2002) McGraw-Hill Concise Encyclopedia of Engineering – Information Technology. http://encyclopedia2.thefreedictionary.com/Information+technology+systems. Consultato il 20 novembre 2013

Mellins W (2001)Process and product orientation in softwaredevelopment and their effect on software quality management. In: Wieczorek M, Meyerhoff D (eds) Software quality, state of the art in management, testing, and tools. Springer, Berlino

NHTSA (2012) BMW recalling 7 series for software problems. http://latest-cars-updates.blogspot.de/2012/10/bmw-recalling-7-series-for-software-.html. Consultato il 30 ottobre 2013

Russolillo S (2012) NYSE to cancel trades in six stocks after trading problems. Walle Street Journal Blogs, MarketBeat. http://blogs.wsj.com/marketbeat/2012/08/01/nyse-to-cancel-trades-in-six-stocks-after-trading-snafu/. Pubblicato l'1 agosto 2012- 15:39. Consultato il 30 ottobre 2013

Simon F, Koßmann A, kuhrmann M, Méndez Fernández D (2014) Wunsh oder Wirklichkeit? Professionelle Softwareentwicklung "Made in Germany". http://www.sigs-datacom.de/fachzeitschriften(objektspektrum/aktuelle-ausgabe.html. Consultato I 10 gennaio 2014

Sutherland K (ed) (2008) An inquiry into the nature and causes of the wealth of nations. Oxford University Press, New York

Thurner (2001) Software aspects of EE-systems integration. Presentation at 1st international symposium on automotive control. Shangai

US Departement of Justice (2003) Information Resources Management – The Department of Justice Systems Development Life Cycle Guidance Document. http://www.justice.gov/jmd/irm/lifecycle/table.htm. Consultato il 13 novembre 2013

V-model XT (2004) V-Model XT, Teil 2: Eine Tour durch das V-model. Bundesrepublik Deutschland. ftp://ftp.tu-clausthal.de/pub/institute/informatik(v-model-xt/Releases /1.2/Dokumentation/pdf/V-Modell-XT-Teil2.pdf. consultato il 20 novembre 2013

Webb T (2012) E. ON comes clean and pays the penalty. http://www.thetimes.co.uk/tto/business/industries/utilities/article3613509.ece. Pubblicato il 28 novembre 2012 – 12:01. Consultato il 12 novembre 2012

Weiser M (1991) The computer for the 21stsentury. Sci Am 265 (3). http://wiki.daimi.au.dk/pca/_files/weiser-orig.pdf. Consultato il 20 novembre 2013

Wiki-Industrie (2013) http://de.wikipedia.org/wiki/Industrie. Consultato il 20 novembre 2013

Wiki-Industrialisation (2013) http://en.wikipedia.org/wiki/Industrialisation. Consultato il 20 novembre 2013

Zappone C (2012) Leap year blamed for HICAPS strumble http://www.theage.com.au/business/leapyear-blamed-for-hicaps-strumble-201220229-1u1z7.html Consultato il 12 novembre 2012

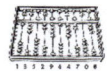
http://commons.wikipedia.org/wiki/File:Abacus_1_%28PSF%29.png?uselang=en. Consultato il 31 ottobre 2013

http://commons.wikipedia.org/wiki/File:Arts_et_Metiers_Pascaline_dsc03869.jpg consultato l'11 dicembre 2013

http://commons.wikipedia.org/wiki/File:Babbages_difference_engine_1832.jpg. Consultato l'11 dicembre 2013

http://en.wikipedia.org/wiki/File:Ada_Lovelace.jpg. Consultato l'11 dicembre 2013

 http://www.weller.to/his/img/zuse_z1.jpg Consultato l'11 dicembre 2013. consultato l'11 dicembre 2013

 http://en.wikipedia.org/wiki/File:IBM_Blue_Gene_P_supercomputer.jpg. Consultato l'11 dicembre 2013

 http://www.weltdergadgets.de/wp-content/uploads/2012/01/Acer-Aspire-5750G-Laptop.jpg. Consultato l'11 dicembre 2013

 http://commons.wikimedia.org/wiki/File:IPAD_black.png?uselang=en. Consultato l'11 dicembre 2013

 http://commons.wikimedia.org/wiki/File:IPhone_4_Mock_No_Shadow_PSD.png. Consultato l'11 dicembre 2013

 http://www.solingen-internet.de/si-hgw/images/steinbeil.jpg. Consultato l'11 dicembre 2013

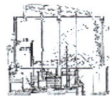 http://commons.wikimedia.org/File:Dampfma_gr.jpg. Consultato l'11 dicembre 2013

 Esther M. Zimmer Lederberg. http://www.estherlederberg.com/EImages/Extracurricular/Cloth/FILE0173%20Cartwright%27s%202nd%20Power%20Loom.html Consultato l'11 dicembre 2013

 http://commons.wikimedia.org/wiki/File:PSM_V69_D434_Bell_centennial_single_pole_telephone.png. Consultato l'11 dicembre 2013

 http://en.wikipedia.org/wiki/File:1885Benz.jpg Consultato l'11 dicembre 2013

 http://www.armedforces-int.com/upload/image_files/military-electronic-parts.jpg Consultato l'11 dicembre 2013

 Mercedes-Benz Classic

 http://www.mibar.net/Libraries/Images/Industry-Specific-Software-Solutions.sflb.ashx Consultato l'11 dicembre 2013

Riferimenti e Link

 http://www.srr.com/assets/Stock-Price-Performance.preview.gif. Consultato l'11 dicembre 2013

 http://www.at.aero.de/content/pics/p_2281.jpg Consultato l'11 dicembre 2013

 http://seminartopics.info/wp-content/uploads/2012/03/pervasive-computing.jpg Consultato l'11 dicembre 2013

 http://www.web3.ie/wp-content/uploads/2011/08/Global-Communication.jpg Consultato l'11 dicembre 2013

 https://thoughtsfrombroadstreet.files.wordpress.com/2013/04/mobile-health-monitoring.jpg Consultato l'11 dicembre 2013

 http://ehplus.areavoices.com/2013/02/23/track-golden-eagle/. Consultato l'11 dicembre 2013

 http://db.cger.nies.go.jp/gem/moni-e/moni/image/outline0512.jpg Consultato l'11 dicembre 2013

 http://www.zvei.org/SiteCollectionImages/Themen/Industrie-40/ir/474/0/Nationale-Roadma-Embedded-Systems.jpg Consultato l'11 dicembre 2013

 http://dev.emcelettronica.com/rtos-embedded-systems. Consultato l'11 dicembre 2013

 http://www.postbank.de/postbank/docs/219_799_pb_pr_pressebilfer_direktvertreb_tanverfahren_chipTAN_comfort_auf_dem_iPhone_n_5.jpg Consultato l'11 gennaio 2014

 http://2.bp.blogspot.com/_oBRbTQRZwVI/TQuDQNAYdYI/AAAAAAAAeg/YDEDO1MY8W8/S320/ATM.JPG Consultato l'11 dicembre 2013

 http://www.ohio.com/polopoly_fs/1.63196.1308489774!/remoteImage/httpImage/image.jpg_gen/derivatives/landscape_500/bank-02.jpg Consultato l'11 gennaio 2014

Capitolo 2
Le quattro "P" dell'azienda ICT

Un approccio olistico alla qualità si fonda su una certa visione delle aziende e delle loro ICT. Caratterizzare le aziende e le loro ICT è un compito complesso e molte discipline e persone hanno fatto un lavoro eccellente in tal senso. In questo contesto il nostro obiettivo non è quello di fornire un'altra teoria di business administration, computer science, ICT management o simili. Invece, il nostro intento è presentare un approccio olistico per le questioni della qualità che sono allineate a livello verticale e orizzontale con l'organizzazione di un'azienda. Tale approccio influenza le persone che vi lavorano, i processi implementati, i prodotti e le applicazioni ICT implementate e i programmi e i progetti ICT definiti. Chiamiamo ciò le 4 "P" delle aziende ICT.

Prima di discutere le 4 "P", nelle seguenti sezioni chiariremo i concetti di azienda e il relativo ICT. Discuteremo le aziende come black box e rappresenteremo gli oggetti rilevanti di un'azienda ICT. Da questo capitolo in avanti, focalizzeremo il mondo ICT e discuteremo i nostri concetti nel contesto dei prodotti e sistemi ICT.

2.1 La nostra visione di un'azienda ICT

Il business oggi è fortemente dipendente dai sistemi ICT, che non solo raccolgono e forniscono dati e informazioni per i loro utenti finali, ma hanno anche un ruolo di volta in volta più attivo nei processi di decisione. Ricordiamo l'esempio per il quale nell'agosto 2013 il NASDAQ si mise nei guai perché il software di trading prese decisioni basate su "una confluenza di eventi senza precedenti", come venne sostenuto per quell'occasione (Stafford 2013).

Ciò che vorremmo dimostrare con questo esempio non è che i sistemi ICT qualche volta falliscono a dare il risultato atteso, ma che capita che vengono prese decisioni e autonomamente iniziano processi di business con impatto sui costi di terze parti. Qualche volta questi sistemi funzionano con il supporto umano e qualche volta operano autonomamente, perché le regole e le istruzioni corrispondenti sono state im-

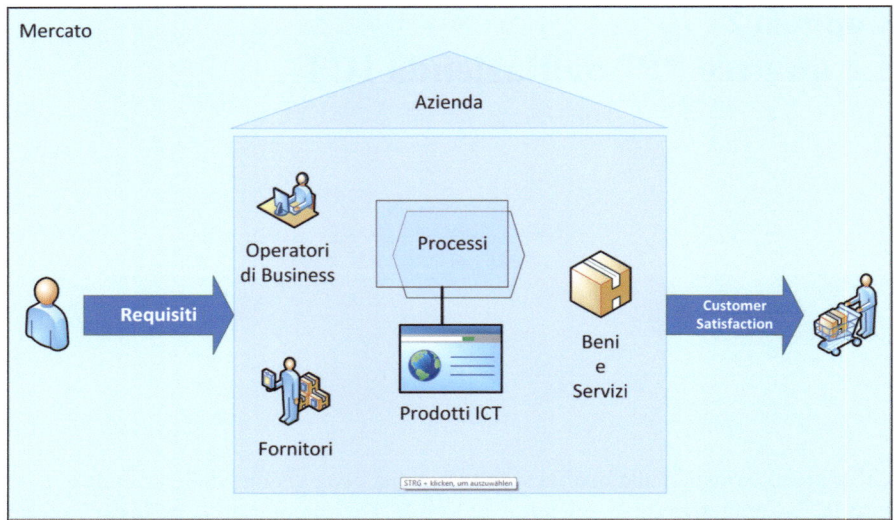

Figura 2.1: Una panoramica sulle aziende

plementate nel sistema software. In quest'ultimo caso, abbiamo bisogno di contare sul comportamento del sistema e necessitiamo di garantire in anticipo che sia sicuro e affidabile. Come sappiamo non è sempre facile definire precisamente qual è il giusto comportamento, ma senza la corretta qualità diventa una mera questione di fortuna. Questo dovrebbe non essere un obiettivo al quale aspirano le aziende e i loro leader.

Iniziamo la costruzione di un approccio olistico alla qualità di un'azienda ICT con una illustrazione che rappresenta un'azienda nel suo mercato. Nella nostra visione sistemica, un'azienda può essere considerata come un black box, collocato dentro il mercato, che ottiene i requisiti dai propri mercati, clienti acquisiti e potenziali, e che sia capace di soddisfare le loro necessità. Guardando in questo black box, esso è di solito guidato da persone preparate e con esperienza, che usano validi prodotti ICT per condurre efficientemente i processi corrispondenti per costruire e offrire i prodotti dell'azienda, cioé beni e/o servizi. È questa una visione che Richard Barrett chiama "macchina con una mente" (cfr: Barrett 1998). Questo è schematicamente rappresentato in fig. 2.1.

Ci sono persone che lavorano nelle aree del management, dell'amministrazione, del business e dell'ICT. Sono dipendenti, consulenti e fornitori esterni, assunti o incaricati, in quanto ritenuti più idonei per il ruolo in cui sono investiti. I processi principalmente si dividono in processi di business, di gestione, ICT e di progetto. I processi forniscono un modo sistematico e sperimentato di eseguire vari compiti nel dominio dell'azienda. Un processo è definito attraverso obiettivi, precondizioni, input, output, sequenze di attività, insieme ai prodotti intermedi e finali; e impiega anche metodi e tool. Validi prodotti ICT sono importanti per eseguire i processi di business efficientemente. Infine, abbiamo i prodotti di business da offrire e vendere ai clienti. I prodotti di business sono beni, servizi o combinazione di entrambi. I

2.1 La nostra visione di un'azienda ICT

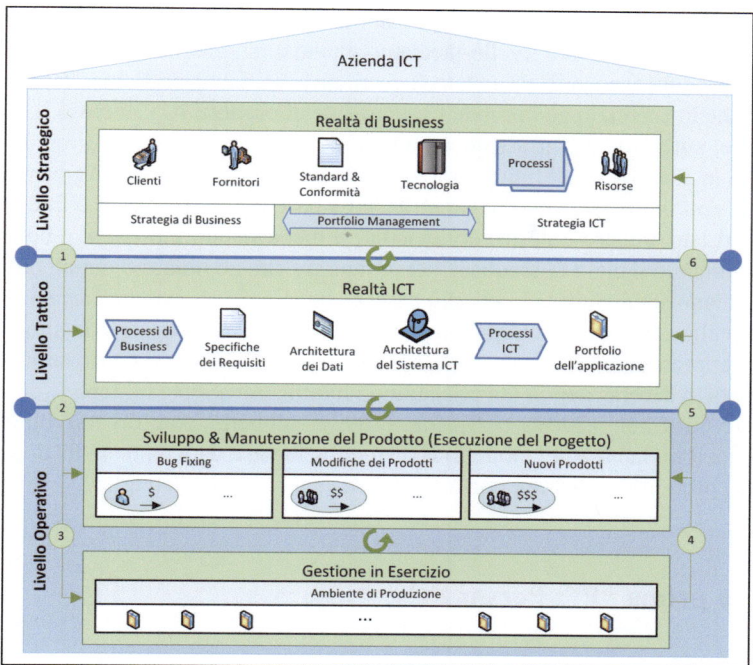

Figura 2.2: Azienda ICT

progetti sono messi in atto come una struttura organizzativa con obiettivi prefissati, come costruire nuovi prodotti o gestire quelli esistenti; e sono limitati nel tempo e nel budget.

Di certo, la qualita dei prodotti ICT è sempre prevista e qualche volta è messa in atto. La domanda spesso è: a che livello? Guardando all'azienda in dettaglio, si possono distinguere tre livelli organizzativi: quello strategico, quello tattico e quello operativo. Per allineare l'ICT con le richieste di business è necessario che l'ICT nel suo complesso, e la qualità in particolare, siano rappresentate a tutti e 3 i livelli. Attenendoci alle idee di information management e information engineering (cfr: per esempio, Hares 1992; Henrich and Lehner 2005 e Kremar 2005) la nostra visione di azienda ICT è rappresentata in fig. 2.2.

L'azienda ICT e la sua qualità è un tema strategico, tattico e operativo. A livello strategico abbiamo la realtà di business dell'azienda, comprendente le strategie per il business e l'ICT; gli standard e gli accordi, con leggi e regolamenti, come Basel III e SEPA; standard nazionali e internazionali legati all'ICT; trend nelle tecnologie per un'azienda ICT efficace ed efficiente e i processi di business dell'azienda. Questo è anche il livello dove si trovano responsabilità e governance (vedi capitolo 4). Questa lista non è esaustiva, ma fornisce una buona sintesi dei nostri scopi. Il prossimo livello, cioé quello tattico, consiste della reatà ICT e comprende tutti i prodotti ICT (sistemi ICT). È il livello in cui viene realizzata l'implementazione delle strategie, dei piani, del monitoraggio e del controllo delle infrastrutture ICT e dei progetti. Per il successivo livello facciamo una distinzione tra sviluppo e manutenzione di prodotti (progetti) da un lato, e gestione in esercizio dall'altro. Tipicamente, la gestione in esercizio comprende l'esecuzione di prodotti ICT, incluso il supporto hardware, software, di infrastruttura e utente (cliente). Il servizio di qualità della gestione in esercizio è definito attraverso gli SLA (Service Level Agreement). La *business continuity* deve essere garantita sulla base di questi SLA. Le frecce tra i 3 livelli sul lato sinistro e destro definiscono il meccanismo top-down e bottom-up, implementando il ciclo di feedback per assicurare che gli obiettivi dettati dal livello più alto siano soddisfatti ai livelli più bassi e che i livelli più bassi riportino i risultati della realizzazione ai livelli più alti. C'è un altro processo iterativo in atto tra i due livelli, rappresentati dal simbolo "↻". Per esempio, la strategia di un'azienda è sviluppata in diversi step in cui cooperano i livelli strategico e tattico.

Come in Chen (2009) o Spring (1992), sebbene con diversi obiettivi e interpretazioni, la base del modello ICT di un'azienda è dato dalle 4 "P" di persone, processi, prodotti e progetto, portfolio. Li affronteremo nel dettaglio.

2.2 La prima "P": Persone

La prima "P" sta per Persone, in questo caso management, membri dello staff e stakeholder. Generalmente rappresenta il "chi" per raggiungere un obiettivo particolare. Le persone hanno diversi ruoli nel business quotidiano. Ruoli come membro del consiglio, executive manager, product owner, project manager e membro del progetto, team leader e membro del team, sono definiti all'interno di un'azienda. Tutte le persone sono guidate dai loro valori e princìpi, ma vengono giudicate per le loro azioni e per il loro comportamento visibile (cfr: Barrett 2006). In questo senso, formano un sistema umano come parte di un'azienda e costituiscono la "mente della macchina" come detto in precedenza. Il successo di un'azienda dipende fortemente da un gioco efficiente tra tutte e 4 le "P". Perciò, è importante conoscere motivazioni e obiettivi delle persone, non solo per misurare, monitorare e migliorare le loro azioni e il comportamento.

All'interno all'azienda, il know-how e l'esperienza del management e i membri dello staff sono importanti tanto quanto la profonda conoscenza della visione e degli interessi degli stakeholder. A causa di problemi di costi, il numero adeguato di persone per i diversi ruoli è di solito ridotto. Analizziamo un esempio semplice nel campo dell'auditing:

> *A causa dell'avviso risultante da una verifica esterna, un'azienda deve mostrare ciò che è stato fatto per garantire la qualità del sistema centrale di accounting. A causa del test e dei report della qualità mancanti, l'azienda aveva definito un progetto per stabilire la quality assurance nella forma di un cosiddetto portfolio dei test case per ogni sistema ICT. Per costruire il portfolio, gli utenti-chiave del dipartimento di business sono stati coinvolti. Ma, come succede spesso, ad un utente-chiave è stato assegnato più di un compito. Altre persone con adeguato know-how non erano disponibili e quindi il progetto era in ritardo.*

2.2 La prima "P": Persone

Questa è una situazione normale che semplicemente accettiamo, oppure possiamo eliminare tali problematiche con azioni preventive? Quali sono le opzioni che abbiamo? Dal nostro punto di vista, un'opzione è rendere qualificate più persone nello stesso argomento per ridurre gli utenti-chiave in qualsiasi situazione; una seconda opzione è trovare persone con esperienza, esterne all'azienda; una terza consiste nel rendere i processi più produttivi. Quest'ultima conduce direttamente a domande come "Qual è la competenza core dell'azienda?", "È possibile dare in outsourcing tutti i compiti non centrali" e "Quali sono le precondizioni per tali trasformazioni?". Per i problemi di processo facciamo riferimento al processo "P". Dal punto di vista delle persone, il cambiamento e la trasformazione dell'organizzazione consistono sempre nell'allineare l'interesse delle persone con quello dell'azienda. Perciò considereremo diversi stakeholder dei prodotti ICT.

Diversi stakeholder hanno visioni e aspettative diverse sul corretto funzionamento ICT, applicato in linea con le richieste di business e che supporta quotidianamente l'esecuzione del processo di business. Anche la loro visione della qualità di tali sistemi ICT è determinata da requisiti individuali che potrebbero cambiare nel tempo. Gli stakeholder rilevanti sono i primi per importanza tra tutti i clienti e i concorrenti di mercato. A livello aziendale abbiamo azionisti, membri del consiglio e aree di business. Quando si entra più nel dettaglio, e guardando specialmente allo sviluppo e alla manutenzione del prodotto, così come alla gestione in esercizio, abbiamo stakeholder come utenti interni, proprietari del prodotto, ingegneri della qualità, business e system architect, programmatori e infine operatori nel production centre. Costoro hanno il proprio ruolo in azienda, come rappresentato schematicamente in fig. 2.3. Rimane ancora una domanda: quali sono le visioni e le aspettative degli stakeholder sulla qualità nel sistema ICT in uso?

Quali sono i requisiti degli stakeholder per la qualità e cosa succede se la qualità richiesta non è raggiunta?

1. Mercato
    a. Clienti: richiedono e accettano la qualità dei relativi prodotti e la qualità dei canali di vendita;
    b. Concorrenti: potrebbero acquisire un vantaggio sul mercato se il prodotto o il canale di vendita ha scarsa qualità.
2. Azienda
    a. Azionisti: la qualità mancante dei sistemi o canali ICT potrebbe portare al decremento del reddito e di conseguenza alla caduta del prezzo delle azioni e perdita di denaro;
    b. Membri del consiglio: hanno la responsabilità della qualità e dell'obbiettivo del business e decidono sugli investimenti nella qualità;
    c. I dipartimenti amministrativi: supportano il business e l'ICT come risorse umane e amministrazione finanziaria;
    d. Enterprice accademy: forniscono e organizzano seminari interni e esterni.

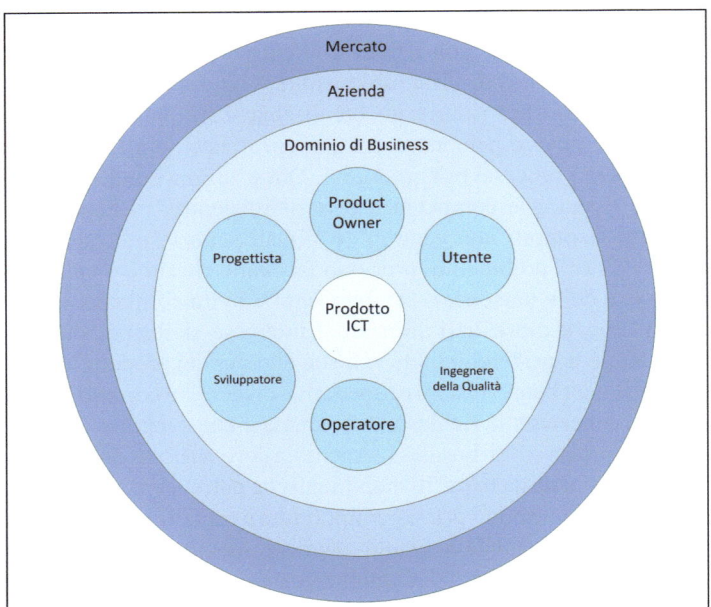

Figura 2.3: Staff e stakeholder dell'azienda

3. Aree di business
   a. Manager (Area di business): hanno la responsabilità dei requisiti per i sistemi ICT, incluse le caratteristiche dettagliate della qualità, e devono successivamente accettare la qualità ICT;
   b. Utenti chiave: necessitano della qualità per il lavoro quotidiano e perciò definiscono i requisiti, includendo le caratteristiche di qualità dettagliate, e verificano la qualità durante l'accettazione.
4. Product-related
   a. Product owner: è responsabile di un prodotto e della sua qualità;
   b. Utenti finali (interni): sono influenzati nel loro lavoro quotidiano dalla mancata qualità e sono interessati dal raggiungimento di sistemi stabili e affidabili con una buona performance e sicurezza;
   c. Ingegnere della qualità: interviene sulle caratteristiche di qualità per progettare il livello del codice, le valida e le verifica per trovare le cause degli errori prima che il sistema vada in esercizio;
   d. Progettista: affina i requisiti per progettare il livello delle specifiche tecniche per lo sviluppo;
   e. Programmatore: implementa qualitativamente i sistemi o i cambiamenti, usando le specifiche tecniche e specifiche funzionali;
   f. Operatore: ha la responsabilità del funzionamento di tutti i sistemi nella realtà ICT e perciò è responsabile della business continuità, se una scarsa qualità porta all'interruzione delle attività di business.

2.3 La seconda "P": Processi

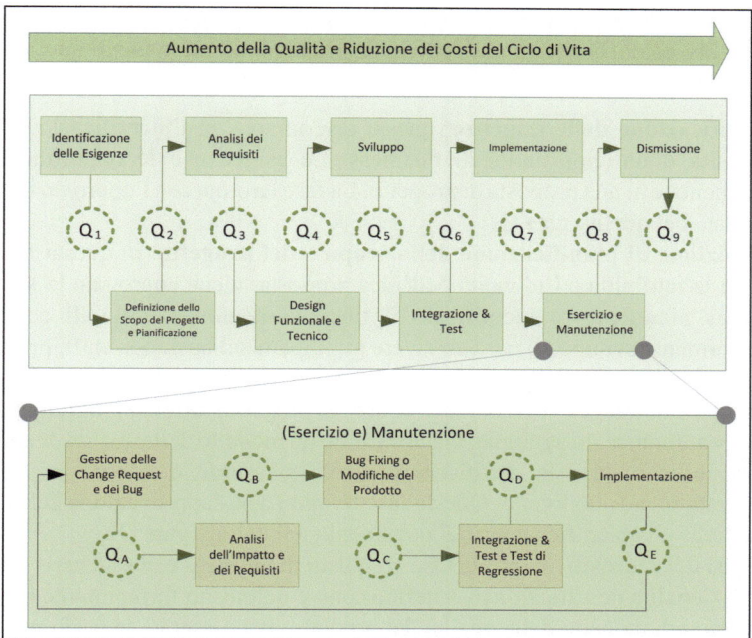

Figura 2.4: Il modello del ciclo di vita del prodotto

Rimane un problema: chi è responsabile dell'intera realtà ICT? Abbiamo dimenticato uno stakeholder chiave? O tutti gli stakeholder sono inclusi in uno dei ruoli suddetti? O il responsabile dell'intera realtà ICT fondamentalmente non è definito? Crediamo che la responsabilità complessiva della strategia ICT e del panorama ICT vada assegnata al CIO o al Direttore ICT a livello del consiglio di amministrazione.

2.3 La seconda "P": Processi

La seconda "P" sta per processi, che riguardano la relazione tra tecnologia, metodologia e persone. Di solito rappresenta il "come" nel raggiungimento di un obiettivo specifico. I processi dell'azienda possono essere divisi in processi di business, di gestione, ICT e di progetto. In prima istanza, siamo ai processi rispetto al ciclo di vita del prodotto. Il modello scelto è rappresentato in fig. 2.4. È una scatola chiusa che ha un punto di partenza, da cui il prodotto deve essere sviluppato, e un punto finale, da cui il prodotto viene recuperato per essere immesso in esercizio. Il ciclo di vita è modificato dai cosiddetti *quality gate* dopo ogni fase. Analizziamo brevemente il modello di base, che comprende 9 fasi, tra cui "esercizio e manutenzione", che è a sua volta suddivisa in 5 ulteriori fasi. Queste sono simili a quelle del modello del ciclo di vita (US Department of Justice 2003), ma non sono identiche e terminano con i quality gate. Da notare che tutte le fasi richiedono più o meno interazioni tra business e ICT.

1. **Identificazione delle esigenze**: questa fase inizia con l'identificazione di una necessità o un'opportunità di business. Le esigenze e le opportunità sono documentate in una proposta di progetto. La fase termina con l'approvazione della proposta nel quality gate Q1.
2. **Definizione di pianificazione dello scopo e del progetto**: in questa fase sono riviste la fattibilità e l'idoneità dell'idea proposta, viene approvato lo scopo del sistema pianificato e identificato il funzionamento generale. Il concetto è ulteriormente sviluppato per descrivere gli impatti sul business, staff, privacy del cliente. Per garantire che i sistemi forniscano le caratteristiche richieste in termini di tempo e di budget, sono definite risorse di progetto, attività, programmi, tool e quality assurance. In aggiunta, viene definito un modello della qualità del prodotto disponibile, incluse la certificazione della sicurezza e la valutazione della vulnerabilità ad alto livello. Questa fase termina con l'approvazione del concetto di sistema e la pianificazione del documento nel quality gate Q2.
3. **Analisi dei requisiti**: in questa fase i requisiti di business e di sistema – suddivisi in funzionali e non-funzionali – definiscono e delineano formalmente i requisiti in termini di modello della qualità del prodotto; per esempio, le performance del sistema, la sicurezza e i requisiti di manutenzione. Tutti i requisiti devono essere misurabili. Questa fase termina con l'approvazione del documento dei requisiti, dettagliato nel quality gate Q3.
4. **Design funzionale e tecnico**: in questa fase vengono progettate le caratteristiche funzionali e tecniche del sistema, viene stabilito l'ambiente operativo, ogni input o approvazione richiesto all'utente deve essere documentato e rivisto dall'utente stesso; sono specificate le caratteristiche fisiche del sistema e viene preparato il progetto nei dettagli. La fase termina con l'approvazione del documento del progetto nel quality gate Q4.
5. **Sviluppo**: in questa fase le specifiche dettagliate del documento di progetto vengono trasformate in hardware, mezzi di comunicazione e software eseguibile. Il software deve essere sottoposto agli unit test, integrato e testato nuovamente in modo sistematico affinchè sia conforme al modello di qualità del prodotto. Questa fase termina con l'approvazione del report di completamento del test dettagliato nel quality gate Q5.
6. **Integrazione e test:** in questa fase i vari componenti del sistema sono integrati e sistematicamente testati per essere conformi al modello della qualità del prodotto. In tale ambito i requisiti funzionali, così come quelli non funzionali, devono essere soddisfatti. Prima di installare e mettere in esercizio il sistema in un ambiente di produzione, lo stesso deve essere sottoposto ad attività di certificazione e accettazione, se necessario. Questa fase termina con l'approvazione dell'integrazione dettagliata e del report di completamento del test nel quality gate Q6.
7. **Implementazione:** il sistema viene installato e reso funzionante in ambiente di produzione. Questa fase continua finché il sistema non è completamente

2.3 La seconda "P": Processi

funzionante in produzione, secondo i requisiti definiti. Questa fase termina con la dichiarazione di accettazione del dipartimento di produzione nel quality gate Q7.

8. **Esercizio e manutenzione:** questa fase si divide in 2 differenti gruppi di attività: gestione in esercizio del sistema, che è un'attività continua che termina con la dismissione del sistema nell'ultima fase; manutenzione del sistema, che è un'attività eseguita ogni volta che si verifica una richiesta. Nel dipartimento di produzione il sistema è monitorato per le performance continue, secondo i requisiti utente, e sono immesse le modifiche necessarie. Il sistema in esercizio è periodicamente valutato tramite l'*In-Process review* per determinare come potrebbe essere implementato in modo più efficiente ed efficace. La gestione in esercizio continua finché la realtà del sistema viene adattata a rispondere alle necessità organizzative. Quando le modifiche o i cambiamenti vengono identificati, si presentano i seguenti sottoprocessi. Questa fase termina con la fine della gestione in esercizio del sistema nel quality gate Q8. Ecco, di seguito, le ulteriori fasi contemplate all'interno della fase 8:

   (a) **Gestione change request e bug:** simile alle precedenti fasi 1, 2 e 3. I fallimenti e le change request portano ad attività di sviluppo, integrazione e test, aggiuntive. Questo deve essere pianificato, impostato e monitorato a livello operativo. La fase termina con l'approvazione dell'idea proposta e il concetto del sistema e la pianificazione dei documenti nel quality gate Qa;

   (b) **Requisiti e analisi di impatto:** analoga alle precedenti fasi 4 e 5, le change request necessitano di essere analizzate e deve essere considerato e incorporato il loro impatto sulle progettazioni funzionali e tecniche esistenti. Questa fase termina con l'approvazione del documento di progetto dettagliato, modificato nel quality gate Qb;

   (c) **Bug fixing o cambiamenti del prodotto:** analoga alla precedente fase 5. Le modifiche o il documento di progettazione devono essere trasformati in hardware, mezzi di comunicazione e software eseguibile. Il software modificato deve essere testato nuovamente per verificare che il suo componente e l'integrazione soddisfino i requisiti della qualità del prodotto. Se necessario, l'hardware è riassemblato e testato di nuovo per essere conforme al modello della qualità del prodotto. Questa fase termina con l'approvazione del report di completamento dei test dettagliati nel quality gate Qc;

   (d) **Integrazione e testing e regression testing:** analoga alla precedente fase 6. I vari componenti del sistema sono integrati e sistematicamente testati per essere conformi al modello della qualità del prodotto. In questo contesto devono essere soddisfatti i requisiti funzionali e non. Prima di installare e mandare in esecuzione il sistema in ambiente di produzione, esso deve essere sottoposto ad attività di certificazione e accettazione, se necessario. Questa fase termina con l'approvazione di integrazione dettagliata e con il report di completamento dei test nel quality gate Qd;

   (e) **Implementazione:** analoga alla precedente fase 7. Il sistema è installato e reso funzionante in ambiente di produzione. Questa fase continua finché la realtà modificata del sistema è funzionante in produzione secondo i requisiti definiti. Tale fase termina con l'approvazione dell'accettazione dalla gestione in esercizio nel quality gate Qe.

9. **Dismissione:** le attività di dismissione assicurano la chiusura ordinata del sistema e ne preservano le informazioni vitali, in modo tale che alcune o tutte possano essere riattivate in futuro, se necessario (note anche come "digital preservation"). Particolare enfasi viene posta sull'appropriata conservazione dei dati elaborati dal sistema, in modo che siano effettivamente passati in un altro sistema o archiviati secondo regole e policy di gestione dei record applicabili per un possibile accesso futuro. Questa fase termina con l'approvazione di un archivio a lungo termine del sistema – prelevato dall'ambiente di produzione – nel quality gate Q9.

Va notato che questo modello non prevede in nessun modo uno sviluppo specifico. Potrebbe essere applicato il modello Agile, quello a cascata o altri modelli adatti. Ma noi crediamo fortemente che il ciclo di vita sia sempre sequenziale e chiuso, perché inizia con le necessità di un prodotto e termina con la sua dismissione. Nel frattempo, potremmo avere iterazioni, cicli o salti. I processi corrispondenti all'interno di un tale modello del ciclo di vita possono essere adattati e personalizzati per SPICE (ISO 2011), CMMI (Chrissis et al. 2011), ISO 9001 (2008), EFQM (2012), o anche in base ad una combinazione di questi.

Inoltre, è importante tenere a mente che le conseguenze legate ad una scarsa attenzione verso la qualità aumentano man mano che si procede da sinistra verso destra.

2.4 La terza "P": Prodotti

La terza "P" sta per prodotti, che di solito significa beni e servizi offerti da un'azienda (cfr: Fig. 2.1). Generalmente rappresenta il come raggiungere un particolare obiettivo. Nel nostro caso, il termine prodotto sarà usato come nell'industria manifatturiera; i prodotti per noi sono quelli di input e output dell'intero ciclo di vita. Perciò, potrebbe essere software offerto dalle aziende di sviluppo software o sviluppato dall'azienda stessa e implementato in seguito; potrebbero anche essere le app di un app-store o anche una realtà ICT completa di un'azienda. Ciò che realmente significa in determinate situazioni dipende dagli obiettivi e dalle prospettive dell'osservatore. Noi discuteremo la nostra visione del prodotto seguendo due linee: il ciclo di vita (struttura orizzontale) e la struttura verticale di un'azienda ICT. Nel fare ciò, restringeremo il campo ai prodotti più rilevanti rispetto ad una prospettiva della qualità. Di certo, quei prodotti devono essere validati o verificati. Questo sarà discusso più avanti.

Insieme al ciclo di vita (cfr: Fig. 2.5): ricordiamo che le fasi 3-7 sono per lo più organizzate in una impostazione del progetto con obiettivi, scopi e programmi chiari.

Perciò, project order, project charter e project plan sono esempi di prodotti generati dalla fase 2. I progetti che non sono organizzati usando metodi tradizionali, come PMI (2013), ma anche quelli come Scrum (Pilcher 2008), daranno ancora gli stessi prodotti, anche se prodotti analoghi sono chiamati in modo diverso. In un progetto ICT (fasi 3-7) le specifiche dei requisiti, il design funzionale, il design tecnico, il software, il prodotto dei test e la guida d'implementazione sono i prodotti

2.4 La terza "P": Prodotti

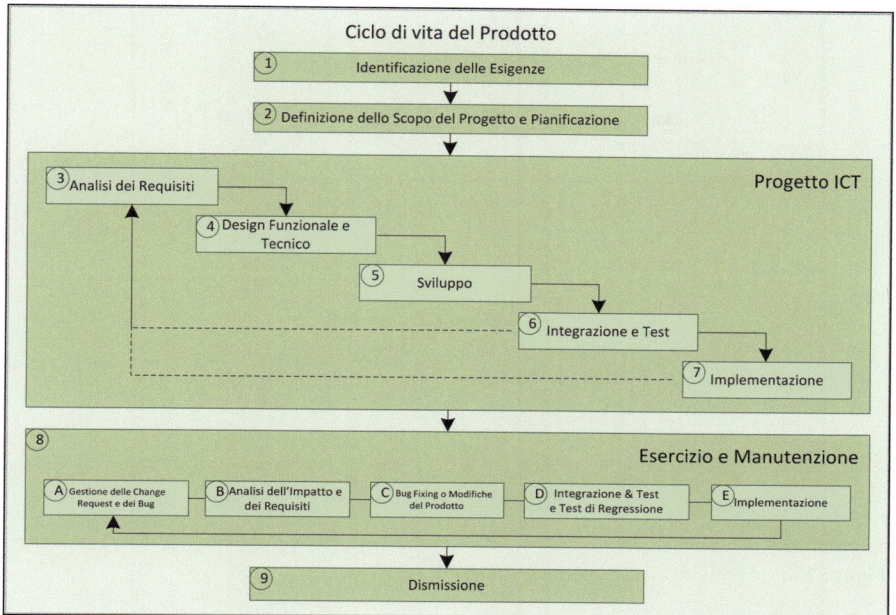

Figura 2.5: Prodotti nel ciclo di vita

più importanti. Hanno bisogno della *right quality* per modifiche future e influenzano fortemente i costi di esercizio e manutenzione. Per quanto riguarda lo sviluppo e la fase di manutenzione dell'intera realtà ICT, i prodotti della fase 8 sono simili ai prodotti di un progetto (riportati in precedenza). I prodotti specifici dipendono dal tipo di attività che deve essere intrapresa: bug fixing, implementazione delle change request o implementazione dei nuovi prodotti. Per esempio, il bug fixing non ha nessuna organizzazione di progetto specifica, mentre lo sviluppo e l'implementazione di nuovi prodotti che derivano dalle *change request* sono organizzati in progetti.

Insieme con la struttura verticale di un'azienda ICT (cfr: Figura 2.6): ricordiamo da quanto detto in precedenza che la struttura verticale è a strati ed è composta da livello strategico, tattico e operativo.

A livello strategico abbiamo prodotti come i processi di business menzionati in precedenza, che sono raggruppati in domìni di business e dipendono dal mercato dell'azienda e dai gruppi target. Sono anche inclusi in una prospettiva di business il marketing e i canali di vendita, attraverso i quali un cliente o utente ha accesso alle offerte e servizi di un'azienda. Diversi tipi di canale, cosiddetti livelli di interazione, sono ben noti (cfr: Von Lucke and Reinermann 2000): 1) tipo di informazione, cioè collezionare dati e informazioni e fornirli a clienti e utenti attraverso applicazioni come i portali aziendali; 2) tipo di comunicazione, cioè scambio di dati e informazioni tra clienti o utenti e l'azienda, usando servizi aziendali come blog, forum, email e video conferenze; 3) tipo di transazione, cioè la commessa, incluso l'intero processo di gestione e attuazione, usando servizi come monitoraggio e pagamenti elettro-

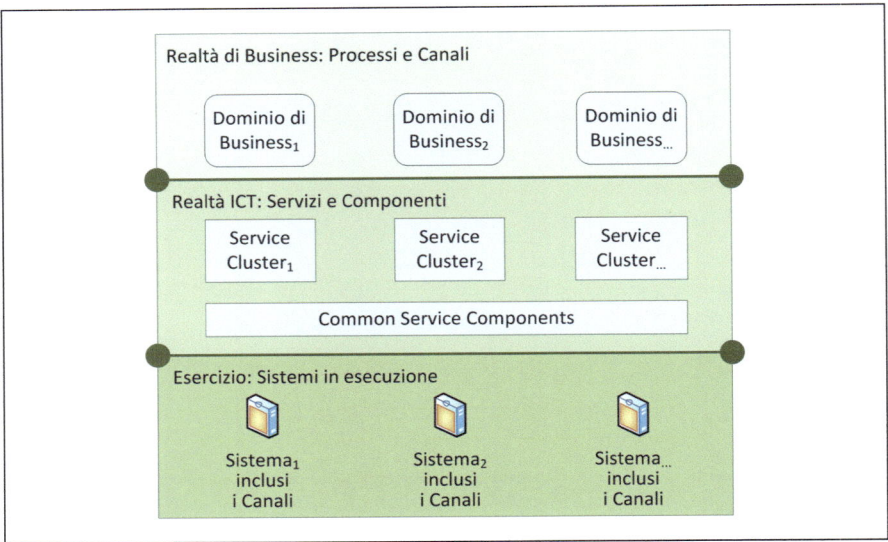

Figura 2.6: I prodotti e la struttura verticale

nici. La lista degli obiettivi a livello strategico viene dal portfolio management e in particolare dalla gestione dei processi di business. A livello tattico abbiamo prodotti come l'architettura dei servizi, che comprende service clusters, servizi e componenti dei servizi. I secondi non sono spesso usati soltanto in uno, ma in diversi servizi o service clusters. La lista degli obiettivi deriva dall'application portfolio management, e in particolare dalla gestione dell'architettura aziendale. I canali di business sono gestiti dai servizi e dai componenti dei servizi. I prodotti a livello operativo sono oggetti del mondo reale, come sistemi o applicazioni, che sono a servizio delle attività di business con mezzi quali smartphone, tablet, laptop o PC. I diversi mezzi necessitano di diversi tipi di implementazione. Il tipo tradizionale è implementato da un ufficio o una filiale. Un esempio del retail banking potrebbe meglio illustrare questa struttura verticale (cfr: Fig. 2.7).

Al *top level* noi abbiamo i clienti, ossia chi sceglie un mezzo particolare per ottenere dei servizi bancari. Supponiamo che il cliente voglia ottenere un prestito. In quel caso viene eseguito il corrispondente processo di business "Retail lending" attraverso il canale selezionato. Questo gruppo di processi è suddiviso in 3 processi ("loan origination", "loan servicing" e "loan closure"). Notiamo che non tutti i servizi sono validi per ogni canale di business. Per esempio, "receive application" è un servizio che si può eseguire in filiale, ma non è accessibile attraverso internet.

Scendendo di livello abbiamo i servizi e i componenti del servizio. Scendendo ancora di livello, raggiungiamo il livello operativo, dove viene eseguito il corrispondente sistema. Questo ci fornisce liste di obiettivi adatti ai vari livelli di un'azienda. Quindi diventa possibile definire la *right quality* per ogni livello e possono essere applicati i corrispondenti metodi, procedure e tool di quality governance, quality

2.5 La quarta "P": Progetto e Portfolio

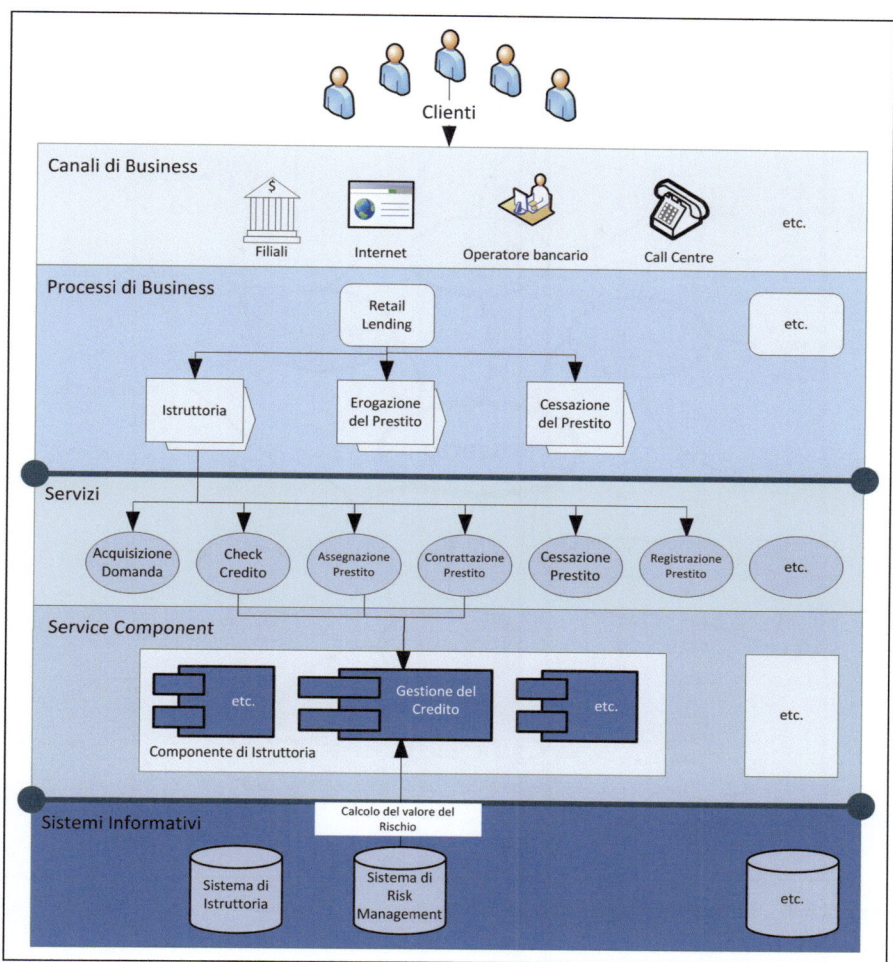

Figura 2.7: Un esempio di retail banking

management e quality engineering. La domanda "è la qualità richiesta?", definita dal livello più alto. Deve essere validata e verificata: quindi, deve essere fornita una risposta al livello inferiore.

2.5 La quarta "P": Progetto e Portfolio

La quarta "P" sta per progetto e portfolio. I progetti vengono impostati, con certi obiettivi e sono limitati ad un budget pianificato. Generalmente rappresenta ancora il "come" raggiungere un particolare obiettivo. Nel nostro modello di ciclo di vita

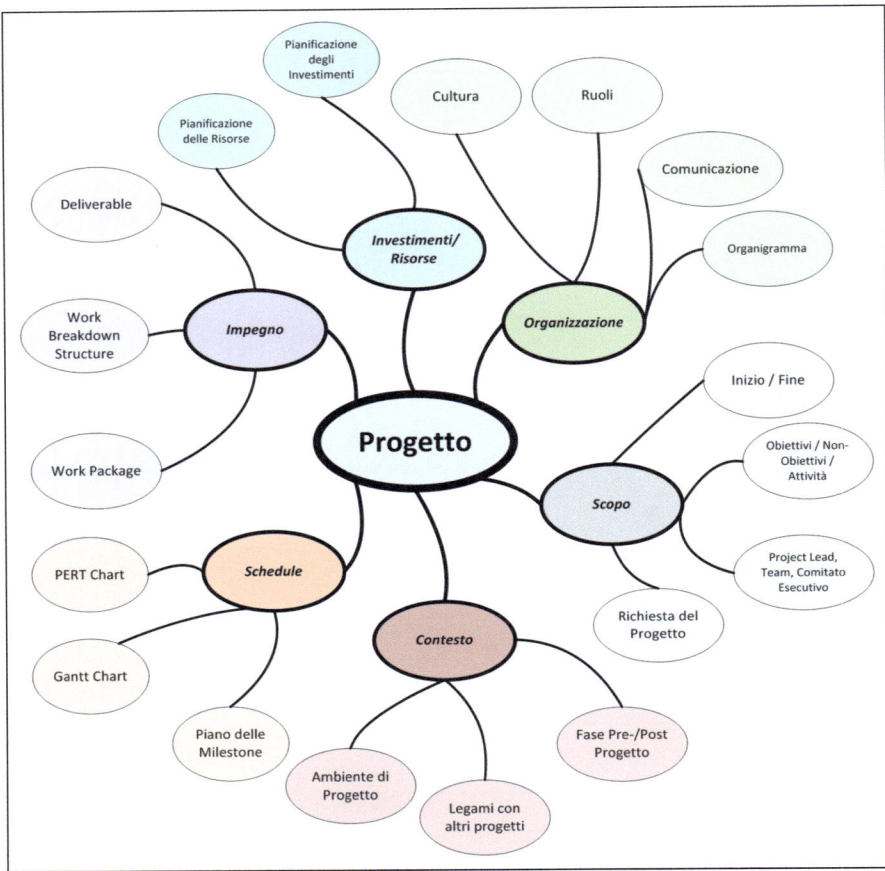

Figura 2.8: Elementi di progetto da considerare

del prodotto (cfr: Fig. 2.4) le fasi dall'inizio all'implementazione normalmente impiegano il 30% dell'impegno complessivo da sostenere per la realizzazione del prodotto durante l'intero ciclo di vita; il 70% è dedicato alla fase di "esercizio e manutenzione". Di solito, le fasi dall'analisi dei requisiti all'implementazione sono organizzate in progetti.

Analogamente, alcune attività dalla fase di "esercizio e manutenzione" saranno organizzate in progetti. Una proposta di manutenzione più snella per la realizzazione dei prodotti (Harsey and Yusof 2011) può anche aiutare a migliorare questa fase, ma ciò non sarà affrontato in questo contesto.

Dalle metodologie di project management come PMI (2013) abbiamo imparato che prima di passare alla realizzazione di un progetto devono essere considerate molte problematiche, sebbene solo poche di esse siano ben note. La figura 2.8 fornisce esempi di elementi di progetto che devono essere presi in considerazione all'inizio (cfr: Sterrer and Winkler 2006).

2.5 La quarta "P": Progetto e Portfolio

A causa della complessità generale dei progetti e rispetto al tasso di fallimento, che per i progetti ICT supera abbondantemente il 20%, negli ultimi decenni sono apparse nuove metodologie.

Il paradigma di sviluppo Agile, in particolare, ha influenzato ampiamente la pianificazione e la realizzazione di progetti (per esempio, cfr: Beck et al. 2001, Sutherland 2004, Sutherland 2005, Pilcher 2008).

Se analizziamo tali metodologie di project management, alla ricerca delle problematiche relative alla qualità, possiamo constatare che nella maggior parte dei casi esse vengono raramente definite e nessun requisito minimo di qualità viene stabilito in anticipo. Esaminiamo, per esempio, il problema di quanto investire sulla qualità. Spesso si investe meno di quanto previsto dal budget, perché il capo progetto decide di spendere più denaro per lo sviluppo che per la *quality assurance*, e meno di quanto sia necessario, perché la qualità non è riconosciuta come una problematica del ciclo di vita (nonostante siamo tutti consapevoli che nell'ultima fase del ciclo di vita il costo cresce notevolmente).

Per molte organizzazioni le cose si complicano ulteriormente perché i project manager 'si agitano' quando la gestione del progetto non raggiunge il "nirvana aziendale". Ciò accade quando la direzione aziendale non investe in una corretta selezione dei progetti tra i processi del portfolio management.

Quindi, il problema più comune riscontrato dalle organizzazioni project-oriented è quello di avere troppi progetti in relazione alla propria capacità di gestirli. Perciò, uno dei primi requisiti è determinare cosa può essere fatto: cioè, determinare cosa dovrebbe essere fatto e cosa non dovrebbe essere fatto.

Dalla Programme Management Survey 2002 (KPMG 2002) è emerso che il 56% delle aziende ha un progetto fallito nell'anno precedente al costo medio di 8 milioni di sterline. Altre indagini indicano che l'87% dei progetti non riescono a conseguire i benefici attesi. Il problema è grande e le aziende non riescono ancora ad affrontare la questione in modo efficace.

Con i nostri clienti abbiamo constatato che hanno troppi progetti rispetto alle loro capacità di gestirli e il loro approccio ai problemi prevede:

- una soluzione frammentaria;
- una mancata previsione e gestione di ciò a livello del portfolio;
- l'assenza di una cultura aziendale del cambiamento;
- l'assenza di una quality assurance complessiva.

La mancanza di coordinamento di progetti strategici – o anche il non aver riconosciuto alcune opportunità come possibili progetti – porta ad un indebolimento delle risorse, ad obiettivi di progetto conflittuali e per ultimo non soddisfa gli obiettivi strategici. Abbiamo constatato che le aziende hanno bisogno di capire che progetti, programmi e portfolio devono essere gestiti e supportati in linea con le loro capacità di sviluppo, come mostrato in figura 2.9, e questo deve essere supportato attraverso i processi, le persone, i tool e le tecniche.

Perciò, una delle prime attività è quella di determinare cosa deve essere fatto: cioè cosa dovrebbe essere fatto e cosa non dovrebbe essere fatto. La nostra esperienza ci dice che le organizzazioni necessitano di un Project Portfolio Management quando:

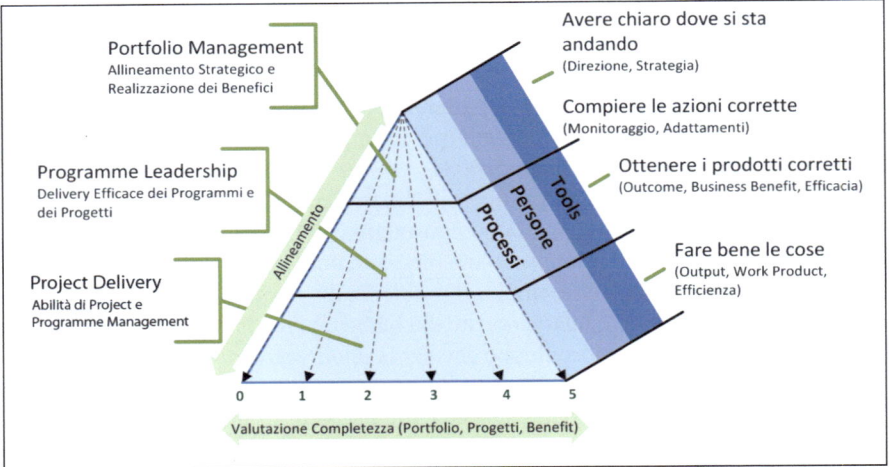

Figura 2.9: Portfolio management

- ci sono troppi progetti in corso o non si sa quanti siano;
- non si sa come i progetti supportino la strategia organizzativa;
- non c'è equilibrio nelle priorità; per esempio, rischi vs tempi;
- il valore del progetto è opinabile o non è proporzionato all'investimento;
- alcune risorse sono troppo impegnate, mentre altre non sono sfruttate pienamente;
- non c'è comprensione dei vincoli del progetto;
- non si riesce a mantenere i costi di progetto, la schedulazione e le *milestone* tecniche.

Le ricerche di Cooper, Edgett e Kleinschmidt (1998) mostrano che la causa primaria di un rendimento di business inferiore alle aspettative risiede nella mancata gestione dell'insieme di tutti i progetti attraverso un portfolio. Questo è il risultato diretto della mancanza di un adeguato processo di portfolio management che avrebbe dovuto affiancare l'attivazione del software. Secondo la nostra esperienza molte aziende non hanno processi o tool che forniscano le informazioni necessarie per prendere decisioni basate sugli eventi in base al loro portfolio di progetti. Come risultato, i senior executive hanno un atteggiamento indeciso e non possono rispondere alle seguenti domande con certezza (o possono dare una risposta negativa):

- la mia organizzazione sta lavorando su progetti e programmi corretti?
- stiamo lavorando sul numero giusto di progetti e programmi?
- di quali risorse ho bisogno per completare i programmi come pianificato?
- abbiamo processi efficaci in atto per selezionare e portare a termine i programmi?
- quando posso iniziare un nuovo programma?
- qual è l'impatto di una nuova programmazione o di una modifica alla precedente sui programmi a priorità inferiore?
- qual è lo stato di ogni progetto e programma?
- qual è la storia delle attività schedulate, rispetto alle prestazioni ottenute?

Un altro modo di affrontare il problema è che la maggior parte delle aziende non ha processi pienamente efficaci per prendere decisioni di progetti sul portfolio e la maggior parte delle aziende non ha i processi di supporto o i tool che forniscano le informazioni necessarie per prendere decisioni basate sugli eventi e sul portfolio dei progetti.

Benefici del Project Portfolio Management riguardante la qualità ICT

Ci sono molti benefici nell'implementare il Project Portfolio Management; comunque ci sono 3 ragioni fondamentali per le quali anche gli stessi membri del project management dovrebbero non solo vedere di buon occhio i piani di PPM, ma dovrebbero promuoverli attivamente come cultura di base:

1. **PPM dà concretezza alla pianificazione dei processi di un'azienda**. La Balanced Scorecard Collaborative stima che oltre l'80% di strategie aziendali non vengono mai implementate. Le ragioni per cui avviene ciò sono articolate: una parte del problema è che gli "strategic thinkers" escogitano soluzioni che l'azienda non ha speranza di portare avanti. In maniera analoga, un project management assillante porta a "cattive stime" e il fallimento del progetto spesso inizia nella executive suite con obiettivi, scadenze e budget non realistici.
2. **PPM dà una logica alle allocazioni di risorse, sia umane che finanziarie**. Dopo aver stimato di quali risorse necessita il progetto, il passo più importante nella creazione ed esecuzione di un processo PPM è stabilire il budget (denaro e risorse umane) e definire le date di inizio e fine per questi piani. I progetti o i programmi futuri vengono previsti e aggiunti al potenziale portfolio di lavoro di un'azienda. Anche a questo livello, per avere buoni processi PPM, sono importanti i responsabili. Per qualche cliente, la risorsa insufficiente non sono i soldi ma i project manager. Un fattore critico nella selezione del progetto è perciò la presenza di un project manager che possa gestirlo? Questo ci porta alla terza ragione.
3. **PPM dà visibilità dell'impegno e delle risorse necessarie al progetto**. Il recente trend verso il monitoraggio dell'avanzamento delle risorse e la gestione per livelli delle funzionalità nel software di gestione dei progetti è una grande manna per il manager del portfolio di progetto. In effetti, senza un sistema per sapere ciò che ogni persona nella rosa dello staff del potenziale progetto è in grado di fare, e la relativa disponibilità, non si può realmente dire di gestire un portfolio di progetti.

Quindi l'attività fondamentale di garantire che l'organizzazione dia il via a iniziative per ottenere la giusta qualità, richiede in primo luogo che l'organizzazione allinei i progetti con la sua strategia di business. Questo è esattamente ciò che viene ottenuto con il processo di portfolio management. Il secondo step è creare *checkpoint* (quality gate) insieme al ciclo di vita del progetto, dove i criteri di governance e delivery si trovano in un sano equilibrio. Questo si traduce in un approccio che chia-

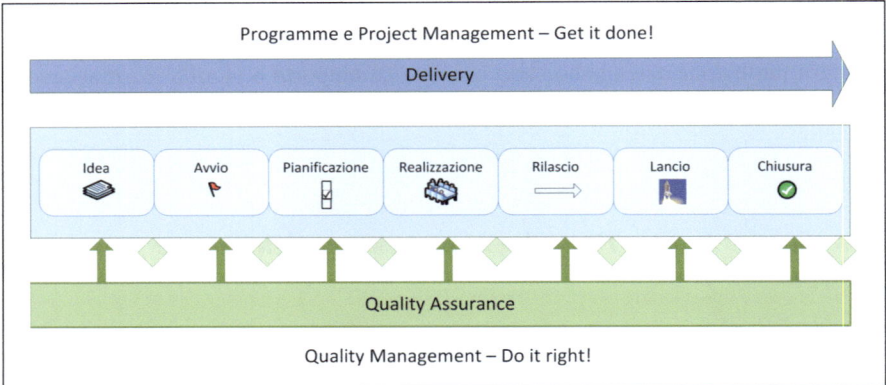

Figura 2.10: PQM - Get it Done and Do it Right

meremo *Portfolio Quality Management*, come rappresentato in fig. 2.10. Per maggiori dettagli sul portfolio management ci riferiamo al Rajegopal (2013).

Riferimenti e link

Barrett R (1998) Liberating the corporate soul: building a visionary organization. Butterworth-Heinemann, Woburn

Barrett R (2006) Building a values-driven organization: a whole system approach to cultural transformation. Elsevier, Oxford

Beck K (2009) The Agile Manifesto. http://www.agilemanifesto.org. consultato il 7 novembre 2013

Chen K (2009) Product, project, process and people: the four Ps of PLm analytics. http://www.technologyevaluation.com/research/articles/product-project-process-and-people-the-four-ps-of-plm-analytics-19934/. Consultato il 7 novembre 2013

Chrissis M, Kornrad M, Shrum S (2011) CMMI for development: guidelines for process integrationand product improvement, 3rd eition Pearson Education, Boston, MA

Cooper R, Edgett S, Kleinschmidt E (1998) Portfolio management for new products. Persues Books, Cambridge, MA

EFQM (2012) EFQM excellence model 2013. European Foundation for Quality Management (EFQM) Bruxelles

Hares J (1992) Information engineering for the advanced practitioner. Wiley, Chichester

Harsey F, Yusof S (2011) Continous Improvement through an integrated mainteinance model. In: Contemporary engineering sciences, vol 4 (8). Hikari Ltd, Ruse Bulgaria pp 353-362

Heinrich L, Lenher F (2005) Informationsmanagement: Planung, Überwachung und Steuerung der Informationsinfrastruktur. Oldenbourg Verlag, Monaco

ISO (2011) Information technology – process assessment, ISO/IEC 15504, International Organization fo Standardization (ISO), Ginevra

ISO 9001 (2008) Qualitätsmanagementsysteme – Anforderungen, ISO 9001:2008. International Organization fo Standardization (ISO), Ginevra

KPMG (2002) Programme management suvey. KPMG, Londra

Krcmar H (2005) Informationsmanagement. Springer, Berlino

Pilcher R (2008) Scrum – Agile Projektmanagement erfolgreich einsetzen. dpunkt.verlag, Heidelberg

PMI (2013) The standard for program management, 3rd edition Project Management Institute, Newton Square, PA

Rajegopal S (2013) Portfolio management – how to innovate and invest in successful projects. Palgrave Macmillan, Basingstoke, Hampshire

Spring M (1992) People, processes, products and productivity – an address to EDGE International. http://www.sis.pitt.edu(_spring/papers/pppp.pdf. Consultato il 13 novembre 2013

Stafford P (2013) Nasdaq blames software flaw for trading outage. http://www.ft.com/intl/cms/s/0/138ccd6c-10c7-11e3-b5e4-00144feabcd0.html#axzz2104nskPC. Consultato il 7 novembre 2013

Sterrer C, Winkler G (2006) Let your projects fly. Goldegg Verlag, Vienna

Sutherland J (2004) Agile development: lessons learned from the First Scrum (l'articolo è stato pubblicato da Cutter Agile Project Management Advisory Servicr. Executive Update, Vol 5, N° 20. Per le ristampe contattare service@cutter.com)

Sutherland J (2005) Future of Scrum: parallel pipelining of sprints in complex projects. Presso la conferenza AGILE 2005, Denver

US Department of Justice (2003) Information resources management – the Department of justice systems development life cycle guidance document. http://www.justice.gov/jmd/irm/lifecycle/table.htm consultato il 13 novembre 2013

Von Lucke J, Reinermann H (2000) Speyerer Definition von Electronic Government. http://foev.dhv-speyer.de/ruvii/Sp-EGov.pdf consultato il 18 novembre 2013

http://femgineer.com/wp-content/uploads/2010/03/Shuttle_launch.jpg Consultato il 21 dicembre 2013

Capitolo 3
Cosa è Right Software and System Quality?

Ovviamente, il mondo del software ha riconosciuto che la qualità dei sistemi ICT è importante. È disponibile una grande varietà di tool per effettuare la verifica e la validazione dei prodotti tramite computer. La maggior parte di essi si occupa di test dinamici e del controllo della qualità della struttura statica del codice. Gli stessi tool includono una vasta gamma di funzionalità per le attività di test e contemplano le dinamiche di diversi scenari all'interno dei progetti e degli ambienti di sviluppo delle applicazioni per tutti i sistemi di produzione.

Di solito si iniziano progetti o programmi per l'evoluzione, la sostituzione, la manutenzione o il miglioramento di sistemi software. Tali progetti e programmi hanno in proposito obiettivi e condizioni, per lo più orientati alla funzionalità, al budget e ai tempi. Ma bisogna porsi la domanda: da dove provengono i requisiti della qualità. Per esempio, la funzionalità in sé non è una caratteristica di qualità, ma la completezza di una specifica funzionalità lo è. Crediamo che una nozione di corretta qualità dovrebbe essere definita in modo che soddisfi le esigenze nei progetti e nei programmi e che sia anche conforme ai requisiti di qualità nel ciclo di vita. Crediamo anche che le proprietà dei sistemi software cambino nel tempo e in risposta ai cambiamenti delle aspettative degli stakeholder.

Nel definire una nozione di corretta qualità abbiamo preso spunto da due fonti: lo standard internazionale ISO/IEC 25010 – parte della serie SquaRE – e il modello Kano. Discuteremo la nostra definizione di "Right Software and Systems Quality" ponendoci le seguenti domande:

1. Quali sono i fattori di qualità determinanti?
2. Quali caratteristiche di qualità e modelli di qualità sono rilevanti?
3. I requisiti di qualità cambiano nel tempo e in risposta ai cambiamenti delle aspettative degli stakeholder?
4. Cos'è, dunque, la Right Software and Systems Quality?

3.1 Fattori di qualità determinanti

Siamo consapevoli che la qualità dei sistemi software non è proprio senza difetti ed è ampiamente accettato che non possiamo ottenere una "qualità assoluta".

La qualità di un sistema e dei suoi componenti è relativa a ciò di cui abbiamo bisogno; è una metodologia per raggiunere un adeguato livello di qualità accessibile a tutti i diversi livelli di un'azienda, e conveniente con una determinata struttura e specifiche condizioni.

La qualità è per sua natura multi-dimensionale e comprende una serie di compromessi. Essa è costituita da molte caratteristiche diverse, non sempre indipendenti l'una dall'altra. Alcune di queste sono facili da misurare, come "il tempo di reazione di un programma ad una richiesta è minore di 10 secondi", mentre altre, come "il colore di un pulsante sullo schermo deve essere rosso", sono più soggettive. Ciò che per qualcuno può essere di buona qualità, potrebbe essere considerato di scarsa qualità da un altra persona.

Diversamente dal budget e dal tempo, la qualità è un concetto che non è facile delineare. Questo rende difficile definirla e porta a *workaround* del tipo "si ha una buona qualità se tutti i test case sono eseguiti e non si riscontrano gravi problemi alla fine". Questo è davvero un indice esatto della qualità del sistema? Ovviamente no, perché non conosciamo la qualità dei test case. Potremmo seguire questo ragionamento e provare a ricavare la qualità dei test case e così via. Ma questo ragionamento è utile? Ciò che manca fondamentalmente è che non abbiamo un'adeguata chiarezza sulla qualità, a causa della complessità del prodotto e dei processi. Ciò porta a due importanti domande:

1. Il prodotto (sistema software) è quello giusto?
2. Assumendo che il prodotto sia quello giusto, possiede la giusta qualità?

La prima domanda si focalizza sulle caratteristiche di business, a proposito di quali prodotti e processi di business debbano essere gestiti e supportati dal sistema software, affinché lo stesso sia quello giusto per fare ciò in modo efficiente.

La seconda domanda si focalizza sulle caratteristiche di un sistema software, assumendo che il sistema abbia le giuste caratteristiche di business. Gli obiettivi di tutte le azioni di qualità da intraprendere sono dunque:

> *Chiarire se esistano rischi nell'uso del prodotto e dare indici dettagliati di questi rischi, cosicché possano essere evitati il prima possibile, o che almeno il loro impatto possa essere ridotto.*

Inoltre è fondamentale avere un concetto appropriato di qualità del software e dei sistemi. Al di là delle esigenze pratiche, molti concetti e modelli della qualità sono stati definiti negli ultimi anni (per esempio, Schmitz et al. 1982; Kan 1995; Grady and Caswell 1987).

In questo libro faremo riferimento, come base, allo standard internazionale dello SquaRE. Nella ISO/IEC 25010 (2011), dove la qualità di un sistema software è così definita:

3.1 Fattori di qualità determinanti

> "...il grado con il quale il sistema soddisfa le esigenze dichiarate ed implicite dei vari stakeholder e quindi per ciò stesso conferisce valore. Queste esigenze dichiarate ed implicite sono rappresentate dai modelli di qualità che classificano la qualità del prodotto in caratteristiche, le quali a loro volta - in alcuni casi - sono ulteriormente suddivise in sottocaratteristiche."

Lo standard internazionale fornisce una scomposizione della qualità in caratteristiche e sottocaratteristiche, e magari a più livelli. Tutto ciò definisce un modello di qualità concreto al quale deve aderire un certo software, sistema o prodotto. In aggiunta, viene fatta una distinzione tra "modelli della qualità di sistemi/prodotti software" e "modelli quality-in-use". Il primo tipo sarà applicato al software e ai sistemi quando vengono visti come un unico prodotto; il secondo al software e al sistema, nel caso sia importante la visione degli stakeholder. Questi due tipi di modelli saranno diversi e forniranno informazioni extra per la qualità complessiva. Dal nostro punto di vista, il primo è destinato principalmente allo sviluppo; il secondo, invece, alla pianificazione e all'utilizzo di software e sistemi.

Nella ISO/IEC 25012 (2008), la qualità del dato è definita secondo due punti di vista: inherent data quality e system-dependent data quality.

> "Inherent data quality si riferisce al grado con il quale le caratteristiche della qualità del dato hanno potenziale intrinseco per soddisfare le esigenze dichiarate e implicite, quando il dato è utilizzato in specifiche condizioni."

> "System-dependent data quality si riferisce al grado con il quale la qualità del dato è raggiunta e mantenuta all'interno di un sistema informativo, quando il dato è usato in specifiche condizioni."

Una buona sintesi e spiegazione viene anche data da Wagner (2013). Ciò nonostante, in quest'ambito esponiamo anche, brevemente, due modelli di qualità fondamentali per le successive esercitazioni:

Quality-in-Use Model (QiUMod): il modello quality-in-use è formato da 5 caratteristiche e molte di esse hanno ulteriori sottocaratteristiche. Queste ultime non saranno discusse nel dettaglio (cfr. ISO/IEC 25010 2011).

1. *Efficacia*: precisione e completezza con le quali gli utenti raggiungono obiettivi specifici; ciò riguarda la ricezione dei risultati corretti dal sistema in uso a supporto del relativo processo di business o parte di esso; non sono definite ulteriori sottocaratteristiche.
2. *Efficienza*: risorse impiegate in relazione alla precisione e alla completezza con cui gli utenti raggiungono obiettivi specifici; le risorse rilevanti potrebbero includere il tempo per completare un'attività, i materiali, o anche i costi finanziari di uso; ciò è relativo alla ricezione dei risultati corretti nel modo giusto senza spreco di risorse; non sono definite ulteriori sottocaratteristiche.
3. *Soddisfazione*: grado con il quale le esigenze dell'utente sono soddisfatte quando un prodotto o un sistema è usato in uno specifico contesto d'uso; questo è relativo alle aree conflittuali come "ottenere ciò che serve" vs "ottenere ciò che è richiesto" o "ottenere ciò che si è sviluppato"; questa caratteristica viene suddivisa in utilità, fiducia, appagamento e comodità dell'interfaccia utente.

4. *Autonomia dal rischio*: grado con il quale un prodotto o un sistema riduce un potenziale rischio; questi rischi sono suddivisi in riduzione del rischio economico, riduzione del rischio per la salute e la sicurezza e riduzione del rischio ambientale (ricordiamo il discorso sull'ICT e sul mondo dei sistemi embedded nel capitolo 1).
5. *Copertura degli scenari*: grado con il quale un prodotto o un sistema può essere usato con efficacia, efficienza, assenza di rischio e soddisfazione nello specifico contesto d'uso, così come in contesti al di là di quello esplicitamente identificato all'inizio; questa caratteristica è suddivisa in completezza nel contesto d'uso e flessibilità (ricordiamo il discorso sull'ICT e sul mondo dei sistemi embedded nel capitolo 1).

Dal nostro punto di vista "autonomia dal rischio" è equivalente ad "eccellente qualità consegnata". Se il concetto di un'eccellente qualità è espresso dalle suddette caratteristiche 1, 2, 3 e 5, l'assenza di rischio è fortemente dipendente da queste caratteristiche. Perciò, sarebbe meglio, in futuro, far derivare questa caratteristica dalle altre e non renderla parte della definizione stessa.

Product Quality Model (ProdQMod): il product quality model è composto da 8 caratteristiche, dove ognuna è ulteriormente suddivisa in sottocaratteristiche. Anche in questo caso le sottocaratteristiche non saranno descritte nel dettaglio (cfr. ISO/IEC 25010 2011).

1. *Idoneità all'uso*: grado con il quale un prodotto o un sistema fornisce funzioni che incontrano esigenze dichiarate o implicite, quando usate sotto specifiche condizioni; questa caratteristica è suddivisa in completezza funzionale, correttezza funzionale e adeguatezza funzionale.
2. *Efficienza di performance*: performance relativa alla quantità di risorse usate rispetto a condizioni stabilite; le risorse potrebbero includere altri prodotti software, la configurazione software e hardware del sistema e materiali come stampanti e dispositivi di archiviazione; le risorse umane non sono incluse in questo caso; questa caratteristica è ulteriormente suddivisa in andamento temporale, utilizzo delle risorse e capacità.
3. *Compatibilità*: grado con cui un prodotto, un sistema, o un componente del sistema scambia informazioni con altri prodotti, sistemi o componenti del sistema e realizza le sue funzioni obbligatorie, mentre condivide lo stesso hardware o ambiente software; questa caratteristica è suddivisa in co-esistenza e interoperabilità.
4. *Usabilità*: grado con cui un prodotto o un sistema può essere usato da specifici utenti per raggiungere precisi obiettivi con efficacia, efficienza e soddisfazione in uno specifico contesto d'uso; questa caratteristica è suddivisa in adeguatezza, riconoscibilità, riusabilità, operatività, protezione dagli errori dell'utente, estetica dell'interfaccia utente e accessibilità.
5. *Affidabilità*: grado con il quale un prodotto, sistema o componente del sistema, realizza specifiche funzioni sotto specifiche condizioni per uno specifico periodo di tempo; eventuali limiti sono dovuti a mancanze nei requisiti, nella progettazione e nell'implementazione, o a cambiamenti di contesto; l'usura non si verifica nel software, ma nei sistemi dove l'hardware è parte del sistema; questa

3.1 Fattori di qualità determinanti

caratteristica è ulteriormente suddivisibile in completezza, disponibilità, fault tollerance e recoverability.

6. *Sicurezza*: grado con il quale un prodotto o un sistema protegge informazioni e dati, cosicché persone o altri prodotti o sistemi hanno un grado di accesso ai dati adeguato al loro ruolo e livello di autorizzazione; questo si applica all'archivio dei dati e alla trasmissione dati; tale caratteristica è suddivisa in confidentiality, integrità, non-repudiation, responsabilità e autenticità.
7. *Manutenibilità*: grado di efficacia e efficienza con il quale un prodotto o un sistema può essere modificato da sviluppatori; le modifiche includono correzioni, miglioramenti o modifiche evolutive del software ai cambiamenti nell'ambiente, nei requisiti e nelle specifiche funzionali; è inclusa anche l'installazione di aggiornamenti e upgrade; questa caratteristica è ulteriormente suddivisa in modularità, riusabilità, analizzabilità, modificabilità e testabilità.
8. *Portabilità*: grado di efficacia ed efficienza con il quale un prodotto, un sistema o un componente del sistema può essere trasferito da un hardware, un software o un ambiente operativo o di utilizzo a un altro; questa caratteristica è suddivisa in adattabilità, installabilità e sostituibilità.

In sintesi abbiamo rappresentato tutte le caratteristiche, insieme con le rispettive sottocaratteristiche nella Fig. 3.1. Potrebbe accadere che in contesti specifici debbano essere soddisfatti ulteriori standard dipendenti dal contesto. In questo caso il suddetto meccanismo di qualità può essere esteso.

Data Quality Model (DataQMod): mettendo da parte i due punti di vista suddetti, un modello di *data quality* consiste nelle seguenti caratteristiche (per maggiori dettagli fare riferimento a ISO/IEC 25012 2008):

1. *Accuratezza*: grado con il quale i dati hanno proprietà che permettono loro di essere rappresentati in base al corretto valore delle proprietà previste da un concetto o da un evento in uno specifico contesto d'uso.
2. *Accessibilità*: grado con il quale si può avere accesso ai dati in uno specifico contesto d'uso, in particolare da persone che necessitano di supporto tecnologico o configurazioni speciali a causa di una qualche disabilità.
3. *Disponibilità*: grado con il quale i dati hanno proprietà che li rendono disponibili ad utenti autorizzati e/o applicazioni, in uno specifico contesto d'uso.
4. *Completezza*: grado con il quale dati associati ad un'entità assumono valore per tutti gli attributi previsti e sono collegati alle altre istanze, in uno specifico contesto d'uso.
5. *Consistenza*: grado con il quale i dati hanno proprietà non contraddittorie, che li rendono coerenti con altri dati, in uno specifico contesto d'uso.
6. *Credibilità*: grado con il quale i dati hanno proprietà che li rendono reali e plausibili per gli utenti, in uno specifico contesto d'uso.
7. *Correttezza*: grado con il quale i dati hanno proprietà che li rendono temporalmente appropriati, in uno specifico contesto d'uso.
8. *Conformità*: grado con il quale i dati hanno proprietà che li fanno aderire a standard applicabili, convenzioni o norme e regole simili, relative alla qualità del dato, in uno specifico contesto di uso.

56   Cosa è Right Software and System Quality?

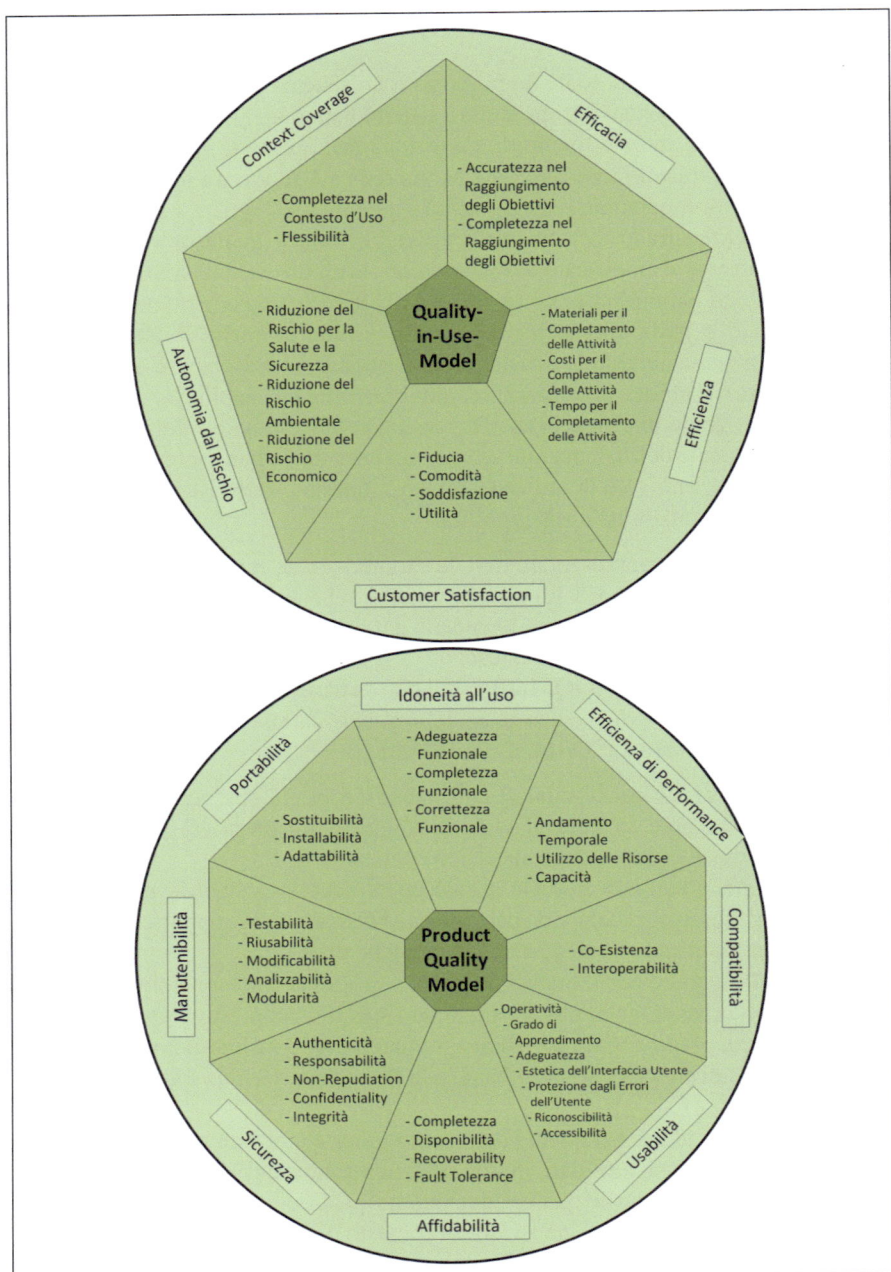

Figura 3.1: Modello quality-in-use e modello product quality

3.1 Fattori di qualità determinanti

9. *Confidentiality*: grado con il quale i dati hanno proprietà che garantiscano che siano accessibili e interpretabili da utenti autorizzati, in uno specifico contesto d'uso.
10. *Efficienza*: grado con il quale i dati hanno proprietà che permettono loro di essere inseriti nel processo e fornire il livello atteso di performance, usando la quantità e il tipo di risorse appropriate, in uno specifico contesto d'uso.
11. *Portabilità*: grado con il quale i dati hanno proprietà che consentono ad essi di essere installati, sostituiti o spostati da un sistema a un altro, preservando la qualità esistente, in uno specifico contesto d'uso.
12. *Precisione*: grado con il quale i dati hanno proprietà che li rendono esatti o che consentono loro di discostarsi dal valore esatto, con un certo margine, in uno specifico contesto d'uso.
13. *Recoverability*: grado con il quale i dati hanno proprietà che consentono ad essi di mantenere e preservare uno specifico livello di funzionamento e una specifica qualità, anche in caso di guasto, in uno specifico contesto d'uso.
14. *Tracciabilità*: grado con il quale i dati hanno proprietà che forniscono un *audit trail* dell'accesso ai dati e di ogni cambiamento effettuato ai dati, in uno specifico contesto d'uso.
15. *Comprensibilità*: grado con il quale i dati hanno proprietà che consentono ad essi di essere letti e interpretati dagli utenti e di essere espressi in linguaggi, simboli e unità appropriati, in uno specifico contesto d'uso.

In sintesi, abbiamo rappresentato tutte le caratteristiche insieme con le loro rispettive sottocaratteristiche in Fig. 3.2. Potrebbe accadere che in contesti specifici debbano essere soddisfatti ulteriori standard dipendenti dal contesto.

Process Quality Model (ProcQMod): un modello di process quality consiste in rilevanti processi, incluse le loro definizioni, il livello di capacità e le caratteristiche del processo (per maggiori dettagli, fare riferimento agli standard SPICE ISO/IEC 15504-1 2004; SPICE ISO/IEC 15504-4 2004; SPICE ISO/IEC 15504-5 2012; SPICE ISO/IEC 15504-7 2008 o Chrissis et al. 2011). Per esempio, SPICE definisce i processi in 5 categorie: customer/supplier, engineering, supporting, management e organization. Per questi processi sono definite le caratteristiche di processo come process performance, performance management, work product management, process definition, process deployment, process measurement, process control, process innovation e process optimization. Con tale definizione è possibile valutare ogni caratteristica su una scala di 4 punti (N-P-L-F):

- Not achieved - Non raggiunto (0-15%);
- Partially achieved - Parzialmente raggiunto (>15-50%);
- Largely achieved - Ampiamente raggiunto (>50-85%);
- Fully achieved - Pienamente raggiunto (>85-100%).

Il livello di competenza di tutti i processi, o parte di essi, per un azienda può, dunque, essere determinato con la seguente scala:

- Processo incompleto - livello di competenza 0;
- Processo svolto - livello di competenza 1;
- Processo gestito - livello di competenza 2;

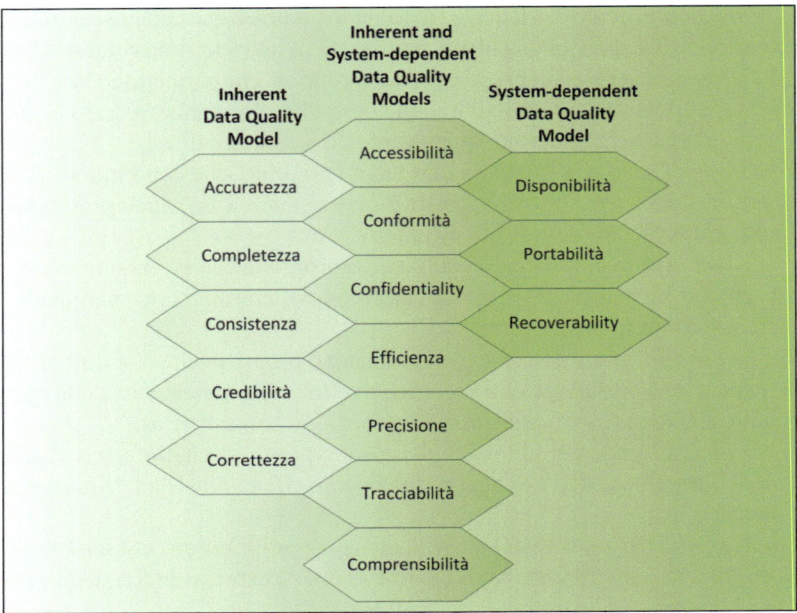

Figura 3.2: Modello data quality intrinseco e modello data quality system-dependent

- Processo istituito - livello di competenza 3;
- Processo previsto - livello di competenza 4;
- Processo ottimizzato - livello di competenza 5.

3.2 Rilevanza delle caratteristiche di qualità

Tutte le caratteristiche dei suddetti modelli hanno la stessa importanza o la loro rilevanza dipende da caratteristiche del contesto? Per esempio, come parte della categoria "People" (cfr: Capitolo 2) abbiamo diversi gruppi di stakeholder, dove ognuno ha un proprio punto di vista e personali aspettative di qualità. Inoltre, "user experience and role" sembra essere importante quando viene richiesta la classificazione delle caratteristiche di qualità. Un altro esempio appartiene alla categoria "Product" (cfr: Capitolo 2). Analizzando i processi del ciclo di vita abbiamo identificato molti diversi prodotti/manufatti che contribuiscono alla struttura e al comportamento dei sistemi ICT. Se l'applicazione è in fase di sviluppo, la classificazione potrebbe essere diversa da quella che si avrebbe con la stessa applicazione in esercizio da 10 anni. Quindi anche l'"età di un'applicazione" è un fattore determinante. Prendiamo per esempio l'applicazione di Microsoft Office. Se viene eseguita una vecchia versione, ad esempio MS Office 2000, la piattaforma base potrebbe non essere più supportata e bisogna gestire le performance e l'affidabilità dell'attuale versione desktop. Un discorso analogo è valido per le applicazioni SAP e PLM.

3.2 Rilevanza delle caratteristiche di qualità

Tabella 3.1: Esempio di classificazione delle caratteristiche del quality-in-use

	Efficacia	Efficienza	Soddisfazione	Assenza di rischio	Copertura degli scenari	Tasso totale
Efficacia		3	2	3	3	11
Efficienza	1		3	3	3	10
Soddisfazione	2	1		3	3	9
Autonomia dal rischio	1	1	1		3	6
Copertura degli scenari	1	1	1	1		4

Iniziamo la nostra indagine nella classificazione delle caratteristiche della qualità con il modello *quality-in-use*. Ricordiamo che questo modello fornisce la prospettiva utente sulla qualità. È determinata: a) dall'intero sistema che comprende hardware, software e ambiente operativo, inclusi manuale utente e manuale operatore, primo e secondo livello di supporto; b) dall'utente stesso, dalle sue attività e dal contesto in cui si trova.

Il modello non si concentra sul sistema in sé, ma prevede alcune proprietà di contesto derivanti dall'utilizzo del sistema (tabella 3.1). Per convenzione, nelle nostre valutazioni faremo uso di uno schema di classificazione a 3 valori con i seguenti significati:

- 3- maggiormente critico, se non presente durante la produzione;
- 2- ugualmente critico durante la produzione;
- 1- meno critico, se non presente durante la produzione.

Le proprietà di contesto sono date dallo stakeholder "user". L'attribuzione dei valori deriva da 7.000 progetti e deve essere vista nel senso che "la maggior parte dei progetti ha scelto il valore risultante". Per esempio, nella maggior parte dei progetti l'efficacia ("precisione e completezza con la quale gli utenti raggiungono specifici obiettivi") e la soddisfazione ("grado con il quale le esigenze dell'utente sono soddisfatte quando un prodotto o un sistema è usato in un specifico contesto d'uso") sono ugualmente importanti, nonostante la soddisfazione sia stata inserita al terzo posto nella suddetta tabella. Questo perché la soddisfazione è classificata come meno critica rispetto all'efficienza ("risorse spese in relazione all'accuratezza e completezza con la quale gli utenti raggiungono gli obiettivi"). Tale classificazione è importante per un approccio alla *quality assurance* scalabile e basato sui rischi per ottimizzare l'investimento.

Un altro punto di vista è dato dal modello di *product quality*, il quale prevede di riesaminare le proprietà del prodotto del corrispondente sistema. Questo è più di un punto di vista da una prospettiva utente. Per esempio, la qualità interna come la *code quality* è incorporata in questo contesto, ma non è nel modello *quality-in-use*. Per convenzione, nelle nostre valutazioni utilizzeremo uno schema di classificazione come il seguente:

Tabella 3.2: Esempio di classificazione delle caratteristiche della qualità del prodotto per applicazioni legacy

	Idoneità all'uso	Affidabilità	Efficienza delle prestazioni	Usabilità	Sicurezza	Compatibilità	Manutenibilità	Portabilità	Tasso totale
Idoneità all'uso		2	3	3	2	3	3	3	19
Affidabilità	2		3	3	2	3	3	3	19
Efficienza delle prestazioni	1	1		3	3	3	3	3	17
Usabilità	1	1	1		3	3	3	3	15
Sicurezza	2	2	1	1		3	3	3	15
Compatibilità	1	1	1	1	1		2	2	9
Manutenibilità	1	1	1	1	1	2		2	9
Portabilità	1	1	1	1	1	2	2		9

- 3- maggiormente critico se il prodotto/sistema non soddisfa i particolari requisiti della qualità;
- 2- ugualmente critico se il prodotto/sistema non soddisfa i particolari requisiti della qualità;
- 1- meno critico se il prodotto/sistema non soddisfa i particolari requisiti della qualità.

Innanzitutto diamo uno sguardo alle applicazioni legacy. Un esempio di classificazione è rappresentato nella tabella 3.2. Se una certa caratteristica di qualità del prodotto è più critica di un'altra, il livello di rischio è in generale più alto. Per esempio, caratteristiche come idoneità all'uso e usabilità sarranno più critiche della manutenibilità o efficienza delle prestazioni. Applicazioni host come *retail lending* (cfr: Capitolo 2) sono più dipendenti dall'idoneità all'uso, dall'efficienza delle prestazioni e dalla sicurezza.

Se distinguiamo tra diversi tipi di applicazioni, emergono alcuni aspetti interessanti. Abbiamo chiesto agli utenti di applicazioni caratterizzate da un'elevata interazione con il cliente, ad esempio consumer software, di classificare le caratteristiche della qualità del prodotto e abbiamo ottenuto i risultati mostrati in tabella 3.3.

In questo caso, le caratteristiche di qualità sono più dirette all'usabilità, all'efficienza delle prestazioni e all'affidabilità. L'idoneità all'uso è meno importante e anche le proprietà tecniche come la manutenibilità hanno un livello di classificazione basso.

Analogamente, abbiamo chiesto a persone che lavorano in ambito SAP di classificare le caratteristiche della qualità del prodotto, anche utilizzando un metodo di confronto a coppie. Sebbene non rappresentativi, i risultati illustrati in tabella 3.4 danno un'idea dell'importanza delle diverse caratteristiche della qualità.

Nel caso di SAP, le caratteristiche della qualità sono più dirette all'idoneità, all'uso, alla sicurezza, all'usabilità e alla manutenibilità. Meno importanti sono le caratteristiche tecniche come la compatibilità e la portabilità.

3.2 Rilevanza delle caratteristiche di qualità

Tabella 3.3: Esempio di classificazione delle caratteristiche della qualità del prodotto per applicazioni multi-channel

	Idoneità all'uso	Affidabilità	Efficienza delle prestazioni	Usabilità	Sicurezza	Compatibilità	Manutenibilità	Portabilità	Tasso totale
Idoneità all'uso		2	3	2	1	3	2	3	16
Affidabilità	2		3	3	1	3	2	2	16
Efficienza delle prestazioni	1	1		2	1	3	3	3	14
Usabilità	2	1	2		1	3	3	3	15
Sicurezza	3	3	3	3		3	3	3	21
Compatibilità	1	1	1	1	1		2	2	9
Manutenibilità	2	2	1	1	1	2		2	11
Portabilità	2	2	1	1	1	2	2		10

Tabella 3.4: Esempio di classificazione delle caratteristiche della qualità del prodotto per applicazioni ERP

	Idoneità all'uso	Affidabilità	Efficienza delle prestazioni	Usabilità	Sicurezza	Compatibilità	Manutenibilità	Portabilità	Tasso totale
Idoneità all'uso		2	3	3	1	2	3	3	17
Affidabilità	2		3	3	1	2	3	3	17
Efficienza delle prestazioni	1	1		3	1	1	1	3	11
Usabilità	1	1	1		1	1	1	2	8
Sicurezza	3	3	3	3		3	3	3	21
Compatibilità	2	3	3	3	1		2	3	17
Manutenibilità	2	3	3	3	1	2		3	17
Portabilità	1	1	1	2	1	1	1		8

Analogamente, abbiamo chiesto a persone che lavorano in ambito PLM (Product Lifecycle Management) di classificare le caratteristiche della qualità del prodotto, utilizzando un metodo di confronto a coppie. Anche in questo caso, sebbene non rappresentativi, i risultati illustrati nella tabella 3.5 danno un'idea dell'importanza delle diverse caratteristiche della qualità. Nella fattispecie è stata seguita una procedura leggermente differente. Rivedremo questo da un mero punto di vista utente e da quello dell'azienda del prodotto. Ogni cella perciò contiene 2 valori: quello a sinistra rappresenta la visione dell'azienda del prodotto e quello a destra la prospettiva utente.

Come previsto, i risultati sono differenti. Nel caso della prospettiva utente, la caratteristica più importante è la sicurezza; invece, dal punto di vista dell'azienda

Tabella 3.5: Esempio di classificazione delle caratteristiche della qualità del prodotto per applicazioni PLM

	Idoneità all'uso	Affidabilità	Efficienza delle prestazioni	Usabilità	Sicurezza	Compatibilità	Manutenibilità	Portabilità	Tasso totale
Idoneità all'uso		2/2	2/2	2/2	1/1	2/3	3/3	3/3	18/16
Affidabilità	2/2		3/2	3/2	2/2	3/3	2/3	3/3	18/17
Efficienza delle prestazioni	1/2	1/2		1/2	1/2	2/3	2/3	3/3	11/17
Usabilità	2/3	2/2	3/2		1/2	1/3	2/3	2/3	11/17
Sicurezza	2/3	2/2	3/2	3/2		2/3	2/3	3/3	17/18
Compatibilità	2/1	1/1	2/1	3/1	2/1		3/2	3/2	16/9
Manutenibilità	1/1	2/1	2/1	2/1	2/1	1/2		3/2	13/9
Portabilità	1/1	1/1	1/1	2/1	1/1	1/2	1/2		8/9

Tabella 3.6: Esempio di confronto tra caratteristiche della qualità del prodotto per diversi tipi di applicazioni

Stato	Legacy	Multi-channel	ERP	PLM (visione utente)	PLM (visione prodotto)
1	Idoneità all'uso	Sicurezza	Sicurezza	Sicurezza	Idoneità all'uso
2	Affidabilità	Idoneità all'uso	Idoneità all'uso	Affidabilità	Affidabilità
3	Efficienza delle prestazioni	Affidabilità	Affidabilità	Efficienza delle prestazioni	Sicurezza
4	Usabilità	Usabilità	Compatibilità	Usabilità	Compatibilità
5	Sicurezza	Efficienza delle prestazioni	Manutenibilità	Idoneità all'uso	Manutenibilità
6	Compatibilità	Manutenibilità	Efficienza delle prestazioni	Compatibilità	Efficienza delle prestazioni
7	Manutenibilità	Portabilità	Usabilità	Manutenibilità	Usabilità
8	Portabilità	Compatibilità	Portabilità	Portabilità	Portabilità

produttrice, la caratteristica più importante è l'idoneità all'uso e l'affidabilità. I risultati per la compatibilità, la manutenibilità e la portabilità, sono stati piuttosto sorprendenti. Da un punto di vista dell'azienda produttrice la maggior parte dei costi è destinata alla manutenzione. Se vengono realizzate diverse piattaforme, un altro fattore di costo è rappresentato dagli eventuali diversi gruppi di codice sorgente da gestire. Inaspettatamente, abbiamo anche riscontrato che l'usabilità è meno importante per l'utente che per l'azienda produttrice.

Concludendo questa sezione sulla classificazione delle caratteristiche della qualità – sistemi legacy, applicazioni multi-channel, sistemi ERP e soluzioni PLM – arriviamo al seguente risultato interessante (cfr: Tabella 3.6). Da notare che tutte le classificazioni sono basate sulle nostre esperienze di progetti realizzati negli ultimi anni.

3.3 Modelli di qualità nel ciclo di vita

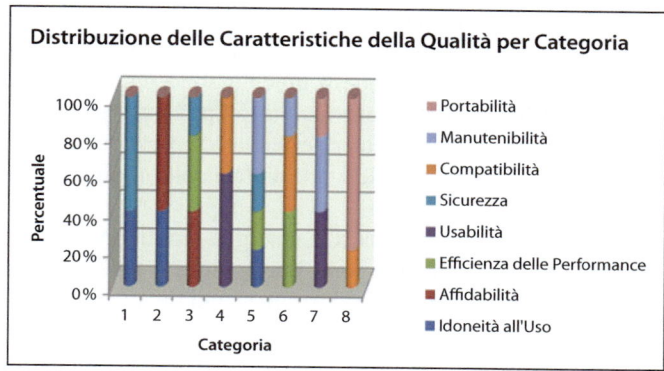

Figura 3.3: Distribuzione delle caratteristiche della qualità del prodotto

L'idoneità all'uso viene classificata al livello più alto per sistemi legacy, per soluzioni del settore SAP, e anche per soluzioni PLM, mentre è meno importante per applicazioni customer-focused. In quest'ambito l'usabilità è classificata al livello più alto. L'*internal quality*, cioé la manutenibilità, mostra un risultato eterogeneo. È meno importante per sistemi legacy e applicazioni customer-focused, mentre è classificata ad un livello più alto per soluzioni SAP e PLM. La compatibilità e la portabilità non sembrano giocare un ruolo importante. Tutte queste classificazioni potrebbero variare in aziende diverse o in futuro, quando verranno considerati altri tipi di applicazioni (es. Applicazioni mobile).

Dalla figura 3.3 deduciamo che l'idoneità all'uso e la sicurezza sono le caratteristiche più importanti. Sono focalizzate su progetti dove è censita la quality assurance. Si deduce ugualmente che la portabilità è la caratteristica meno importante.

3.3 Modelli di qualità nel ciclo di vita

Una casa non si costruisce in un giorno, ma deve esistere una struttura e determinati requisiti a cui tutti devono far riferimento durante la realizzazione e la manutenzione. La struttura e i requisiti di governance sono forniti dai modelli della qualità nel ciclo di vita di ogni prodotto o sistema e dai processi del ciclo di vita. Ci sono diversi modelli della qualità del prodotto per i processi del ciclo di vita. Suggeriamo di prendere come esempio il suddetto modello SPICE.

Come discusso in precedenza e anche definito in Wagner (2013), i modelli di qualità servono a descrivere, pianificare, prevedere e valutare la qualità dei sistemi software. Mentre gli standard internazionali ISO/IEC 25010 (2011) e ISO/IEC 25012 (2008) forniscono i modelli di qualità, da una prospettiva utente, del prodotto o dei dati, crediamo che durante il ciclo di vita devono essere individuati determinati modelli di qualità. Ciò dipende dai vari tipi di prodotto e dalle fasi del ciclo di vita. La distinzione aiuterà ad implementare i modelli della qualità del prodotto in modo appropriato e supporterà l'implementazione dell'industrializzazione in fase di sviluppo, per impostare un servizio di portfolio adatto ad una Quality Service Factory (cfr: Capitoli 5 e 6). Di certo, tutti questi modelli sono più o meno espressioni, migliorie ed evoluzioni del modello della qualità del prodotto suddetto.

Facendo questo avremo l'opportunità di effettuare il perfezionamento e l'aggregazione durante l'integrazione verticale e orizzontale della qualità ICT di un'azienda (cfr: Capitolo 4).

Durante il ciclo di vita di un sistema ICT emergono molti prodotti differenti. La tabella 3.7 fornisce una panoramica di come questi modelli possono essere applicati al ciclo di vita di un prodotto. Abbiamo inserito alcuni tipi di prodotti significativi, ma la lista non è esaustiva.

Per esempio, valutare l'architettura di un sistema è differente dal valutare il codice sorgente o i dati usati nei database. Alcune caratteristiche dei prodotti possono essere valutate usando metodi strutturali (statici), come la qualità del codice sorgente, mentre le caratteristiche di altri prodotti possono solo essere valutate se viene considerato il comportamento del corrispondente sistema, cioè il sistema completo e le sue interazioni con il mondo dei sistemi ICT e magari con altri sistemi al di fuori dell'azienda stessa.

Documentation quality model (DocQMod): durante il ciclo di vita di un prodotto vengono realizzati diversi tipi di documentazione. La documentazione è sia scritta come parte dello sviluppo e dell'implementazione per ottenere il corretto prodotto richiesto, sia come parte del prodotto stesso. La documentazione può variare da un modello di sviluppo a un altro – per esempio VM-XT e Agile – o da un'azienda a un'altra: ma questo esula dallo scopo del libro.

Il DocQMod ha tre finalità:

1. definire chiaramente le esigenze che una particolare documentazione deve soddisfare;
2. dare un riferimento per la verifica della documentazione;
3. guidare nella scelta dei metodi adatti alla verifica.

Per esempio, un approccio dimostrato praticamente per un DocQMod, che è stato applicato durante la fase di accettazione di un progetto complesso e a lungo termine, contiene le seguenti caratteristiche di qualità:

- completezza;
- correttezza;
- inequivocabilità;
- rilevanza;
- struttura chiara;
- conformità agli standard e alle regole;
- applicazione di metodi e tool predefiniti;
- semplicità di gestione (tramite la gestione del rilascio).

Business process quality model (BPQMod): i sistemi software sono costruiti per consentire e ottimizzare le performance dei processi di business. I processi di business definiscono il modo attraverso il quale un'azienda avrà successo. Perciò, i

3.3 Modelli di qualità nel ciclo di vita

Tabella 3.7: Prodotti e corrispondenti modelli di qualità nel ciclo di vita

	Fase del ciclo di vita	Tipo di prodotto	Modello della qualità
P1	Identificazione delle esigenze	Documentazione delle esigenze	DocQMod
P2	Definizione dello scopo del progetto e pianificazione	Documentazione del progetto	DocQMod
P3	Analisi dei requisiti	Portfolio del processo di business	BPQMod
		Specifica dei requisiti	ReqQMod
P4	Progettazione funzionale e tecnica	Modello architetturale	ArchQMod
		Modello dei dati	DataQMod
P5	Sviluppo	Documentazione del software	DocQMod
		Codice sorgente	CodeQMod
		Database	DataQMod
		Sistema	SysQMod
P6	Integrazione e test	Documentazione di test	DocQMod
		Codice sorgente	CodeQMod
		Database	DataQMod
		Ambienti incluso l'hardware	EnvQMod
		Cluster di sistema	SysQMod
P7	Implementazione	Documentazione di rollout	DocQMod
		Codice sorgente	CodeQMod
		Database	DataQMod
		Realtà del sistema	SysQMod
P8	Esercizio e manutenzione	Documentazione del prodotto	DocQMod
		Sistema produttivo (realtà ICT)	QiUMod
		Altra documentazione (per esempio progetto)	DocQMod
		Documentazione di test	DocQMod
		Codice srogente	CodeQMod
		Database	DataQMod
		Sistema	SysQMod
P9	Dismissione	Archivio (inclusi documentazione, processi di business, codice sorgente, database, ambienti)	DigPresQMod

singoli processi di business e l'intero portfolio del processo di business devono aderire alle caratteristiche di qualità. Ci sono poche caratteristiche specifiche per un portfolio del processo di business.

Il BPQMod ha tre scopi:

1. definire chiaramente le esigenze che un particolare processo di business deve soddisfare;
2. dare un riferimento per la verifica del processo di business;
3. guidare nella scelta dei metodi a disposizione per la verifica.

Un approccio dimostrato praticamente per un BPQMod che è stato applicato in molti tipi di progetto contiene le seguenti caratteristiche:

- affidabilità;
- completezza;
- correttezza;
- comprensibilità;

- durevolezza;
- validità;
- attualità;
- fattibilità;
- necessità;
- tracciabilità;
- priorità;
- semplicità di gestione (tramite la gestione del rilascio).

Architecture quality model (ArchQMod): l'architettura di un sistema software è un collegamento fondamentale tra gli obiettivi di business e il portfolio del processo di business da un lato e i sistemi in esecuzione dall'altro. Sfortunatamente, le esigenze di architettura importanti spesso non vengono specificate o comunicate in maniera efficace (cfr: Chen et al. 2013; Clerc 2009). Inoltre, Clements et al. sosteneva: "C'è una fondamentale discordanza tra le informazioni che le specifiche dei requisiti contengono e le informazioni di cui i progettisti necessitano." (cfr: Clements e Bass 2010).

L'ArchQMod ha 3 scopi:

1. definire chiaramente le esigenze che una particolare architettura deve soddisfare;
2. dare un riferimento per la verifica dell'architettura;
3. fornire una guida nella scelta dei metodi a disposizione per la verifica.

Un approccio dimostrato praticamente per un ArchQMod, che è stato applicato in molti tipi di verifiche usando ATAM (Kazman et al. 2000), contiene le seguenti caratteristiche di qualità:

- disponibilità;
- usabilità;
- modificabilità;
- conformità agli standard architetturali;
- conformità alle linee guida per la nomenclatura;
- conformità al design funzionale e dei requisiti;
- performance (visione statica);
- sicurezza (visione statica);
- semplicità di gestione (tramite la gestione del rilascio).

Code quality model (CodeQMod): come è noto da varie pubblicazioni (es. Simon et al. 2006), più del 60% del costo totale della responsabilità di un sistema software è associato all'impegno di manutenzione, con circa il 50% speso a capire il codice. Un'affermazione del management summary di un progetto nel 2013 dà una chiara visione sulla qualità del codice mancante: "C'è un alto rischio che il deficit tecnico avrà un impatto negativo nel medio o lungo termine sulla velocità di sviluppo e sul tasso di fallimento e aumenterà l'impegno dei test". La qualità del codice è diventata più importante negli ultimi anni.

Il CodeQMod ha 3 scopi:

3.3 Modelli di qualità nel ciclo di vita

1. definire chiaramente le esigenze che un particolare codice deve soddisfare;
2. dare un riferimento per la verifica del codice;
3. fornire una guida nella scelta dei metodi a disposizione per la verifica.

Un approccio dimostrato nella pratica, per un CodeQMod, che è stato applicato in molti tipi di progetti, contiene le seguenti caratteristiche:

- time-behaviour;
- utilizzo delle risorse;
- maturità;
- fault tollerance;
- recoverability;
- analizzabilità;
- modificabilità;
- testabilità;
- modularità;
- adattabilità;
- semplicità di gestione attraverso i rilasci.

Data quality model (DataQMod): secondo la nostra esperienza il *data quality* è spesso trascurato: ciò porta a impatti significativi nei progetti di migrazione e nella produzione. Ma i dati sono importanti quanto le funzionalità. Come è risaputo, le applicazioni non possono produrre nessun risultato se codice (funzioni) e dati non sono adeguatamente allineati. Nel frattempo la qualità del dato deve essere anche parte del ISO/IEC 25012 (2008), come detto in precedenza.

Il DataQMod ha 3 scopi:

1. definire chiaramente le esigenze che un particolare database deve soddisfare;
2. dare un riferimento per la verifica del database;
3. fornire una guida nella scelta dei metodi a disposizione per la verifica.

Un approccio dimostrato nella pratica, per un DataQMod che è stato applicato in molti tipi di progetti, contiene le seguenti caratteristiche:

- accuratezza;
- disponibilità;
- completezza;
- durevolezza;
- credibilità;
- attualità;
- accessibilità;
- conformità;
- confidentiality;
- efficienza;
- portabilità;
- precisione;
- recoverability;
- tracciabilità;

- comprensibilità;
- semplicità di gestione (tramite la gestione del rilascio).

System quality model (SysQMod): in diverse fasi del modello del ciclo di vita abbiamo diverse aggregazioni di software e componenti del sistema. Nella tabella 3.7 abbiamo fatto una distinzione tra tipi di prodotto di "system", "system cluster" e "system landscape".

Il SysQMod ha 3 scopi:

1. definire chiaramente le esigenze che il particolare sistema o componente deve soddisfare;
2. dare un riferimento per la verifica dei sistemi o dei componenti;
3. fornire una guida nella scelta dei metodi a disposizione per la verifica.

Un approccio dimostrato nella pratica, per un SysQMod, che è stato applicato in molti tipi di progetti, contiene le seguenti caratteristiche:

- completezza funzionale;
- correttezza funzionale;
- adeguatezza funzionale;
- utilità;
- fiducia;
- piacere;
- comfort;
- testabilità;
- semplicità di gestione (tramite la gestione del rilascio).

Enviroments quality model (EnvQMod): l'ambiente in questo contesto include, per esempio, sistemi di gestione di hardware, software, reti, sistemi operativi e database, e altri possibili componenti software. Spesso le tematiche relative agli ambienti si affrontano troppo tardi nei progetti; gli ambienti esistenti sono spesso non adatti agli scopi richiesti. L'EnvQMod ha 3 scopi:

1. definire chiaramente le esigenze che un particolare ambiente deve soddisfare;
2. fornire un riferimento per la verifica degli ambienti;
3. fornire una guida nella scelta dei metodi idonei per la verifica.

Un approccio dimostrato nella pratica per un EnvQMod contiene le seguenti caratteristiche:

- time behaviour;
- utilizzo delle risorse;
- capacità;
- disponibilità;
- fault tollerance;
- recoverability;
- green IT;
- semplicità di gestione (tramite la gestione del rilascio).

Digital preservation quality model (DigPresQMod): i requisiti e le azioni dettagliate da intraprendere per la digital preservation sono la parte principale della fase di dismissione del ciclo di vita (cfr: Capitoli 2). Se la fase di dismissione non prevede nessuna manutenzione degli oggetti digitali, non è richiesto nessun modello di qualità. Ma se c'è un'esigenza di manutenzione a lungo termine, il modello di qualità dipende dal tipo di oggetti da mantenere. La Digital Preservation Europe Group definisce la digital preservation come "un set di attività richieste per essere sicuri che gli oggetti digitali possano essere localizzati, renderizzati, usati e compresi in futuro. Questo include la gestione dei nomi e della location dell'oggetto, aggiornando lo storage, documentando il contenuto e tracciando i cambiamenti hardware e software per essere sicuri che gli oggetti possano ancora essere aperti e capiti." (cfr: DPE 2013). Si distinguono 3 tipi: la salvaguardia dei dati; quella dei dati con il loro significato; la salvaguardia di contenuto incomprensibile, in modo tale che la provenienza e la fonte dell'oggetto digitale rimanga chiaro.

La DigPresQMod ha 3 scopi:

1. definire chiaramente le richieste che un particolare approccio alla *digital preservation* deve soddisfare;
2. dare un riferimento per la verifica dell'approccio alla digital preservation;
3. fornire una guida nella scelta dei metodi a disposizione per la verifica.

Dal nostro punto di vista un approccio concretamente pertinente per un DigPresQMod dovrebbe contenere le seguenti caratteristiche di qualità e perciò esclude approcci diversi alla digital preservation:

- comprensibilità;
- leggibilità;
- utilità;
- autenticità;
- accuratezza;
- completezza;
- semplicità di gestione (tramite la gestione del rilascio).

3.4 Cambiare la qualità in relazione al tempo e alle aspettative degli stakeholder

La qualità del software e dei sistemi rimane la stessa nel tempo o cambia ogni volta che il set up di un progetto incide su particolari sistemi? Diversamente dall'età di certi vini, la qualità interna dei sistemi e del software diminuisce nel tempo se nessuna azione viene intrapresa (cfr: Lehman e Belady 1985). Perciò possiamo dire che la qualità del sistema comprende in qualche modo anche l'età. Le caratteristiche di qualità che sono importanti ad un certo punto nel tempo, cioè quando la prima release va in linea, diventeranno meno importanti in altre fasi del ciclo di vita. Per esempio, come già detto, la correttezza funzionale è la proprietà più importante di

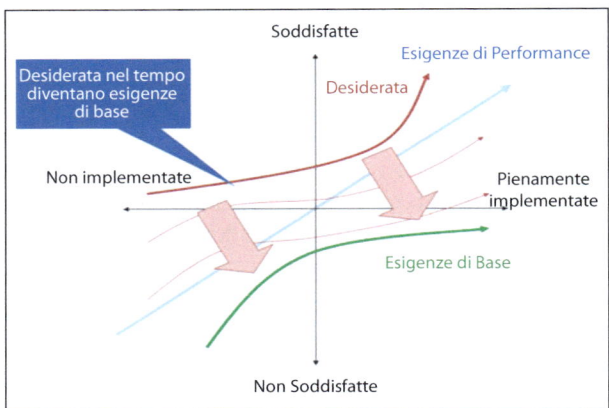

Figura 3.4: Modello di Kano che comprende cambiamenti nel tempo

un nuovo sistema. Se tale sistema deve essere modificato nell'arco di 5 anni per bug-fix e change request, la manutenibilità diventa ancora più importante perché i costi mettono pressione sul gruppo ICT.

In un suo famoso articolo (Kano et al. 1984), Kano descrive un modello per la relazione tra grado di implementazione e customer (user) satisfaction. Questo modello inizialmente non si riferiva in particolare alla software industry, ma crediamo che sia interessante fornirne qualche idea.

È stato già discusso nell'approccio Agile, ma dal nostro punto di vista il modello Kano è indipendente da un particolare approccio di sviluppo o project management. Due dimensioni sono essenziali al modello di Kano: customer satisfaction e grado di implementazione. Kano distingue 3 classi di funzionalità che sono implementabili e hanno impatto sulla customer satisfaction. Ciò è illustrato in figura 3.4 (Kano 2013).

1. *Caratteristiche di base*: queste sono sostanzialmente le caratteristiche che un prodotto deve avere per soddisfare le esigenze del cliente. Se mancano tali caratteristiche, il prodotto è semplicemente incompleto e corre il rischio di non essere accettato. Il prodotto è stato sviluppato per alcuni tipi di utente base e perciò questa deve essere una parte cruciale dell'innovazione del prodotto. Se queste proprietà non sono disponibili, il prodotto sarà presto fuori mercato a causa dell'insoddisfazione. La caratteristica è presente, oppure assente.

2. *Parametri di performance*: un parametro di performance è definito come una conoscenza, un'abilità o una caratteristica comportamentale associata alle performance nell'attività lavorativa. I parametri di performance sono parametri sui quali un'azienda fonda le sue aspettative di business. Hanno uno scopo ben preciso. In base ai parametri di performance le aziende danno priorità ai loro investimenti, decisioni, risultati e giustificano le loro strategie. Più sono elevate le prestazioni e meglio è: una performance più elevata migliorerà la customer satisfaction. Quando i clienti discutono le loro esigenze, queste ultime ricadono nella categoria dei parametri di performance. Essi, quindi, delineano le esigenze

3.4 Cambiare la qualità in relazione al tempo e alle aspettative degli stakeholder

rapportate all'idea del prodotto da valutare. Il prezzo che un cliente è disposto a pagare per un prodotto è strettamente legato ai parametri di performance. Quindi, migliori sono i parametri di performance, più il cliente è disposto a pagare per il prodotto.

3. *Capacità di entusiasmare il cliente*: queste caratteristiche non sono di solito previste dal cliente ma potrebbero portare ad un'ottima customer satisfaction. Queste capacità consistono nello spronare l'immaginazione di un potenziale cliente: vengono usate per aiutare il cliente a scoprire esigenze a cui non aveva mai pensato prima. La chiave di lettura, dietro il modello di Kano, è per l'ingegnere quella di scoprire tali "esigenze sconosciute". Più il cliente pensa a queste fantastiche nuove idee, più le vorrà. Di tutte le caratteristiche introdotte dal modello di Kano, queste sono le più potenti e hanno il potenziale di portare il più alto margine di profitto complessivo. L'innovazione è indiscutibilmente il catalizzatore che fornisce queste caratteristiche ai clienti: abbiamo bisogno di poter identificare quella che oggi è una caratteristica di questo tipo, poiché domani sarà una caratteristica nota e dopodomani sarà usata dal mondo intero.

Cosa cambia nel tempo e potrebbe avere impatto sui sistemi software e sulla loro qualità? Per esempio, il comportamento del cliente cambia nel tempo in quanto farà uso delle nuove tecnologie: si pensi ai vari dispositivi come smartphone e tablet. Le applicazioni esistenti avranno le giuste funzionalità e caratteristiche per essere utilizzate con questi nuovi dispositivi? In questo caso le funzionalità dovrebbero rimanere le stesse, ma le caratteristiche della qualità richieste potrebbero far slittare l'usabilità e le performance. Perciò se i requisiti cambiano nel tempo e i sistemi vengono modificati per soddisfare i nuovi requisiti, è anche importante sapere se i requisiti di qualità sono cambiati e se i modelli di qualità e gli asset di verifica e validazione devono essere modificati. A livello strategico, ci aspetteremmo che le caratterisiche siano più stabili; a livello tattico, questo dipende dai cambiamenti richiesti.

Di certo, Kano applica il suo modello ai prodotti della vita di ogni giorno e alle loro caratteristiche. Questo come può essere utile al nostro approccio olistico alla qualità? Se gli stakeholder (clienti/utenti) cambiano le loro aspettative e le loro priorità nel tempo, non sarà necessario investire su queste caratteristiche – e la loro quality assurance – che sono meno importanti di altre. Perciò per ottimizzare l'approccio alla qualità dobbiamo determinare le caratteristiche rischiose e costose. A tal fine, si possono usare questionari per scoprire la "voce del cliente/utente" (Hauser e Clausing 1988) e documentare queste caratteristiche nelle specifiche dei requisiti. Quindi la relazione corretta è data dal corrispondente modello della qualità dei requisiti, discusso in precedenza. Come analizzato in Sauerwein et al. (1996), per diversi prodotti risulta ovvia l'utilità di applicare il modello Kano nei nostri approcci. Questo getta le fondamenta per la realizzazione di adeguate specifiche dei requisiti e per il miglioramento della scalabilità e della flessibilità:

- *Un ampio range di possibilità per la differenziazione*: scoprire e soddisfare le capacità in grado di entusiasmare il cliente permette di realizzare un prodotto che non soddisfi semplicemente le caratteristiche di base e i parametri di performance e sia percepito come prodotto nella media e perciò sostituibile da altri prodotti simili.

Tabella 3.8: Incidenza delle caratteristiche di qualità del prodotto per un particolare stakeholder

Modello della qualità del prodotto	Modello Quality-in-Use		
Caratteristica	Utente primario	Utente secondario	Utente indiretto
Idoneità all'uso	elevata	nessuna	nessuna
Affidabilità	media	nessuna	elevata
Efficienza delle prestazioni	media	media	elevata
Usabilità	media	nessuna	nessuna
Sicurezza	media	media	elevata
Compatibilità	nessuna	elevata	nessuna
Manutenibilità	nessuna	elevata	nessuna
Portabilità	nessuna	elevata	nessuna

- *Si può assegnare una priorità allo sviluppo del prodotto e alla quality engineering*: come discusso in precedenza, non è molto utile investire nel miglioramento di un prodotto che è già ad un livello soddisfacente; invece è meglio migliorarne le caratteristiche, poiché esse hanno una maggiore influenza sulla qualità del prodotto percepita e di conseguenza sul livello di customer satisfaction.
- *I requisiti del prodotto sono pienamente compresi*: possono essere identificati i criteri del prodotto che hanno maggiore influenza sulla customer satisfaction; classificare i requisiti del prodotto in must-be, one-dimensional e attractive dimensions, può essere usato come focal point.
- *Le situazioni contraddittorie possono essere risolte*: se due requisiti non possono essere soddisfatti contemporaneamente nella fase di sviluppo del prodotto, a causa di condizioni tecniche, dipendenze temporali o ragioni finanziarie, può essere individuato il criterio che ha influenza maggiore sulla customer satisfaction.
- *Soluzioni adattate al cliente*: possono essere sviluppate soluzioni a problemi specifici, ciò garantisce un ottimo livello di soddisfazione per diverse tipologie di cliente.

Abbiamo già discusso dell'influenza dei tipi di applicazione sulle caratteristiche di qualità. Un altro fattore che agisce su di esse sono i vari stakeholder di un'azienda. Discuteremo brevemente ciò in seguito, secondo il modello generale della qualità del prodotto (cfr: ISO/IEC 25010 2011). Come già detto, questo si può anche applicare al modello della qualità che si basa sul prodotto. Le caratteristiche della qualità del prodotto hanno una certa influenza sulla quality-in-use in relazione ai vari stakeholder. Una distinzione viene fatta tra: "utenti primari", cioè quelli che interagiscono direttamente con il sistema per raggiungere obiettivi primari; "utenti secondari", cioè quelli che forniscono supporto agli utenti del sistema; e per ultimi gli "utenti indiretti", cioè quelli che non interagiscono con il sistema, ma ricevono risultati dalle interazioni del sistema. Ricordiamo (cfr: Capitolo 2) che il tipo di interazione si distingue in information, communication e transaction. Esso ovviamente ha un'influenza sulla rilevanza delle caratteristiche della quality-in-use percepita da un particolare stakeholder. A livello operativo, questa differenziazione può aiutare a ridurre l'impegno e i costi per problemi di qualità in modo opportuno. In tabella 3.8 è ripor-

3.5 Right Software and Systems Quality

Figura 3.5: Modelli di qualità in evoluzione nel tempo

tata una sintesi dei risultati ottenuti, che considera le seguenti categorie di incidenza: "elevata", "media" e "nessuna". Ciò che rimane da fare è scoprire i cambiamenti del corrispondente modello di qualità. Questo dà il via alla manutenzione dei modelli di qualità (cfr: Wagner 2013). I modelli di qualità sono molto simili agli altri prodotti del ciclo di vita. Essi dovrebbero riflettere la voce dei corrispondenti stakeholder fin quando il prodotto esiste nel ciclo di vita del prodotto. Un modello di qualità è valido o meno in un determinato momento, e in caso di validità il corrispondente prodotto deve aderire ai requisiti di qualità contenuti in tale modello (cfr: Fig. 3.5).

Quindi, i modelli di qualità sottolineano un continuo bisogno di avere in atto i corretti modelli. Selezionare il prodotto appropriato e definire i corrispondenti modelli di qualità, inclusi oggetti, caratteristiche, indici e misure, è spesso una sfida. Suggeriamo l'approccio Y-model al quality management e alla quality governance (cfr: Simon e Simon 2010). Una descrizione dettagliata è fornita nel capitolo 5.

3.5 Right Software and Systems Quality

Come discusso in precedenza, la qualità non è un concetto assoluto ma relativo, e deve essere conveniente. Sarà possibile avere una nozione di qualità che permette affermazioni del tipo "il prodotto ICT ha una qualità dell'80%"? E in caso affermativo, "quale investimento deve essere fatto in modo che l'80% della qualità del prodotto rientri nel budget"? Esaminiamo i diagrammi in figura 3.6. Le regole V&V dei diagrammi possono servire per verificare l'architettura e il codice, così come per verificare l'idoneità con i processi di business tramite testing dinamico.

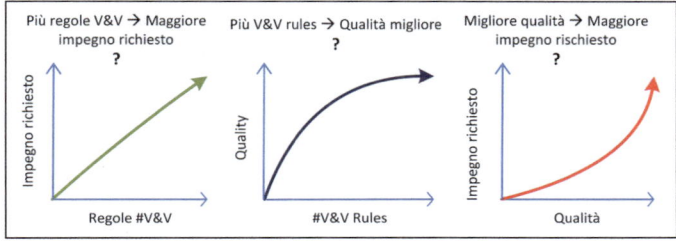

Figura 3.6: Migliori implicazioni di qualità?

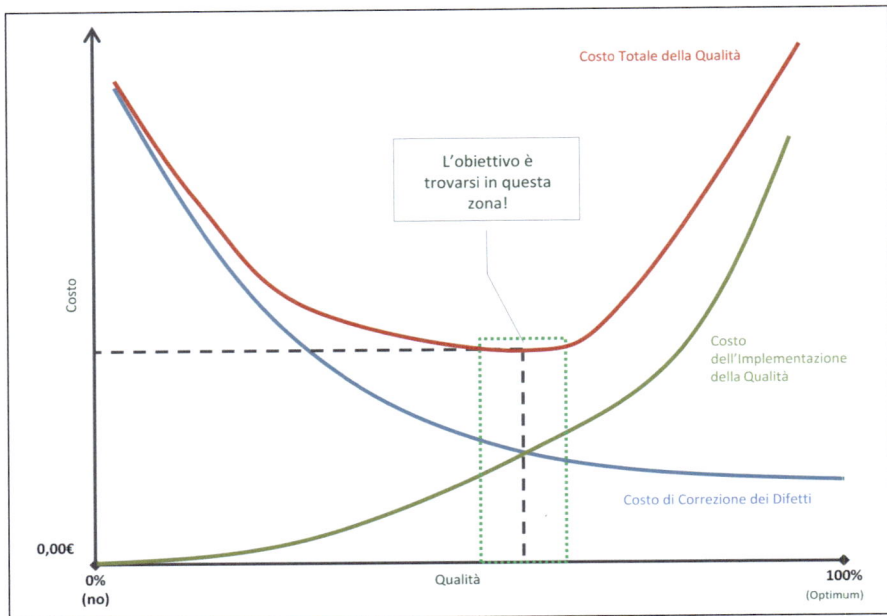

Figura 3.7: Costo della qualità

Per semplicità, supponiamo che le regole V&V siano un portfolio di test case per i test dinamici onde verificare l'idoneità all'uso di un'applicazione. Se eseguiamo sempre più test case siamo sicuri che l'impegno aumenterà all'infinito. Se eseguiamo sempre più test case ci aspetteremmo una migliore qualità, ma questo non è vero in quanto non conosciamo la copertura dei test case. Ma se la qualità migliora, è il caso che venga speso un impegno sempre maggiore nei test. Ma qual è l'effetto di un tale investimento? C'è un optimum per il quale non ha senso incrementare ulteriormente l'impegno, il budget o il periodo di tempo?

Lynda Bourne (Bourne 2012) discute il costo totale della qualità da una prospettiva PMO. Le due fonti di costo sono: il costo dell'implementazione della qualità e il costo per la correzione dei difetti. Se entrambe le curve sono disegnate in un diagramma come in figura 3.7, noi possiamo verificare il punto che rappresenta l'optimum del costo totale per la qualità. Una visione simile viene fornita altrove. In Feigenbaum (Armand Feigenbaum 1991) si distingue tra "costo di una qualità scadente" e "costo di una buona qualità". Il nostro pensiero è allineato al suo: se la qualità è buona allora il rischio sarà basso e se è scadente il rischio sarà alto. Con il concetto di rischio possiamo calcolare la qualità in termini di rischio, cioè l'indice di danno moltiplicato per la probabilità che il danno si verifichi. L'esigenza di equilibrare il costo della qualità e il costo del rischio (danno) porta alla nozione di right quality rettificata da uno schema di calcolo. Quindi, definiamo il Right Software and Systems Quality (RiSSQ) come

3.5 Right Software and Systems Quality

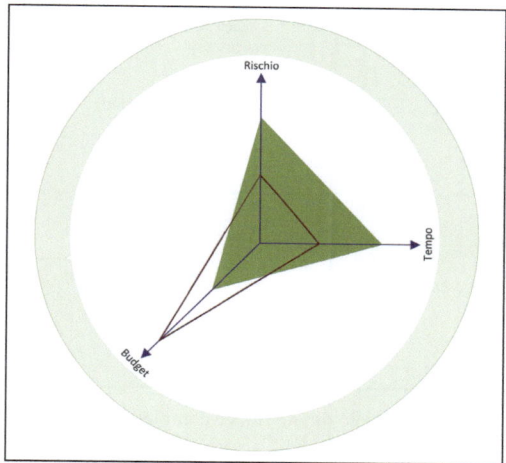

Figura 3.8: Triangolo RiSSQ

"...il grado con il quale il mondo ICT nel complesso, o un prodotto ICT specifico come parte di esso, soddisfa le esigenze dichiarate e implicite dei vari stakeholder rispetto a un dato budget, periodo di tempo e livello di rischio."

La nozione RiSSQ garantisce che la convenienza di un dato budget, rischio e tempo, siano associati con la validità della qualità (cfr: Fig. 3.8).

Il periodo di tempo è la quantità di tempo in cui l'azienda vorrebbe avere un certo livello di qualità della sua realtà ICT o parte di essa. Magari questo si può differenziare per domìni diversi e corrispondenti sistemi ICT, ma come prima istanza è relativo all'intero mondo dei sistemi ICT.

Da notare che questo non include la qualità del processo. Per determinare il periodo di tempo, devono essere tenute in considerazione le opinioni degli stakeholder. Fondamentalmente, il rischio è la probabilità che si verifichi il danno, espressa da un indice, moltiplicata per il costo risultante quando il danno si verifica. Il rischio è quindi una variabile aleatoria ed è usato per confrontare i livelli di rischio. Il Risk management generalmente fornisce significati per risk avoidance, risk reduction, risk dissemination, risk transfer, risk insurance e risk acceptance. Possiamo utilizzare questi metodi, procedure e tool per trovare il livello di rischio corrispondente. Tutte queste attività hanno bisogno di una certa quantità di denaro che deve essere allocata per questo: anche la qualità, insomma, non è gratuita. Perciò, parte del budget è necessario per una quality assurance sistematica e utile.

Nella misura in cui raggiungiamo la corretta qualità all'interno del triangolo, abbiamo anche una qualità conveniente. Sfortunatamente, ciò non significa che abbiamo anche ottimizzato la relazione tra rischio, budget e tempo.

L'ottimizzazione di questa relazione o, in altre parole, l'investimento sulla qualità ottimizzata, dipende da molti altri fattori. Ciò nonostante, i benefici del quality management e della quality assurance sono dati dalla trasparenza raggiunta e dalla

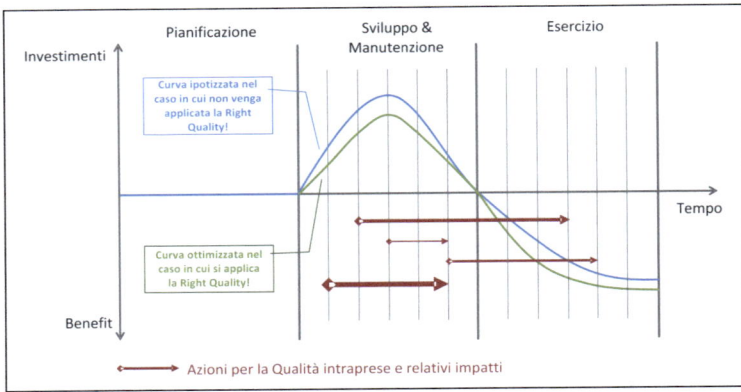

Figura 3.9: La Right quality nel ciclo di vita riduce complessivamente gli investimenti

differenza tra i costi del danno causati dai rischi e i costi del quality management e della quality assurance. L'effetto di tale approccio è illustrato in Fig. 3.9.

Di solito abbiamo una curva di costo, per prodotti ICT, come quella blu. Se vengono intraprese azioni nelle prime fasi come lo sviluppo, ci aspettiamo che il loro impatto non solo sia visibile in quella fase, ma anche nella fase di esercizio. Prevediamo un andamento come quello della curva verde. Per una discussione dettagliata sull'investimento nella right quality si rimanda al capitolo 4 sul portfolio management e al capitolo 7.

Riferimenti e link

Bourne L (2012) The value of stakeholder management. http://mosaicprojects.wordpress.com/2012/08/13/the-value-of-stakeholder-management/. Pubblicato il 13 agosto 2012. Consultato il 23 novembre 2013

Chen L, Ali Babar M, Nuscibeh B (2013) Characterizing architecturally significant requirements. IEEE Softw 30(2):38-45

Clements P, Bass L (2010) Relating business goals to architecturally significant requirements for software systems. http://www.sei.cmu.edu/reports/10tn018.pdf Consultato il 18 novembre 2013

Clerc V (2009) Do architectural knowledge product measures make a difference in GSD? Presso: ICGSE '09 proceedings of the 2009 fourth IEEE international conference on global software engineering. IEEE Computer Society, Washington, DC

Chrissis M, Konrad M, Shrun S (2011) CMMI for development: guidelines for process integration and product improvement, 3rd edition Pearson Education, Boston, MA

DPE (2013) http://www.digitalpreservationeurope.eu/what-is-digital-preservation/#97. Consultato il 20 novembre 2013

Feigenbaum A (1991) Total quality control, 3rd edition McGraw-Hill, New York, NY

Grady R, Caswell D (1987) Software metrics: establishing a company-wide program. Prentice Hall, Englewood Cliffs, NJ

Hauser J, Clausing D (1988) The house of quality. Harv Bus Rev (Maggio-Giugno): 63-73

Riferimenti e link

ISO/IEC 15504-1 (2004) Information technology – process assessment – part 1: concepts and vocabulary. International Organization for Standardization (ISO), Ginevra

ISO/IEC 15504-4 (2004) Information technology – process assessment – part 4: guidance on use for process improvement and process capability determination. International Organization for Standardization (ISO), Ginevra

ISO/IEC 15504-5 (2012) Information technology – process assessment – part 5: an exemplar software life cycle process assessment model. International Organization for Standardization (ISO), Ginevra

ISO/IEC 15504-7 (2008) Information technology – process assessment – part 7: assessment of organizational maturity. International Organization for Standardization (ISO), Ginevra

ISO/IEC 25010 (2011) Systems and software engineering – systems and software quality requirements and evaluation (SQuaRE) – system and software quality models. International Organization for Standardization (ISO), Ginevra

ISO/IEC 25012 (2008) Software engineering – software product quality requirements and evaluation (SQuaRE) – data quality model. International Organization for Standardization (ISO), Ginevra

Kan S (1995) Metrics and models in software quality engineering. Addison-Wesley, Boston, MA

Kano (2013)http://upload.wikimedia.org/wikipedia/commons/6/68/Kano_model_showing_transition_over_time.pngConsultato il 21 novembre 2013

Kano N, Seraku N, Takahashi F, Tsuji S (1984) Attractive quality and must-be quality. J Jpn Soc Qual Cont 14(2):39-48

Kazman R, Klein M, Clements P (2000) ATAM: method for architecture evaluation. Camegie Mellon University, Software Engineering Institute, Pitsburgh, PA

Lehman M, Belady L (1985) Program eolution – processes of software change. Accademic, Londra

Rupp C, die SOPHIS Ten (2007) Requirements-Engineering und Management: Professionelle, interative Anforderungsanalyse für die Praxis, Carl Hanser Verlag, Monaco Vienna

Sauerwein E. Bailom F. Matzler K, Hinterhuber H (1996) The Kane model: how to delight ypur customers. In: Preprints volume I of the IX. International working seminar on production economics, Innsbruck/Igls, Austria, 19-23 febbraio 1996, pp 313-327

Schmitz P, Bons H, van Megen R (1982) Software Qualitätssicherung, Testen im Software-Lebenszyklus. Springer Vieweg Verlag, Wiesbaden

Simon F, Seng O, Mohaupt T (2006) Code-quality-management-Technische Qualitäindustrieller Softwaresysteme transparent und vergleichbar gemacht. Dpunkt, verlag, Heidelberg

Simon F, Simon D (2010) Qualitä-Risiko-Management – Ganzheitliche IT Projektsteuerung, Logos Verlag, Berlino

Wagner S (2013) Software product quality control, Springer, Berlino

Capitolo 4
Come possiamo stabilire la corretta qualità per un'azienda?

Nel 2012, ISACA ha pubblicato i risultati di un'intervista su oltre 3.700 professionisti IT, professionisti generici e membri di ISACA (2012b), più del 40% dei quali operante nel settore della finanza, bancario, assicurativo, in ambito governativo e nel settore militare. Un risultato sorprendente è stato che più del 50% degli intervistati ha affermato che "il livello di coinvolgimento del business management nella governance di aziende IT non è molto alto".

Dal nostro punto di vista, nel mondo ICT è arrivato il momento di assumere una visione product-oriented piuttosto che project-oriented. I sistemi ICT sono prodotti, quindi ci sono due importanti questioni da considerare: assicurarsi che venga realizzato correttamente il prodotto e garantire che il prodotto abbia la corretta qualità. Devono essere definiti dal management obiettivi chiari, in modo che siano definiti lo scopo e il grado di libertà di azione, ma anche le caratteristiche di qualità. "Non è difficile fare le cose, ma è difficile fornire un ambiente in cui le cose siano disponibili all'uso" (liberamente tratto da Constantin Brancusi, 1876-1957).

In questo capitolo noi discuteremo il nostro concetto di quality governance e di quality management, che coinvolgono i 3 livelli di un'azienda, cioè il livello strategico, tattico e operativo. Queste discipline devono essere allineate con le richieste degli stakeholder. I cambiamenti del comportamento e dei requisiti degli stakeholder hanno impatto sulla corretta qualità. Sarà intrapresa una prima discussione di fondamentale importanza sull'attuale governance ICT, seguita dalla discussione dell'approccio olistico alla qualità ICT dell'azienda. Le seguenti sezioni analizzeranno ogni livello aziendale separatamente.

4.1 Apprezzamento della governance ICT

Per molti anni ISACA e l'IT Governance Institute hanno definito e distribuito un modello di riferimento e un framework chiamato COBIT per il mondo aziendale e per il mondo dell'IT governance. COBIT nasce per utenti IT e auditor interni e esterni. L'ultima versione COBIT 5, presenta 5 princìpi per la governance e il management di aziende IT (ISACA 2012a):

1. **Soddisfare le esigenze degli stakeholder** – Le aziende hanno come fine ultimo la creazione del valore per i loro stakeholder, mantenendo un equilibrio tra la realizzazione dei benefici, l'ottimizzazione del rischio e l'uso delle risorse.
2. **Copertura del processo end-to-end dell'azienda** – La governance dell'IT di un'azienda dovrebbe essere parte integrante della sua governance.
3. **Applicare un framework singolo integrato** – Ci sono molti standard IT e best practice, ogni guida fornisce un subset di attività IT. Dovrebbero essere allineate agli standard e ai framework ad alto livello di pertinenza e con essi fungere da framework centrale per la governance e il management di un'azienda IT.
4. **Consentire un approccio olistico** – Una governance e un management efficace ed efficiente di un'azienda IT richiede un approccio olistico, che tenga conto delle diverse componenti interattive. Per sostenere l'implementazione di un sistema di governance e management completo, per un'azienda IT sono necessari una serie di elementi di supporto. Questi vengono generalmente definiti come qualcosa che può aiutare a raggiungere gli obiettivi, cioè princìpi, policy e framework, processi, strutture organizzative, cultura, etica e comportamento, servizi di informazione, infrastrutture e applicazioni, persone, skill e competenze.
5. **Separare la governance dal management** – Una distinzione chiara dovrebbe essere fatta tra la governance e il management. Queste due discipline comprendono diversi tipi di attività, richiedono diverse strutture organizzative e servono a scopi diversi.

Generalmente, questi 5 princìpi sono certamente validi e utili. Oggi l'ICT è parte integrante del business di un'azienda. Non è più una questione di allineare l'ICT al business, ma si tratta di avere la cosa giusta al momento giusto. L'investimento ICT è complementare alla strategia di business? La strategia ICT supporta adeguatamente la strategia di business? La gestione in esercizio dell'ICT è allineata alla gestione in esercizio del business in modo adeguato?

Storicamente, il delivery nell'ICT significa "consegna in tempo, rispettando i limiti del budget, con una qualità appropriata e consegnando i risultati attesi al business". Questo potrebbe voler dire effettuare il delivery in anticipo sulla concorrenza, con tempi di realizzazione della commessa ridotti (quicker delivery), con maggiore customer satisfaction, con tempi di attesa del cliente ridotti, con l'aumento della produttività o con la riduzione delle lamentele del cliente. Perciò il delivery dell'ICT per il business è un requisito per gestire in maniera efficace sia i costi di investimento sia il ROI. L'equilibrio tra questi sarà prevedibile se verrà messo in atto un approccio olistico della qualità.

Il business deve dimostrare una governance a livello aziendale ai suoi stakeholder, cioè azionisti, clienti, impiegati. All'interno della governance ICT questo include il rischio tecnologico, controllando che la tecnologia più appropriata venga fornita come parte della soluzione e che l'information security e le misure di information security vengano fornite per garantire che le leggi e le linee guida sulla protezione dei dati vengano mantenute all'interno della soluzione. Quasi tutte le aziende sono

4.1 Apprezzamento della governance ICT

totalmente dipendenti dalle tecnologie per raggiungere il successo. L'ICT deve garantire che entrambi i rischi delle tecnologie nuove e datate non compromettano le attività di business. I rischi devono essere trasparenti all'interno dell'organizzazione e tutti i rischi dovrebbero essere ridotti, accettati o trasferiti, ma mai trascurati.

La gestione delle risorse riguarda l'ottimizzazione dell'uso della conoscenza e dell'infrastruttura per garantire il massimo rendimento. Devono essere definite le responsabilità di un approvvigionamento efficiente dei sistemi e dei servizi ICT, comprese da tutte le parti, e quindi realmente applicate. C'è anche l'esigenza di garantire l'esistenza di metodi e di capacità appropriati per gestire e supportare i sistemi e i servizi ICT. Questo richiede che venga messa in atto una pianificazione dei percorsi professionali per le risorse ICT, per garantire che lo staff attuale sia adeguatamente 'skillato' e per introdurre un opportuno recruitment per qualsiasi ulteriore risorsa necessaria, in modo da poter ottenere un delivery di successo.

Devono essere definite e consegnate determinate procedure di misurazione e di reporting per verificare che i processi e le procedure, le risorse e i prodotti (soluzioni ICT) vengano eseguite come stabilito. In base al livello d'interesse, il reporting rivolto al consiglio di amministrazione e alla direzione dovrebbe essere il più semplice possibile e dovrebbe essere facilmente comprensibile. L'implementazione della governance ICT è essenziale per garantire che il gruppo ICT e i fornitori siano realmente guidati dalle best practice e dall'applicazione dei controlli necessari. La struttura di governance ICT descritta è stata adottata da molte organizzazioni che vogliono un approccio standard alle best practice per organizzare e gestire l'ICT all'interno della struttura di un processo di business efficiente.

Comunque, la struttura di governance ICT standard riconosciuta, se implementata, non garantisce che le unità di business stiano facendo gli investimenti ICT migliori. Non garantisce neanche che i risultati dell'integrazione dei sistemi ICT e dei sistemi di business stiano effettuando il delivery della corretta qualità dei processi di business. I livelli di performance migliorata all'interno del business complessivo sono la misura della corretta qualità dei processi di business. Questo è principalmente misurato in termini finanziari, ma può anche essere misurato in termini concreti dal miglioramento nelle quote di mercato, i livelli di customer satisfaction e l'aumento dell'efficienza di business. Ciò che manca è una nozione di corretta qualità implementata direttamente come parte di un sistema di qualità dell'azienda olistica o relativo al modello di rischio di un'azienda.

Nella loro struttura (ISACA 2012a), ISACA e l'istituto di governance IT considerano la governance e il management come diverse discipline di un'azienda e le definiscono come segue:

> *"La **governance** assicura che le esigenze, le condizioni e le scelte degli stakeholder sono valutate per determinare obiettivi stabili, concordati con l'azienda, da raggiungere; per stabilire una direzione verso l'assegnazione delle priorità e il decision making; il monitoraggio delle prestazioni e della conformità, vanno confrontate con le direttive e gli obiettivi concordati con l'azienda. Nella maggior parte delle aziende, la governance complessiva è responsabilità del consiglio di amministrazione sotto la leadership del dirigente. Le responsabilità di governance specifiche possono essere delegate a particolari strutture organizzative ad un livello appropriato, specialmente in aziende più grandi e complesse."*

*"Il **management** pianifica, realizza, esegue e monitora gli asset in linea con le direttive dell'organo di gestione per raggiungere gli obiettivi aziendali. Nella maggior parte delle aziende, il management è responsabilità della direzione sotto la leadership del direttore."*

Queste definizioni forniscono anche una buona base per i nostri scopi, ma devono essere integrate alle tematiche della corretta qualità. La nozione di qualità – semmai – è data intrinsecamente da parole come "esigenze degli stakeholder", "obiettivi da raggiungere" e "parte del supporto". Di conseguenza, il consiglio di amministrazione e la direzione misureranno il successo di un'azienda solo dai mezzi economici. Crediamo che un'azienda debba essere interessata ad attività commerciali sostenibili e perciò necessita di integrare la qualità a tutti i livelli con un approccio olistico della qualità aziendale. Abbiamo bisogno di prodotti corretti, ovvero delle giuste funzionalità nei sistemi ICT, ma abbiamo anche bisogno della giusta qualità di tali prodotti per consentire all'azienda di fare il suo lavoro nel modo corretto. Necessitiamo anche di processi corretti, procedure e tool con i quali supportare tutte le attività di sviluppo e manutenzione di tale prodotto.

Nel 2012, ISACA ha pubblicato i risultati di un'indagine effettuata su oltre 3.700 professionisti IT e professionisti generici e membri di ISACA (2012b). Più del 40% lavorava in organizzazioni nel settore della finanza, bancario, assicurativo, governativo e in ambito militare. Questa indagine rivela che:

1. Il 74% degli intervistati afferma che l'executive team dell'azienda crede che l'informazione e la tecnologia siano importanti per diffondere la visione e la strategia aziendale.
2. Il 52% dice che non ha abbastanza staff ICT.
3. La fuga di dati è tra i top hot-button delle sfide della sicurezza, cui le aziende devono far fronte nei prossimi 12 mesi.
4. Il 47% delle aziende hanno sostenuto un costo inaspettato dovuto a un problema ICT o ad un avvenimento inatteso nell'ultimo anno.
5. Più di metà delle aziende intervistate usa un framework/standard per la governance e il management degli asset e dei servizi dell'ICT dell'azienda.
6. Più del 50% degli intervistati afferma che il livello di coinvolgimento della direzione nella governance dell'ICT dell'azienda non è alto.
7. Il 44% delle aziende prevede un incremento degli investimenti nell'ICT nei successivi 12 mesi, se ciò contribuisce al valore commerciale.
8. Il 34% degli intervistati afferma che i più grandi benefici provenienti dagli investimenti ICT sono diretti a migliorare il customer service, mentre solo il 18% vede la riduzione dei costi come il più grande beneficio.
9. Il 32% delle aziende ha concluso o annullato un progetto ICT prima che completasse la sua attività.
10. Nel 33% dei progetti annullati la ragione è stata "non consegnati come da accordi" e nel 37% "le esigenze di business sono cambiate".

Dalla nostra prospettiva della qualità, 6 affermazioni – 1, 3, 4, 6, 9, 10 – sono interessanti per le problematiche della qualità. Se dobbiamo raggiungere una migliore business quality e, ancora di più, se dobbiamo migliorare continuamente la business quality, abbiamo bisogno di osservare il funzionamento dell'ICT e dei processi di business. Una buona strategia di business è richiesta per dirigere l'azienda e questa strategia dovrebbe fornire un surplus per gestire e governare la business quality. Una qualità conveniente deve essere alla base di un'azienda ICT, per cui un approccio alla qualità aziendale è necessario per comprendere la quality governance, il management della qualità e le best practice della quality engineering. E questo deve essere sostenuto da un processo di industrializzazione che porta un'azienda a incrementare la produttività, come succede dove i processi industrializzati sono già in atto. Gli investimenti nell'ICT devono essere allineati con i requisiti dei principali stakeholder e il loro comportamento in continua evoluzione.

4.2 Il nostro approccio alla qualità ICT a livello aziendale

Le norme e gli accordi governativi come BASEL II e III (BIS 2013) sono fondamentali per incrementare la flessibilità di mercati (saturi), specialmente in un mondo globalizzato (cfr: Altri enti governativi nazionali e internazionali come NARUC 2013 negli USA). Le aziende devono implementare tali regole e requisiti e devono aderire ad essi. Oggigiorno, queste regole non possono essere implementate in maniera efficiente senza ICT, e l'ICT stessa è soggetta a queste norme governative. Quindi l'ICT deve garantire un certo grado di libertà dal rischio e dalle esigenze per avere il controllo delle procedure di rischio in atto (cfr. Wieczorek et al. 2002). In altre parole, l'ICT deve assicurare un certo grado di qualità. Questo è esattamente il nostro approccio olistico alla qualità ICT a livello aziendale. Crediamo che il nostro approccio possa contribuire a questo in un modo eccellente, con i mezzi della quality governance, quality management e industrialised quality engineering. Pensiamo che per l'ICT sia arrivato il momento di adottare una visione product-oriented. I sistemi ICT, applicazioni, etc., sono prodotti. Ci sono due importanti questioni da considerare: la correttezza dei prodotti e la loro corretta qualità.

Obiettivi chiari dal top management sono anche necessari per impostare lo scopo e il grado di autonomia delle azioni e includere le caratteristiche di qualità. Di conseguenza, il consiglio di amministrazione e la direzione devono far parte dei processi complessivi di pianificazione, monitoraggio e controllo per i prodotti ICT e per la loro qualità, altrimenti l'allineamento del business e dell'ICT sarà inappropriato. Un'attività di business sostenibile non sarà possibile senza un ICT sostenibile. Perciò, le esigenze della qualità ICT devono essere integrate a tutti i livelli. Una scarsa qualità ICT comporterà alti rischi per il successo di un'azienda. Il nostro approccio olistico all'ICT dell'azienda tiene ciò in considerazione (cfr: Fig. 4.1). Gli obiettivi chiave nel nostro approccio sono: il modello della qualità del rischio a livello strategico, i modelli di qualità e gli asset di validazione e verifica a livello tattico, e i requisiti di qualità e gli asset di validazione e verifica a livello operativo.

A prima vista, il processo complessivo per impostare un tale approccio è semplice:

1. Livello strategico:
   a. definire o aggiornare il modello della qualità del rischio;
   b. definire o aggiornare l'approccio alla quality governance dal punto di vista strategico;
   c. fornire il modello della qualità del rischio a livello tattico.
2. Livello tattico:
   a. definire o aggiornare il modello della qualità;
   b. definire o aggiornare l'approccio alla quality governance dal punto di vista tattico;
   c. definire o mantenere gli asset di verifica e validazione;
   d. non appena viene impostato un progetto di sviluppo strategico, fornire i modelli di qualità così come gli asset di verifica e validazione del progetto;
   e. fornire feedback di qualità aggregati al livello strategico.
3. Livello operativo:
   a. definire i requisiti di qualità dettagliati;
   b. assicurarsi che i requisiti di qualità dettagliati siano in accordo con i modelli di qualità;
   c. sistemare gli asset di verifica e validazione;
   d. condurre la verifica e la validazione usando i rispettivi asset;
   e. fornire feedback della qualità aggregati a livello tattico.

Ciò che rimane da definire è il tipo di legame tra le problematiche di qualità e i tre livelli di un'azienda. Nel nostro approccio ciò viene fornito dalle discipline di quality governance, quality management e portfolio management. Esse implementano il ciclo di feedback rappresentato in fig. 4.1 dai numeri 1-6. Il Portfolio management definisce il collegamento tra business e ICT per realizzare i corretti investimenti per i prodotti ICT e per la loro qualità. La quality governance stabilisce le direttive per l'assegnazione delle priorità, il decision making, il monitoraggio delle performance e della conformità rispetto ad obiettivi stabiliti. Il quality management si prende cura di tutte le attività per garantire la corretta qualità dei prodotti ICT e dei processi pianificati, costruiti, in esecuzione, e monitorati, in linea con le direttive fornite dall'ente governativo per raggiungere gli obiettivi aziendali. Discuteremo della relazione tra il portfolio management e tutte le altre tematiche della qualità con maggiore dettaglio nella successiva sezione di questo capitolo.

Avere in atto un tale approccio alla qualità ICT a livello aziendale è così proficuo da far pensare ad un framework per l'implementazione del processo. Una discussione dettagliata è fornita al capitolo 5. Ma gli step vengono qui adeguatamente definiti. Lo sviluppo software per un particolare prodotto, sistema o software dell'intera realtà o parti del dominio di business, può ora essere guidato dalla corretta qualità, come definito ai vari livelli. Se viene dato in outsourcing o viene condotto internamente non è un problema, perché ciò che i servizi devono fare può essere definito in un modo appropriato, in base alla struttura dell'azienda. Le problematiche della qualità sono completamente definite dai mezzi dei modelli di qualità e dagli asset di

4.3 Portfolio management e realtà di business

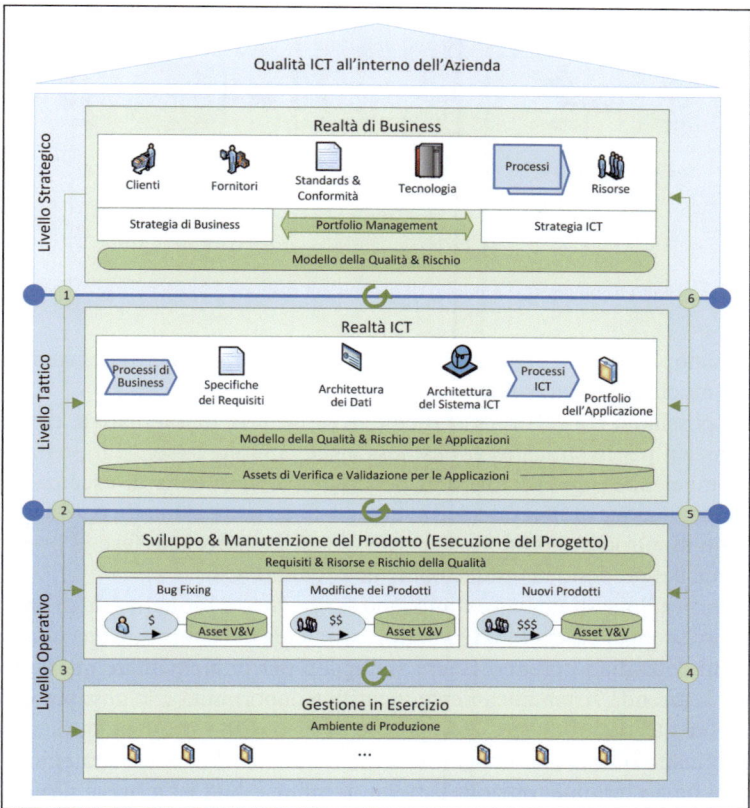

Figura 4.1: Approccio olistico all'enterprise ICT, inclusi qualità e rischio

verifica e validazione al livello tattico. È anche importante ricordare che la responsabilità di questi prodotti è completamente associata ai rispettivi ruoli nell'azienda. Gli asset di qualità a livello tattico possono essere dati all'unità responsabile a livello operativo e usati per la verifica e la validazione.

4.3 Portfolio management e realtà di business

All'interno della realtà di business a livello strategico c'è un'interazione dinamica tra clienti, fornitori e varie tecnologie, processi, risorse, standard e regole complementari. Il portfolio management ha una portata più ampia del project management, nel senso che quest'ultimo si dedica all'efficienza del delivering basato su una pianificazione dei tempi concordata e un'allocazione del budget e delle risorse stabilita, mentre il portfolio management impiega processi standardizzati che portano ad una migliore visibilità dell'intero piano di investimento. Ultimamente, queste uniformi-

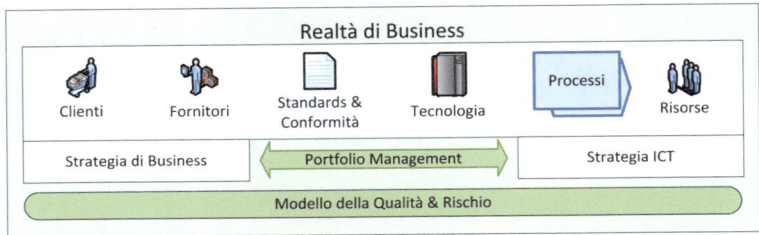

Figura 4.2: Realtà di business e modello di qualità del rischio

tà supportano il processo di decisione per pianificare e governare adeguatamente gli investimenti chiave basati sul loro valore (cfr: Fig. 4.2).

Come possiamo convertire le strategie in progetti o, in alternativa, cosa rende i progetti mezzi per le strategie di business? Nel capitolo 2 (sez. 2.5), enfatizziamo quelle competenze organizzative nel portfolio e l'eccellenza di esecuzione porta all'implementazione di successo delle strategie di business. Quindi, ogni azienda che ha bisogno di introdurre prodotti o servizi deve sottoporre una fase di progetto per la consegna del prodotto tangibile, come un prodotto ICT.

La pianificazione strategica è l'impegno sistematico e formalizzato di un'azienda per stabilire scopi di base, obiettivi, policy e strategie di business. Una volta completati, i piani dettagliati possono essere sviluppati per implementare queste policy e strategie. L'azienda sistematicamente identifica opportunità e le gestisce in combinazione con altri dati rilevanti. Essa prende decisioni che sfruttano queste opportunità e eliminano o riducono i rischi. Il processo di pianificazione strategica collega obiettivi a lungo termine, opzioni a medio-termine e budget a breve termine con i piani di programma.

Impostando gli obiettivi, le future opportunità e i rischi si rivelano e si chiarificano. Il processo di sintetizzare obiettivi a lungo e medio termine in piani di programma a breve termine trasforma gli obiettivi in step attivabili e gestibili. In aggiunta, questo esercizio crea le fondamenta per la qualità e le misure di performance come indicatori portanti. Questi step attivabili e gestibili con qualità e misure di performance sono i progetti e i programmi che formano il "linguaggio del lavoro", dove le strategie sono convertite in piani reali.

La pianificazione strategica e il processo di selezione del progetto è continuo. Il processo deve essere flessibile e adattabile ai cambiamenti interni ed esterni per abilitare l'organizzazione ad avvantaggiarsi delle nuove conoscenze sui cambiamenti delle condizioni presenti. Un processo di portfolio management affronta l'adeguamento di progetti e programmi alla strategia di business e a quella ICT, valuta le performance o i benefici di business come business case e decisioni di supporto agli investimenti attraverso l'assegnazione delle priorità e l'ottimizzazione dei piani, usando il valore strategico definito. Il processo di portfolio allinea progetti e programmi alla strategia ICT, cosicché gli executive conoscano l'ammontare dei loro investimenti di programmi e progetti rispetto agli obiettivi e alle direzioni strategiche. Il diagramma in fig. 4.3 mostra schematicamente l'allineamento

4.3 Portfolio management e realtà di business

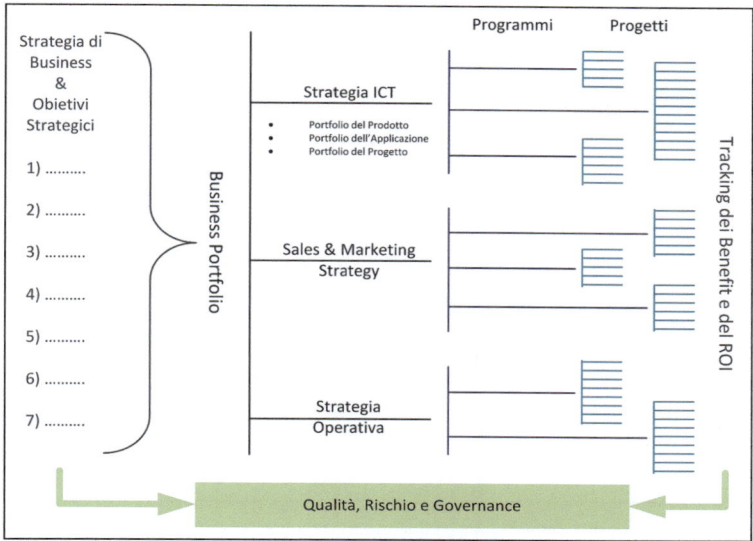

Figura 4.3: Allineamento strategico per la massimizzazione della consegna

strategico degli obiettivi al portfolio di business e ai programmi e ai progetti che li supportano. Il processo di portfolio management usa la guida strategica e un framework di gerarchia analitica per allineare la strategia con progetti e programmi.

Il portfolio management è un processo integrato e continuo di identificazione, assegnando priorità e gestendo un portfolio di progetti in linea con i parametri di key performance e obiettivi di business strategico. Un portfolio management integrato aiuta un processo dell'organizzazione nella realizzazione e nella gestione delle decisioni di investimento del progetto per massimizzare i benefici di business ad un certo livello di rischio, dati certi vincoli.

Il diagramma in fig.4.4 mostra un framework integrato di portfolio management.

Quindi un portfolio management non è una gestione strategica o una strategia di sviluppo. La direzione aziendale e il punto di partenza sono determinati aldilà della competenza del portfolio management, sebbene l'input continuo di obiettivi e di benefici strategici generati dai progetti e dai programmi esistenti influenzino la strategia di output (Rajegopal 2013).

La flessibilità e la durevolezza stanno nell'abilità dei processi (ICT e di business), organizzazioni e sistemi tecnici, nel continuare le attività di business e nel proteggere effettivamente la loro realtà dal danno, nel caso di interruzione e incidenti. Generalmente, ciò consiste nell'abilità di sopravvivere in caso di problemi. Diverse strategie, metodi e tool provengono dalla gestione del rischio. Gli esempi sono:

- incremento della consapevolezza e della qualificazione dello staff;
- sistemi early warning;
- meccanismi di business continuity e di fall-back;
- meccanismi di fault tollerance;

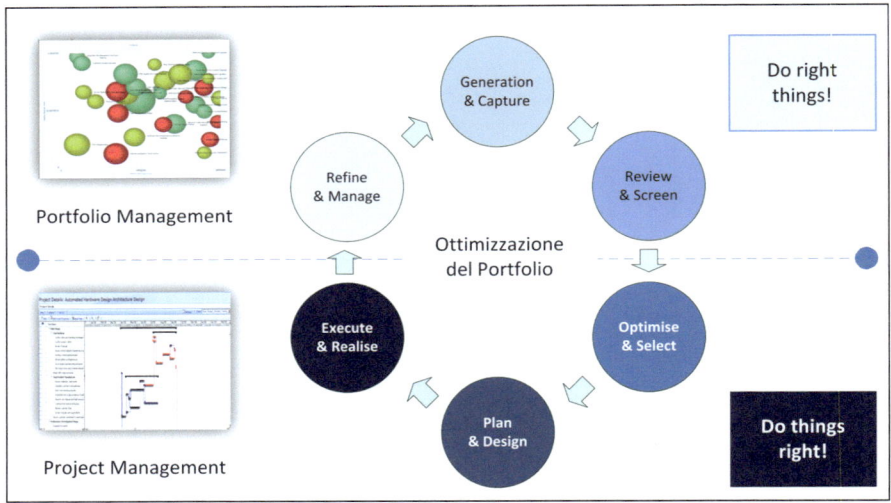

Figura 4.4: Struttura di un portfolio management integrato

- ridondanza nelle risorse tecniche, quali buffer e storage;
- backup dei dati e centri di calcolo.

Per raggiungere la flessibilità e la durevolezza è necessario avere piena chiarezza sul livello di rischio per tutti le situazioni ICT e business rilevanti. Il più importante prerequisito per controllare e ridurre i rischi è essere davvero consapevoli dei rischi stessi. Da una prospettiva della qualità ciò significa che è necessaria una piena comprensione di tutti gli oggetti ICT rilevanti e della loro qualità. Perciò gli oggetti della realtà di business, che sono rilevanti per la qualità nel nostro approccio, sono i clienti, i fornitori, lo staff, le regole di soddisfazione. Parliamo, dunque, di tecnologia e di tutti i processi dell'azienda (cfr: Fig. 4.2).

I processi rappresentano anche i ruoli del business giornaliero nel posto di lavoro per tutte le persone dell'azienda. Oltre ai prodotti di business corretti, la chiave del successo aziendale è rappresentata da processi di business efficaci ed efficienti. È ovvio che tali processi necessitano di aderire ai requisiti di qualità che possono essere misurati e monitorati durante l'esistenza di una data attività di business. Un sistema ICT complessivamente ha bisogno di soddisfare tutte queste proprietà e deve essere costruito nel modo giusto per supportare il business in maniera efficace ed efficiente attraverso questi processi. In aggiunta, flessibilità e durevolezza dei processi di business richiedono diverse capacità come *crisis management* e *business continuity management* (cfr: Wieczirek et al. 2002).

Da una prospettiva della qualità e del rischio, devono essere intraprese le seguenti azioni per valutare l'impatto dei cambiamenti nell'ambiente di business o nel portfolio del processo di business:

4.3 Portfolio management e realtà di business

- analizzare i cambiamenti nel mercato e nei clienti;
- analizzare i cambiamenti nei prodotti di business;
- analizzare i cambiamenti nell'intero processo di portfolio;
- analizzare gli attuali rischi ICT e del business;
- analizzare i rischi ICT e del business, provenienti da processi mancanti, e la qualità del prodotto nel passato;
- definire o aggiornare il modello della qualità del rischio sulla base di risultati analitici;
- assicurare che la struttura di governance sia corretta.

È necessario raggiungere la strategia attraverso un'esecuzione efficace. Una strategia di esecuzione è una disciplina e un meccanismo, tanto creativo quanto scientifico, per garantire che i benefici dichiarati nel *business case* siano realizzati per migliorare il vantaggio competitivo del business. L'esecuzione deve essere parte di una strategia e degli obiettivi aziendali. È il collegamento necessario tra attese e risultati. Un approccio focalizzato, agile e reattivo per l'esecuzione è la chiave per assicurare i requisiti di business e gli obiettivi di progetto sono sviluppati in accordo con le aspettative e i benefici.

Un processo di portfolio management ben disegnato e sviluppato coordina la consegna con priorità di strategie aziendali attraverso l'esecuzione dei progetti. Si capirà più avanti che il processo di portfolio management del progetto è stato ben accettato e stabilito all'interno delle funzioni dell'ICT di molti settori, così come l'ICT guadagna riconoscimenti maggiori a livelli alti. Il portfolio management eseguito in maniera appropriata aiuta a far emergere le cause a monte del fallimento del portfolio. Una volta stabilito, il portfolio management si pone tre quesiti fondamentali:

- stiamo eseguendo i progetti corretti?
- siamo persuasi che i progetti che abbiamo scelto saranno portati a buon fine e raggiungeranno gli obiettivi?
- per i progetti che abbiamo completato, stiamo valutando in modo consapevole come l'organizzazione opera per realizzare quanto prefissato?

Queste sono tematiche fondamentali, ma non complesse. Il portfolio management va anche più in profondità per rispondere a domande più complesse come:

- in che modo siamo in grado di sapere che stiamo eseguendo progetti corretti?
- quali criteri devono essere applicati?
- quali giudizi dobbiamo dare?
- con cosa sono stati confrontati i progetti?

Una volta che è istituito e operativo, il portfolio management, rettificato dai modelli della qualità specifici per l'azienda e del rischio (cfr: Fig. 4.1), fornisce:

- **Valore massimo**: un portfolio ottimizzato per raggiungere il valore massimo strategico e il ROI finanziario sotto vincoli stabiliti;
- **Visibilità migliorata**: una comprensione comune di ciò che l'organizzazione sta facendo e perché; un processo di decision-making obiettivo, meno istituzionale e

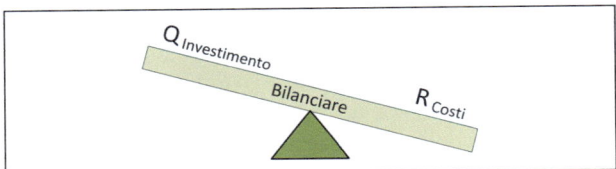

Figura 4.5: Bassa qualità porta ad alti rischi

basato sui fatti; un monitoraggio continuo dello stato dei piani e del loro impatto sugli obiettivi strategici;
- **Efficacia migliorata:** una dimostrazione continua delle performance del progetto, della realizzazione dei benefici e della crescita aziendale;
- **Riduzione del rischio di esecuzione:** un'indagine in anticipo sul rischio di investimento, l'avvio di progetto con un'alta probabilità di successo e l'allocazione di risorse per attività prioritarie; insieme al monitoraggio e al controllo complessivo a livello di portfolio, progetti che hanno il migliore ambiente per garantire un delivery di successo.

Ricordiamo dai precedenti capitoli che la qualità casuale è gratuita, poiché viene realizzata nel prodotto nelle fasi dallo sviluppo alla manutenzione del prodotto stesso. Ma se durante lo sviluppo del prodotto si chiede quale sia il livello di rischio, spesso non è facile ottenere una risposta precisa ed esaustiva. È perciò necessario definire altri modi per ottenere la trasparenza. Come discusso nel capitolo 3, la qualità non può essere definita in termini assoluti. È sempre un certo livello di qualità e un certo livello di rischio che può essere pianificato e raggiunto. Entrambe le discipline richiedono impegno. Ridurre le interruzioni del servizio, nel caso della qualità, è un investimento per il futuro e nel caso di rischio si traduce in aumento dei costi, quando i rischi diventano perdite. I rischi possono essere gestiti solo se sono noti. Perciò, investire in modo non sufficiente nella qualità porterà in seguito a costi considerevoli. L'obiettivo è bilanciare gli investimenti per la qualità e il costo del danno. Per una discussione dettagliata rimandiamo al capitolo 7.

4.4 Portfolio dell'applicazione e realtà ICT

La realtà ICT è modellata sulle necessità di business e implementa il processo di business del portfolio. Gli obiettivi rilevanti per la qualità e il rischio della realtà ICT sono di solito i vari prodotti, i processi di business e i requisiti, i dati e le informazioni architetturali, l'architettura del sistema ICT, e per ultimo i processi ICT. I prodotti e i processi ICT della corretta qualità sono perciò la chiave di volta dei successi aziendali. È ovvio che tali prodotti devono aderire ai requisiti della qualità e vanno misurati e monitorati durante l'esistenza del loro ciclo di vita e non solo alla fine del progetto. Due cose sono necessarie a livello tattico in un'azienda per garantire qualità sostenibile durante il ciclo di vita: i modelli di qualità e gli asset per la

4.4 Portfolio dell'applicazione e realtà ICT

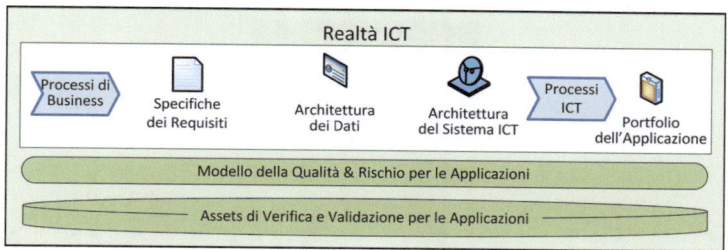

Figura 4.6: Realtà ICT, modelli di qualità e asset di verifica e validazione

verifica e la validazione delle corrispondenti applicazioni e processi di business (cfr: Fig. 4.6).

L'applicazione del portfolio management controbilancia il ruolo complesso della realtà ICT. APM fornisce informazioni chiave sulla realtà ICT e risponde a domande quali: "possono le applicazioni di ieri soddisfare le esigenze di oggi?". C'è una pressione crescente sugli executive ICT ad effettuare un taglio dei costi, ridurre le inefficienze e incoraggiare l'agility nei sistemi. Le aziende investono più del 70% del loro budget solo per mantenere i loro investimenti sugli asset ICT esistenti. Questo mostra che esiste un gap netto e reale tra gli obiettivi strategici di business e "il focalizzarsi sulla" realtà ICT.

Usando un approccio di portfolio management dell'applicazione, i decision maker ICT possono fare chiarezza sugli effetti negativi dell'applicazione usata nell'azienda e che, se non sono in atto strategie di gestione dell'applicazione, ostacolano il business aziendale. APM è un framework di gestione per decision maker. APM definisce un portfolio di attività dell'applicazione che fornisce una visibilità dell'azienda che non si avrebbe senza di esso. Il portfolio management dell'applicazione e il portfolio management del progetto sono attività strettamente correlate.

Qualche volta c'è confusione tra i due. Sebbene PPM e APM siano molto simili, sono comunque diversi come mostrato in figura 4.7.

Un confronto di APM e PPM è dato dalla tabella 4.1.

L'approccio al portfolio management dell'applicazione, illustrata in figura 4.6, è rettificato dai modelli di qualità e del rischio per le applicazioni e dai relativi asset V&V. I modelli di qualità e rischio, a livello tattico, devono essere conformi alle direttive provenienti dal livello strategico per mezzo del modello della qualità del rischio. Le caratteristiche di qualità sono quindi definite per gli oggetti rilevanti per la qualità, definiti in precedenza. Essi sono misurati, monitorati e, per ultimo, migliorati. Di solito tali oggetti sono collezionati in una lista, cosicché ogni qual volta emerga una domanda su tali oggetti, queste liste siano tenute in considerazione. Il vantaggio di tali liste è che ci permettono di puntare alle questioni rilevanti. Questo non riguarda i processi che sono a volte troppo complessi, né la scarsa documentazione che non è utile a nessuno, e non riguarda la politica, che è la più significativa fonte di problematiche nelle aziende e nei progetti. Ad esempio, si ripresenta il vecchio problema Y2K. Tutti questi oggetti e la lista di oggetti sono stati generati per ottenere chiarezza. Sfortunatamente tutto questo lavoro, che potrebbe essere utile

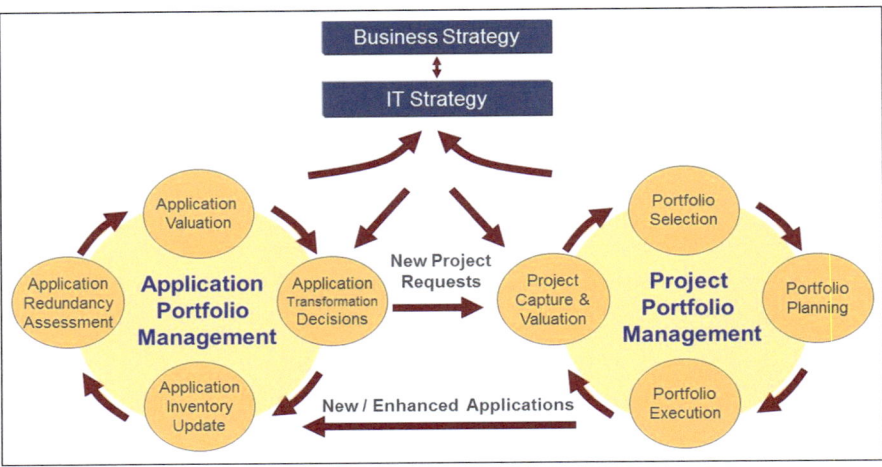

Figura 4.7: APM vs PPM

Tabella 4.1: APM vs PPM

APM – pone l'attenzione sull'architettura dell'applicazione	PPM – pone l'attenzione sulle caratteristiche del progetto
• Focalizzata sull'applicazione • Tiene in considerazione aspetti non tangibili, per esempio abilità dello staff e educazione • Dipendenza dalle applicazioni • Costi di collegamento tra le applicazioni • Tiene in considerazione architettura, infrastruttura, piattaforme, struttura • Supporta la governance IT in maniera olistica	• Principalmente basata sul progetto • Collegamenti alle risorse del progetto • Punta sugli investimenti nel portfolio • ROI di programmi e progetti

come una buona base per molte aziende, si perde in un buco nero e molto spesso non può essere riutilizzato successivamente.

Una buona approssimazione per i modelli di qualità a livello tattico è data dai modelli discussi nel capitolo 3. La decisione di quali oggetti e quali modelli utilizzare sarà parte di un piano di qualità che implementa il nostro approccio. Ma crediamo che almeno due modelli di qualità siano obbligatori a questo livello: un appropriato modello di qualità del processo (ProcQMod) e un appropriato modello di qualità del sistema (SysQMod). Ricordiamo le caratteristiche chiave dei due modelli, come discusso nel capitolo 3.

1. ProcQMod unitamente ai seguenti livelli di competenza:
   a. Processo incompleto – livello di competenza 0;
   b. Processo eseguito – livello di competenza 1;
   c. Processo gestito – livello di competenza 2;

4.4 Portfolio dell'applicazione e realtà ICT

    d. Processo istituito – livello di competenza 3;
    e. Processo previsto – livello di competenza 4;
    f. Processo ottimizzato – livello di competenza 5.

2. SysQMod unitamente alle seguenti caratteristiche:

    a. Completezza funzionale;
    b. Correttezza funzionale;
    c. Adeguatezza funzionale;
    d. Utilità;
    e. Fiducia;
    f. Appagamento;
    g. Comodità;
    h. Gestibilità (tramite la gestione del rilascio).

Da una prospettiva della qualità le seguenti azioni devono essere intraprese per valutare l'impatto dei cambiamenti nella realtà ICT di una particolare azienda:

- implementare la strategia di qualità a livello strategico o migliorare l'implementazione;
- valutare caratteristiche della qualità dettagliate;
- definire il modello di qualità tattico (possibilmente suddiviso in ProcQMod e SysQMod);
- definire e implementare, o migliorare, monitorare e controllare le infrastrutture di qualità;
- stabilire o mantenere gli asset di verifica e validazione per tutti i processi di business nel portfolio del processo di business.

Sebbene non in maniera esaustiva, le seguenti domande potrebbero aiutare a definire le necessarie questioni della qualità e del rischio della realtà ICT:

- quali processi di business sono stati cambiati?
- qual è l'impatto di un processo di business sugli altri processi di business?
- quali requisiti sono cambiati: i requisiti di business o i requisiti di qualità?
- il grado di dettaglio dei requisiti di qualità è accettabile, ossia la qualità dei requisiti è verificabile?
- sono cambiate le regole di conformità?
- cambierà la tecnologia o le piattaforme?
- cambierà lo staff in qualità o quantità?
- quali sistemi sono cambiati o necessitano di modifiche?
- qual è l'impatto dei cambiamenti del sistema o di altri sistemi e interfacce?
- quali progetti sono stati aperti?
- quale impatto hanno i progetti sull'ICT aziendale?
- quale impatto hanno i progetti sui processi di business, sui sistemi o altri progetti?

4.5 Esecuzione del progetto

La strada per l'esecuzione del progetto è spesso disseminata di problemi con conflitti risultanti dal disaccordo tra gli stakeholder. I responsabili del programma hanno a che fare con informazioni incomplete o inesatte e c'è spesso ambiguità o mancanza di una definizione chiara del raggiungimento del risultato in elementi chiave del programma. Alcuni team e team leader sembrano essere maggiormente produttivi in condizioni di disaccordo, incertezza e ambiguità, mentre altri sembrano paralizzati dall'indecisione.

Crediamo che i team di progetti efficaci abbiano in comune 4 caratteristiche. Primo, possono comunicare gli obiettivi comuni che desiderano raggiungere. Secondo, riconoscono che esiste una reciproca dipendenza dall'altro e si fidano dell'interlocutore. Per fare ciò, devono esserci comprensione e rispetto dei ruoli del team e delle responsabilità. Terzo, devono accettare un set comune di norme comportamentali, un codice di condotta comune. Quarto, devono accettare il sistema di gratificazione condiviso.

Nel momento in cui la complessità del progetto cresce esponenzialmente, i leader del progetto sono costretti a riporre fiducia su team composti da "knowledge worker" altamente qualificati. Poiché questo tipo di figure professionali spesso non gradisce un controllo troppo presente, i modelli di project management centralizzati, che si basano sul comando e il controllo diretto si sono adattati facendosi più flessibili e generando delle reti in cui gli esperti possano mettere a supporto degli obiettivi di progetto le loro conoscenze. Ovviamente queste reti non sono prive di insidie.

Tecnicamente gli ambienti di sfida incoraggiano sempre i conflitti tra i membri del team. Il conflitto in sé non è dannoso. Al contrario, il conflitto – che spesso si manifesta come disaccordo – è di solito una precondizione necessaria per la crescita del gruppo. Il conflitto può essere un segnale che il gruppo è a proprio agio ad avere un dibattito aperto. Comunque, il conflitto deve essere gestito in modo efficace, cosicché diventi un punto di forza e non un elemento demotivante. Niente può sviare il progetto più velocemente di una rottura nel team di lavoro, che abbia origine da conflitti non gestiti.

Per loro natura, i progetti complessi quasi sempre coinvolgono un alto grado di incertezza. I leader di progetto e i membri del team devono operare con informazioni incomplete, o non note. Questa incertezza può risultare in "second guessing" all'interno del team di progetto e per gli altri stakeholder di progetto. L'incertezza nel complesso mondo di oggi deve essere riconosciuta e accettata come condizione non evitabile.

Le nostre sfere di cristallo non sono perfette. Conseguentemente, una frequente e aperta comunicazione è assolutamente essenziale per tenere il team – e gli stakeholder – focalizzati sull'obiettivo finale di progetto.

Report dello status settimanale, flash report, email frequenti, semplici discussioni realizzate con regolarità possono aiutare a tenere l'incertezza sotto controllo e mitigare il suo effetto dannoso sul team di lavoro.

L'ambiguità è un'altra caratteristica dei progetti complessi che deve essere affrontata dal team. Il più delle volte, la confusione riguarda gli elementi o gli obiettivi chiave del progetto. Peggio ancora, l'ambiguità qualche volta viene fuori dal conflit-

4.5 Esecuzione del progetto

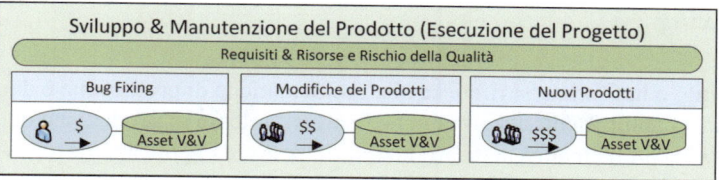

Figura 4.8: Sviluppo e manutenzione del prodotto, requisiti di qualità e asset V&V

to delle definizioni delle parole. Recentemente abbiamo lavorato con un gran numero di team di progetto in una multinational corporation dove i membri del team hanno tenuto una discussione sullo "scopo" del progetto. È interessante notare che, quando abbiamo chiesto chiarimenti sulla loro definizione di "scopo", abbiamo scoperto che stavano discutendo su 8 diverse definizioni!

Il team di progetto può ridurre le ambiguità prendendosi il tempo di stabilire – e pubblicare – un set comune di termini che servano come riferimento per il team. Esistono dizionari di gestione dei sistemi che possono servire allo scopo. Altri strumenti che possono ridurre l'ambiguità includono: un documento accessibile a tutti, contenente gli obiettivi di progetto, il piano, i relativi avanzamenti del piano; meeting frequenti e frequenti dialoghi informali tra i membri del team di progetto.

Il livello operativo, come indicato nella Fig. 4.1, fa una distinzione tra lo sviluppo e la manutenzione del prodotto da un lato, e la gestione in esercizio dall'altro. Per iniziare, ci focalizzeremo sull'esecuzione del progetto (cfr: Fig. 4.8).

A causa del volume e della complessità delle modifiche necessarie del corrispettivo prodotto ICT, in questa sezione abbiamo differenziato questa parte del livello operativo in tre sottoaree:

- Bug fixing.
- Cambiamenti dei prodotti ICT, incluse le evoluzioni.
- Nuovi prodotti ICT.

Ci sono molti metodi, procedure e tool di ingegneria della qualità, che devono essere applicati secondo i requisiti di qualità e i prodotti. La quality engineering di solito comprende metodi costruttivi e analitici che possono essere suddivisi ulteriormente in statici e dinamici. I metodi statici sono solitamente applicati per i requisiti, l'architettura e l'analisi del codice. I metodi dinamici contano sul fatto che il codice eseguibile sia disponibile e possa essere testato. La maggior parte sono metodi basati sui tool. L'appendice A fornisce un overview dei metodi. Per ulteriori approfondimenti: ISO/IEC/IEEE 29119-1 (2013), ISO/IEC/IEEE 29119-2 (2013),ISO/IEC/IEEE 29119-3 (2013), Spillner and Linz (2005), Liggeseyer (2002) e Koomen et al. (2008).

Bug fixing

Bug fixing, o hot fixing, si riferisce alle problematiche di produzione e di gestione, e implica i cambiamenti del sistema nelle attuali release di produzione delle applicazioni. Una problematica della produzione impedisce l'applicazione o l'esecuzione dei necessari processi di business e di sistema, o rappresenta un processo, oppure un comportamento del sistema non desiderato: per esempio, risultati errati, scarse performance, etc. Il bug fixing sarà effettuato a causa dei difetti che non sono stati identificati all'interno di un progetto di sviluppo o di manutenzione, ma si riscontrano durante la produzione. Esempi di tali difetti non identificati sono:

- errori di programmazione;
- errori di progettazione (per esempio design errato di una soluzione tecnica per implementare i requisiti);
- errori di requisiti di business (per esempio, specifiche errate o requisiti mancanti).

Per ogni questione di produzione c'è un'analisi esplicita e una decisione sulla difficoltà di sistemare un bug immediatamente, o sistemarlo come un difetto di sistema o change request nella successiva release del sistema (per esempio, può essere messo in atto un work-around). Il bug fixing immediato prevede meno di un giorno o solo pochi giorni, dal momento in cui si scopre il difetto alla messa in produzione. Lo sviluppo, ma anche la quality assurance, devono essere eseguiti in questo breve arco di tempo. Da una prospettiva della qualità devono essere intraprese le seguenti azioni:

- Cercare o definire gli asset di verifica e validazione per risolvere gli scenari che causano questioni di produzione ed eseguirli.
- Applicare gli asset di verifica e validazione per l'attività di test di regressione del sistema.
- Applicare gli asset di verifica e validazione per l'attività di test di regressione del processo di business.
- Fornire feedback sugli asset di verifica e validazione a livello tattico.

Cambiamenti dei prodotti ICT

Le *change request* si riferiscono a sistemi o applicazioni esistenti e specificano un nuovo business o un nuovo requisito di sistema, che deve essere implementato da un progetto pianificato. Sarà definito dal portfolio management e dai processi di gestione del cambiamento. Una change request può far riferimento al processo di business, ai processi di sistemi o componenti di sistema speciali e definisce requisiti funzionali e non. Da una prospettiva di qualità devono essere intraprese le seguenti azioni:

- Mantenere gli asset di verifica e validazione dei sistemi o definirne di nuovi.
- Mantenere gli asset di verifica e validazione dei processi di business o definirne di nuovi.

4.6 Gestione in esercizio

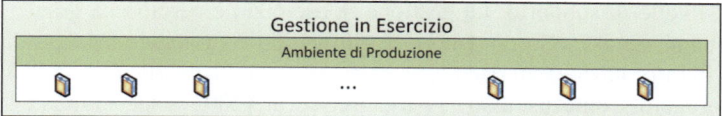

Figura 4.9: Ambiente di produzione che include il monitoraggio della qualità

- Applicare gli asset di verifica e validazione per l'attività di test di regressione del sistema.
- Applicare gli asset di verifica e validazione per l'attività di test di regressione del processo di business.
- Restituire gli asset di verifica e validazione a livello tattico.
- Verificare e validare i prodotti specifici.
- Verificare la realtà ICT nel suo complesso.

Nuovi prodotti

I nuovi prodotti forniscono nuovi processi di business o aggiungono nuove funzionalità ai processi attuali, o sostituiscono gli attuali sistemi o applicazioni, per esempio introducendo package standard. Da una prospettiva di qualità devono essere intraprese le seguenti azioni:

- Mantenere gli asset V&V di sistema.
- Mantenere gli asset V&V del processo di business.
- Definire gli asset V&V di sistema per il nuovo prodotto.
- Definire gli assetV&V del processo di business per il nuovo prodotto.
- Applicare gli asset di verifica e validazione per l'attività di test di regressione del sistema.
- Applicare gli asset di verifica e validazione per l'attività di test di regressione del processo di business.
- Restituire i nuovi asset di verifica e validazione a livello tattico.
- Validare e verificare la realizzazione specifica del nuovo prodotto.
- Verificare i sistemi ICT risultanti.
- Verificare la reltà ICT nel suo complesso.

4.6 Gestione in esercizio

Ricordiamo la Figura 4.1 in cui il livello operativo si distingue in sviluppo e manutenzione del prodotto da un lato, e gestione in esercizio dall'altro. La gestione in esercizio (cfr: Fig. 4.9) riguarda tutte le problematiche dei processi ICT in esecuzione, incluso ICT service management, business continuity management, primo e secondo livello di supporto. La gestione in esercizio è perciò una grande fonte di suggerimenti per il miglioramento a livello tattico e strategico. Ma essa ha anche bisogno di informazioni sui rischi provenienti dai cambiamenti nella realtà ICT e nei relativi progetti. Come discusso in Wieczoreck et al. (2002) e specialmente in Schettler et al. (2002) e Wallmuller (2002), c'è una stretta interdipendenza tra le problematiche della qualità e la gestione in esercizio.

Durante l'esecuzione del progetto, la gestione in esercizio rappresenta uno *user stakeholder* insieme agli utenti di business. Alla fine di un progetto, coloro che effettuano la gestione in esercizio prendono in carico le responsabilità del sistema, forniscono accesso e uso dei sistemi, e restituiscono i risultati del sistema agli utenti di business. Gli utenti di business hanno la responsabilità dei processi di business e la gestione in esercizio ha la responsabilità dei sistemi e delle relative infrastrutture per garantire i processi tecnici di supporto al business.

Come user stakeholder, la gestione in esercizio specifica anche i requisiti, ovvero i requisiti funzionali e non funzionali riguardanti:

- Particolari componenti di sistema, come il sistema di gestione dei batch.
- Integrazione dei sistemi con infrastrutture hardware e software (si fa riferimento alla portabilità e alla compatibilità), diverse versioni di un'infrastruttura futura.
- Configurazione dei sistemi (vedi procedure, ma anche configurazioni non-conflittuali di diversi sistemi e applicazioni).
- Definizioni e soluzioni per il primo e il secondo livello di supporto, così come la formazione e la documentazione sull'uso del prodotto.

I progetti devono ricoprire questi requisiti attraverso lo sviluppo, ma anche attraverso la verifica e la validazione: in alcuni casi la gestione in esercizio subentra alle attività del progetto a causa di risorse tecniche che sono accessibili solo a coloro che effettuano la gestione in esercizio, o perché diversi progetti e i loro sistemi sono stati integrati in una release finale.

In produzione, gli operatori che effettuano la gestione in esercizio sono responsabili delle attività in corso, cioè del funzionamento di prodotti che:

- forniscono sistemi agli utenti;
- eseguono sistemi batch e forniscono risultati di business;
- supportano e guidano gli utenti nell'uso del prodotto;
- monitorano i processi tecnici, identificano le problematiche di produzione, risolvono queste problematiche o coordinano la risoluzione delle problematiche per esempio, da parte del cliente.

Riferimenti e Link

BIS (2013) http://www.bis,org/index.htm.Consultato il 15 novembre 2013
ISACA (2012a) COBIT 5 – a business framework for the governance and management of enterprise IT. ISACA, Rolling Meadows, Illinois
ISACA (2012b) Governance of enterprise IT (GEIT) survey – global edition. http://www.isaca.org/Pages/2012-Governance-of-Enterprise-IT-GEIT-Survey.aspx. Consultato l'11 novembre 2013
ISO/IEC/IEEE 29119-1 (2013) Software and systems engineering – software testing – parte 1: concepts and definitions. International Organization for Standardization (ISO), Ginevra
ISO/IEC/IEEE 29119-2 (2013) Software and systems engineering – software testing – parte 2: test processes. International Organization for Standardization (ISO), Ginevra
ISO/IEC/IEEE 29119-3 (2013) Software and systems engineering – software testing – parte 3: test documentation. International Organization for Standardization (ISO), Ginevra
Koomen T, van der Alst L, Broekman B, Vroon M (2008) TMap Next, Ein praktischer Leitfaden für ergebnisorientiertes Softwaretesten. Dpunkt. Verlag, Heidelberg
Liggesmeyer P (2002) Software-Qualität: Testen, Analysieren und Verifizieren von Software. Spektrum Akademischer Verlag, Heidelberg
NARUC (2013) Portfolio management – how to innovate and invest in successful projects. Palgrave Macmillan, Basingstoke, Hampshire
Schettler H, Wieczorek M, Philipp M (2002) Operational risks and business continuity: an essayistic overview. In: Wieczorek M, Naujoks U, Bartlett B (eds) Business continuity – IT risk management for international corporations. Springer, Berlino
Spillner A, Linz T (2005) Basiswissen Softwaretest. Dpunkt.verlag, Heidelberg
Wallmüller E (2002) Risk management for IT and software projects. In: Wieczorek M, Naujoks U, Bartlett B (eds) Business continuity – IT risk management for international corporations. Springer, Berlino
Wieczorek M, Naujoks U, Bartlett B (eds) (2002) Business continuity – IT risk management for international corporations. Springer, Berlino

Capitolo 5
Come possiamo implementare un framework per la right quality?

Per creare una struttura per la corretta qualità, che fornisca la piena trasparenza sulla qualità dei prodotti, e l'allineamento dei rischi con le necessità di business di un'azienda, è necessario implementare un approccio olistico e integrato alla qualità. Dal nostro punto di vista questo approccio deve essere sia orientato al prodotto, che al processo. Il nostro framework, che fornisce la right quality, accompagna le organizzazioni nel loro percorso, da una gestione basata esclusivamente sulle singole azioni delle persone ad una Quality Service Factory altamente efficiente, che porta profitto ed è caratterizzata da un adeguato grado di sviluppo dell'ingegneria della qualità.

Il modo più appropriato di valutare e migliorare le organizzazioni attraverso l'industrializzazione viene realizzato con successo dalle 5 dimensioni della nostra "Industrialised House of Quality". Queste dimensioni sono: modularizzazione, standardizzazione, specializzazione, automazione e continuo miglioramento, supportate dalla gestione della qualità e dalla quality governance. Bisogna valutare attentamente l'ordine in cui queste dimensioni vengono applicate, altrimenti potrebbe essere necessaria una successiva revisione dell'approccio alla quality engineering.

L'effetto più vantaggioso può essere raggiunto generalmente seguendo la sequenza suddetta, anche se è possibile e qualche volta necessario lavorare in parallelo sulle problematiche delle diverse dimensioni per il miglioramento in loco o per ridurre i rischi ad alta priorità. Per esempio, l'automazione o particolari aspetti della qualità sono più efficienti quando la modularizzazione e la standardizzazione sono già state implementate fino a un certo punto per evitare ulteriori interventi e attività di manutenzione. In aggiunta, questo ordine fornisce un alto grado di riuso dei componenti preesistenti.

Discuteremo la nostra "House of quality" nelle seguenti sezioni, dove si tratterà ogni dimensione, così come ogni disciplina di gestione.

5.1 Industrializzazione della quality engineering

La crescente innovazione tecnica nell'industria ICT influenza sempre più il modo nel quale un servizio o un prodotto viene pianificato, costruito, rilasciato e consumato. Il nuovo modo in cui l'ICT interpreta se stessa è spesso chiamato industrializzazione. Se esaminiamo la storia degli altri settori industriali, come quella dei settori orientati alla produzione, riscontriamo che hanno già realizzato cambiamenti significativi passando dall'artigianato ad un approccio industrializzato caratterizzato dalla specializzazione e dalla ripartizione del lavoro all'interno delle aziende e tra le aziende, dando in outsourcing parte del lavoro. L'ICT sta muovendo i primi passi su questa strada proprio in questi anni. Teniamo a mente che gli obiettivi di un approccio di ogni industrializzazione sono la riduzione dei costi al dettaglio e la riduzione del prezzo complessivo. Realizzare un tale obiettivo all'interno di un'azienda dà anche l'opportunità di usare la globalizzazione come ulteriore riduzione dei costi. Ma ciò presuppone che un'azienda abbia già implementato un certo livello di right quality prima della globalizzazione, che può essere usato efficacemente per lo sviluppo del software e dei sistemi in generale, in particolare per la quality engineering.

Da una prospettiva CFO (Chief Financial Officer) la riduzione dei costi sembra essere il fine ultimo dell'azienda, ma non per fare sfoggio della propria bravura: è sempre una questione di equilibrio. Equilibrio tra qualità e rischio, tra investimento e beneficio, tra i successi e la manutenibilità a breve termine. I seguenti punti critici sono predominanti:

- Flessibilità di tutti i processi.
- Efficacia ed efficienza di tutti i processi.
- Produttività nello sviluppo e manutenzione.
- Approcci forward-looking e trend-setting.

Prendiamo il campo delle soluzioni core banking (cfr: Free and Wang 2013), come SAP, Temenos o Avaloq. In Avaloq 2013, per esempio, l'autore sostiene che supportare la catena di valore delle banche attraverso varie industrializzazioni offre come software standard, ASP (Application service providing), BPO (Business process outsourcing) e banking hub. Il loro obiettivo è ancora la riduzione dei costi dei processi di core banking, finché questa non comporta il degrado dell'efficienza dei processi di business.

Un fattore chiave che guida gli approcci di industrializzazione è la tecnologia e la sua evoluzione nel tempo. In questo senso l'industrializzazione è considerata come un concetto gestionale che consente la realizzazione costi-benefici dei prodotti. Dall'analisi sull'industrializzazione, come in Buxmann et al. 2008 e Capgemini 2012, o dalla definizione in Wikipedia (Wiki-Industrie 2013 e Wiki-Industrialisation 2013), l'industrializzazione in generale può essere definita in senso stretto come:

"... il processo di sviluppo e implementazione di tipi di produzione industriali."

Questa definizione, comunque, omette il significato macro-economico di industrializzazione da un settore economico all'altro.

5.1 Industrializzazione della quality engineering

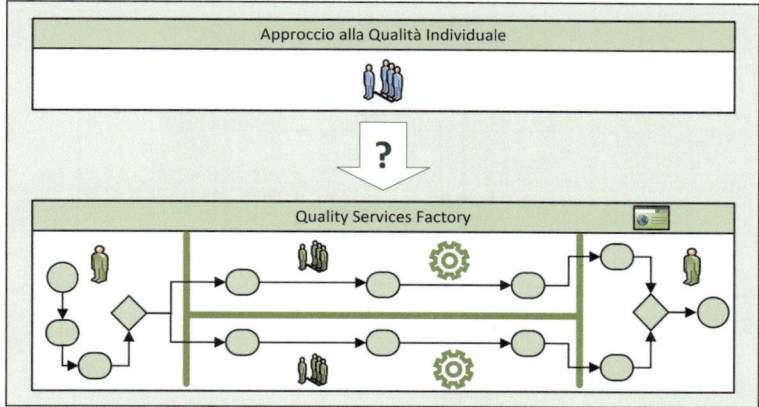

Figura 5.1: Dall'approccio individuale alla Quality Service Factory

Come in altre industrie, il processo di sviluppo e implementazione di tipi di produzione industriale, cioè il processo di industrializzazione dell'ingegneria della qualità, solitamente inizia con uno o più persone che fanno il loro lavoro individualmente e producono un certo prodotto.

Se il prodotto è abbastanza semplice, tale procedura funziona bene. Se i prodotti diventano sempre più complessi, sono necessarie più persone, sono necessari più esperti e le procedure hanno bisogno di standard. Quanto prima viene compreso pienamente il processo di produzione o *workflow* ed è resa disponibile la tecnologia adatta, tanto prima i workflow o parti di essi possono essere automatizzati. Per ultimo, l'approccio del sistema aziendale può essere applicato ai workflow. Questo è anche vero per la *quality engineering*. Perciò ci chiediamo cosa significa "industrialising quality engineering" o mettere su una "Quality Service Factory"? Questo è illustrato schematicamente in fig. 5.1.

Nel primo rettangolo – Individual Quality Approch – noi troviamo un workflow non strutturato di persone che lavorano indipendentemente su risultati immediati e producono un prodotto finale. Nel secondo rettangolo – Quality Service Factory – troviamo un workflow ben strutturato dove esperti lavorano insieme in team e fanno uso di tool. Loro eseguono processi standard, producono risultati intermedi in conformità a questi processi e raggiungono il prodotto finale richiesto. Questo è controbilanciato dai meccanismi di monitoraggio e controllo per superare le carenze durante l'esecuzione.

Negli ultimi dieci anni abbiamo sperimentato ulteriori problemi relativi allo sviluppo e alla manutenzione dei sistemi software. Ogni volta che un progetto impostato dall'enterprise management deve ricorrere al bug fixing o alle change request, è perché si sta cercando l'approccio per garantire la right quality. Se molto spesso questo è concettualmente ambizioso, in realtà è impegnativo in termini di tempo e costo. Cosa è stato fatto affinché un progetto sia in grado di usare esperienze e conoscenze esistenti, allo stesso modo delle regole di validazione e verifica? Perché

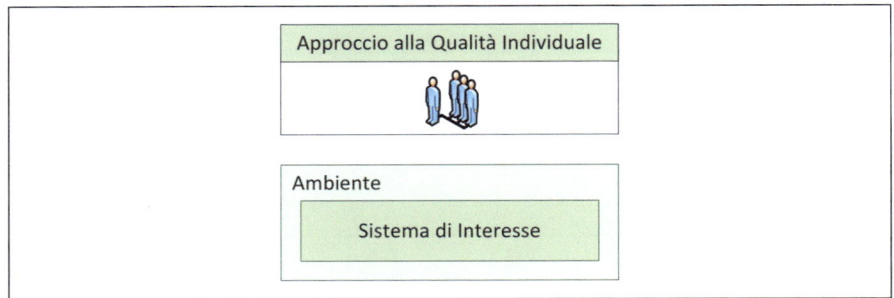

Figura 5.2: Situazione iniziale – IQA e sistema in ambiente

molto spesso non abbiamo un portfolio di test case che può essere mantenuto e riusato nel tempo? Perché il regression test in termini di consumo di tempo e costi è come il test originale? La questione principale è che gli approcci alla qualità sono spesso allineati ai bisogni di progetto e non alle esigenze di prodotto e del ciclo di vita. Questa è una buona ragione per esaminare la nostra "Industrialised House of Quality".

Di certo, si presuppone che la quality assurance sia una disciplina dell'ingegneria. Secondo alcuni (Buxmann et al. 2008), i punti di partenza per l'industrializzazione della quality engineering sono le tre dimensioni di base della standardizzazione, specializzazione e automazione. Senza l'automazione e la specializzazione la standardizzazione non sarà effettivamente applicabile. Ma la standardizzazione in se stessa necessita della modularizzazione perché se i prodotti o i processi non sono modularizzati non è possibile standardizzare in maniera efficiente i workflow e i prodotti. Di conseguenza la modularizzazione, la standardizzazione, la specializzazione e l'automazione sono caratteristiche dell'industrializzazione valutabili per l'industria del software nel suo complesso, ma anche per la quality engineering. La specializzazione porta anche alla divisione del lavoro e del work-sharing, cosicché possono essere definiti il delivery efficiente e i modelli di coinvolgimento per ridurre gli investimenti. Ciò che non è presente (Buxmann et al. 2008) e ha bisogno di essere adattato ai nostri scopi è il continuo miglioramento, come in BITKOM 2010. Questo è necessario perché l'ambiente dei workflow industrializzati potrebbe cambiare o i prodotti potrebbero essere modificati, e ciò potrebbe portare a processi inefficienti se non vengono opportunamente adattate le procedure e i tool.

I vari step sulla strada della nostra "Industrialised House of Quality" non sono completamente indipendenti dal tipo di processi e prodotti di sviluppo software. L'industrializzazione nello sviluppo software e quality engineering segue regole simili. Nel migliore dei casi, entrambi i flussi sono allineati, ma presentati indipendentemente. Come detto in precedenza, l'industrializzazione si focalizza sui tipi di produzione. Così sarà necessario discutere ogni dimensione insieme al suo impatto sui processi, prodotti e persone (cfr: Capitolo 2). La nostra figura di partenza è perciò quella in Fig. 5.2, che mostra che in IQA un processo non è percepibile nonostante esistano persone che lavorano per fare un prodotto e quel prodotto, cioé il sistema di interesse, non ha una struttura percepibile.

5.1 Industrializzazione della quality engineering

Tabella 5.1: Dimensioni dell'industrializzazione relative ai livelli aziendali

	Livello strategico	Livello tattico	Livello operativo
Modularizzazione	realtà del processo di business; architettura aziendale; struttura organizzativa.	realtà del prodotto ICT; realtà del processo ICT; realtà del programma/progetto.	struttura del sistema; prodotti intermedi; processi specifici di progetto.
Standardizzazione	specifica di budget, qualità e rischio; standard di riferimento; standard dell'industria; policy di sviluppo; struttura di benchmarking.	standard aziendali stabiliti; metodi, procedure e tool; linee guida adattate all'azienda; strategie dei processi ICT; bilanciamento della qualità e il rischio; report e database di misurazione.	template adattati; prodotti standardizzati; processi standardizzati; ambiente di lavoro standardizzato; standard di programmazione; guide di stile; componenti del sistema riusabili.
Specializzazione	business del dominio; software standard; outsourcing del processo di business; allineamento organizzativo; decisioni sull'approvvigionamento; migliori decisioni.	strategie di recruitment; programmi di formazione e qualifica; divisione del lavoro; istruzioni del workflow stabilito; ruoli diversi; migliore qualità.	recruitment; formazione; gestione delle competenze; team dedicati; quality gate.
Automazione	strategia di automazione per migliorare il profitto, i tempi di commercializzazione, riproducibilità, processi robusti e qualità.	concetto di regressione stabilita; architetuttura di automazione; strutture di automazione; strumenti e linee guida; risparmio.	implementazione; esecuzione; risparmio di tempo.
Miglioramento continuo	quality governance; proprietà del prodotto e della qualità.	governance del prodotto e del progetto; gestione della qualità; modelli della qualità; quality intelligence portal (KQI/KPI).	cicli di audit e feedback; lezioni apprese; misurazione e reporting; monitoraggio e controllo degli obiettivi di progetto; miglioramento della qualità della predizione (rischio, budget, tempo).

Questa figura sarà successivamente sviluppata e completata per ogni dimensione, in linea con il nostro approccio olistico per la qualità dell'azienda ICT (cfr: Capitolo 4).

Ovviamente tutte le azioni intraprese nelle 5 dimensioni di industrializzazione devono essere considerate rispetto al loro impatto sui tre livelli, cioè strategico, tattico e operativo. A tal fine noi svilupperemo, passo dopo passo, le diverse dimensioni di industrializzazione di quality engineering nelle seguenti sezioni. Non tutte queste relazioni sono discusse in ogni sottosezione, ma un'overview è fornita nella tabella 5.1.

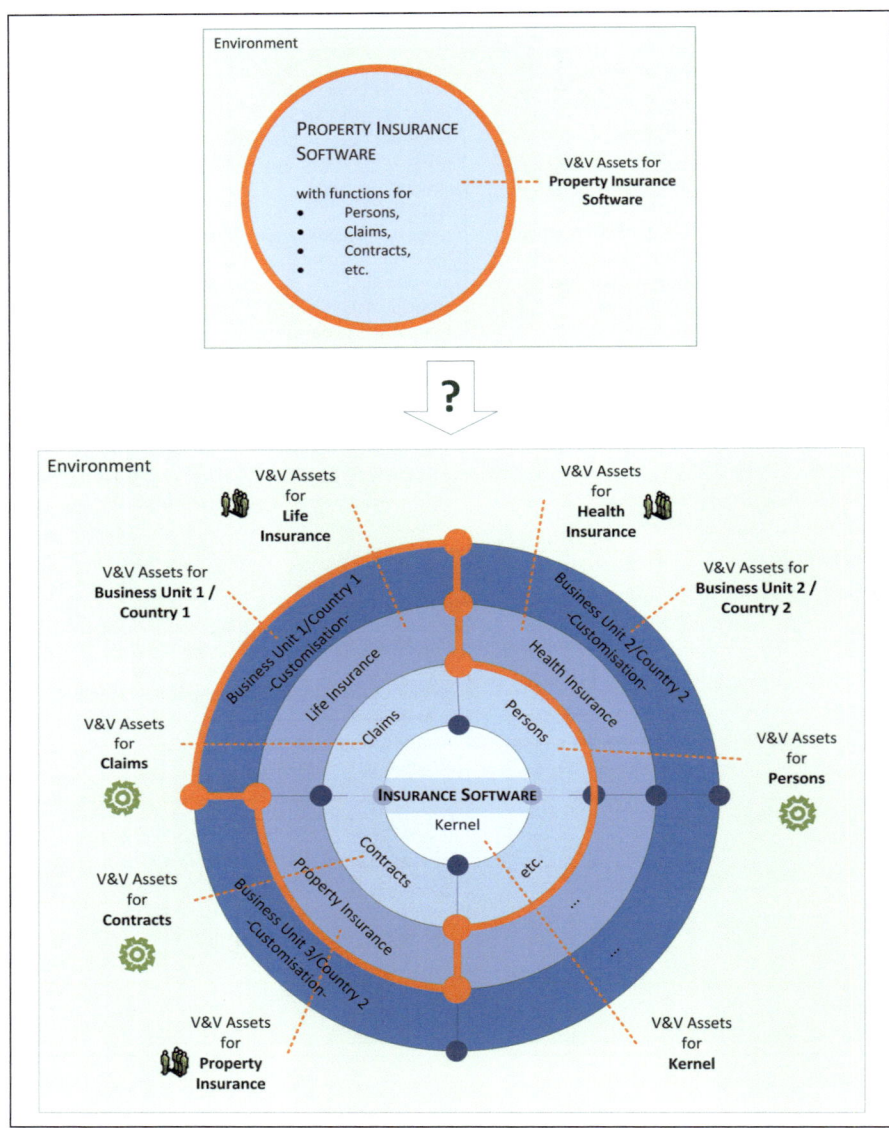

Figura 5.3: Esempio di assicurazione - asset V&V

Come esempio pratico attuale di industrializzazione della quality engineering analizzeremo il software di un'assicurazione. Supponiamo di avere il software per il segmento dell'assicurazione delle proprietà con funzioni per la gestione delle richieste, gestione dei contratti e gestione delle persone assicurate. Gli asset V&V sono, per esempio, modelli di test, test case, test data, script per test manuali, ma anche risultati e report di test (cfr: Fig. 5.3).

5.2 Modularizzazione

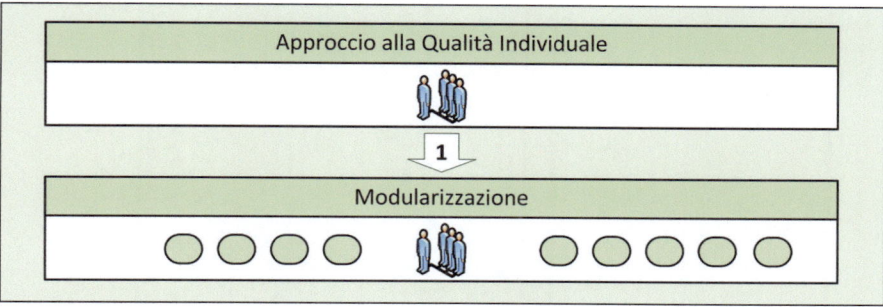

Figura 5.4: Primo step - Modularizzazione del workflow QE

La figura di partenza per il nostro esempio assicurativo rappresenta il livello corrente di industrializzazione, cioè processi unitari, prodotto compatto, asset V&V compatti, target con un alto grado di industrializzazione.

Nelle sottosezioni presupponiamo che uno degli obiettivi dell'azienda corrispondente consista nello sviluppare la proprietà del software di assicurazione in modo che permetta di essere applicato ad altri segmenti e trasferito da un'unità di business ad altre e da un paese ad un altro.

5.2 Modularizzazione

Il primo step verso l'industrializzazione della quality engineering è la modularizzazione, che rappresenta la 'pietra angolare' per l'industrializzazione. Il punto di partenza è tipicamente determinato attraverso un workflow unico definito nel tempo, incluse le responsabilità del risultato. Questo funziona bene finché siamo disposti ad accettare che le persone organizzino da sé il proprio lavoro e noi contiamo completamente sulle loro capacità, la loro esperienza, le loro previsioni e la loro disponibilità (cfr: 5.4).

Invece di richiedere esclusivamente i prodotti e contare sull'abilità e l'esperienza delle persone durante lo sviluppo e la manutenzione (Primo rettangolo), i workflow seguiranno (Secondo rettangolo) una singola Work Breakdown Structure (WBS). Infatti tali strutture includono l'input richiesto, l'output atteso e le responsabilità. Teniamo a mente, comunque, che quelle strutture dovrebbero essere modellate secondo le condizioni individuali e locali. Ogni volta che un prodotto deve essere realizzato, non è disponibile nessuna procedura standardizzata. Tali workflow modularizzati sono anche seguiti dal quality management, sebbene l'informazione sugli step intermedi sia raramente disponibile.

La modularizzazione riguarda i processi di strutturazione e scomposizione dei processi (cfr: Secondo rettangolo della fig. 5.4). Per essere in grado di dare una struttura e scomporre i workflow, è necessario dare una struttura e scomporre i prodotti, cosicché i prodotti intermedi possano essere lavorati in diversi step (cfr: Fig. 5.5).

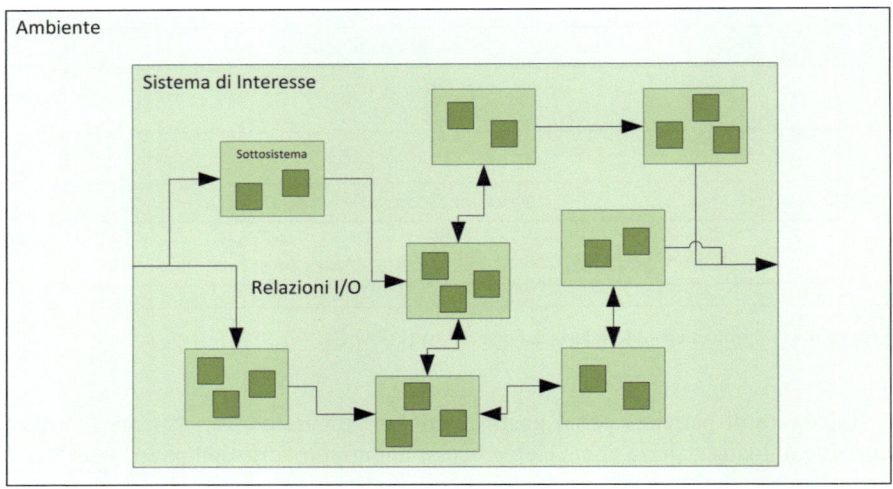

Figura 5.5: Modularizzazione - esempio di scomposizione del prodotto

Ricordiamo dalla fig. 4.1 che i processi includono tutti i workflow in un'azienda, cioé processi di core business, processi ICT, di gestione e di supporto. I prodotti, rispettivamente, includono prodotti di business così come prodotti ICT.

Analizzando i prodotti ICT, abbiamo tutti i prodotti del ciclo di vita come parte dello sviluppo e della manutenzione e anche della gestione in esercizio. Questi includono software e documentazione, ma anche prodotti della qualità o attività V&V. Potrebbe trattarsi dell'intera realtà dei sistemi ICT, ma anche dell'architettura aziendale completa. Come già detto, la modularizzazione di prodotti è determinata dagli obiettivi e dai punti di vista degli stakeholder, ai diversi livelli di un'azienda. Va notato che la modularizzazione potrebbe avere standard disponibili singolarmente o localmente, ma non forniti come standard per l'intera azienda.

Alcuni aspetti da considerare nella modularizzazione della quality engineering sono:

- l'attività di test nel suo complesso e le relative fasi di test;
- i prodotti di input e output;
- i componenti software come classi, programmi e package per ambiente di test;
- le interfacce tra diversi processi di quality engineering;
- le interfacce tra quality engineering e gestione dei rilasci e dei cambiamenti;
- le interfacce tra quality engineering e processi di sviluppo.

Come esempio pratico per la modularizzazione dei prodotti della qualità torniamo al nostro software dell'assicurazione. Supponiamo di avere un software per il ramo della *property insurance* con funzioni di gestione delle richieste, gestione dei contratti e gestione delle persone assicurate. Gli asset V&V sono, per esempio, test case, script per test manuali, ma anche risultati e report di test. Quindi l'immagine da cui vorremmo partire con il nostro esempio è quella in fig. 5.6.

5.3 Standardizzazione

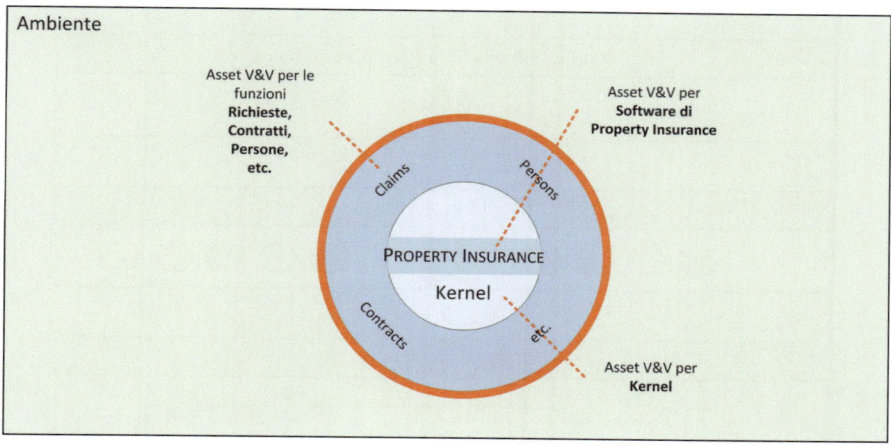

Figura 5.6: Modularizzazione - esempio di assicurazione

In questa fase i prodotti della qualità dovrebbero essere modellati sulla struttura del prodotto o parte di esso. La modularizzazione del prodotto della qualità in questo esempio significa costruire asset V&V per i vari livelli e per i loro componenti. Quindi possiamo distinguere per esempio tra:

- asset V&V per il kernel della verifica dei moduli e componenti;
- asset V&V per le varie funzioni di richiesta, contratti, persone etc. Per verificare tutti i requisiti della qualità funzionali e non;
- asset V&V per il software di Property Insurance nel suo complesso, per verificare che i processi di business possano essere presentati con la corretta qualità.

5.3 Standardizzazione

Il secondo step nel nostro metodo di industrializzazione della quality engineering è la standardizzazione. Un prerequisito per la standardizzazione è la modularizzazione. Di solito, il punto di partenza è tipicamente determinato attraverso workflow scomposti, definiti nel tempo, che includono le responsabilità date ai singoli. Questo funziona bene finché siamo disposti ad accettare che ogni persona o team organizzi da sé i propri flussi modularizzati e noi contiamo completamente sulle loro capacità, la loro esperienza, le loro previsioni e la loro disponibilità (cfr: 5.7). Questo è simile alla situazione di partenza nella modularizzazione.

Invece di richiedere esclusivamente i prodotti e contare sull'abilità e sull'esperienza delle persone durante lo sviluppo o la manutenzione, e la loro singola WBS (cfr: Secondo rettangolo in Fig. 5.7), i workflow seguiranno a questo punto WBS standarizzate (cfr: Terzo rettangolo in Fig. 5.7). La differenza con la modularizzazione è che in pratica la scomposizione dei workflow è predefinita. Tali strutture

110 Come possiamo implementare un framework per la right quality?

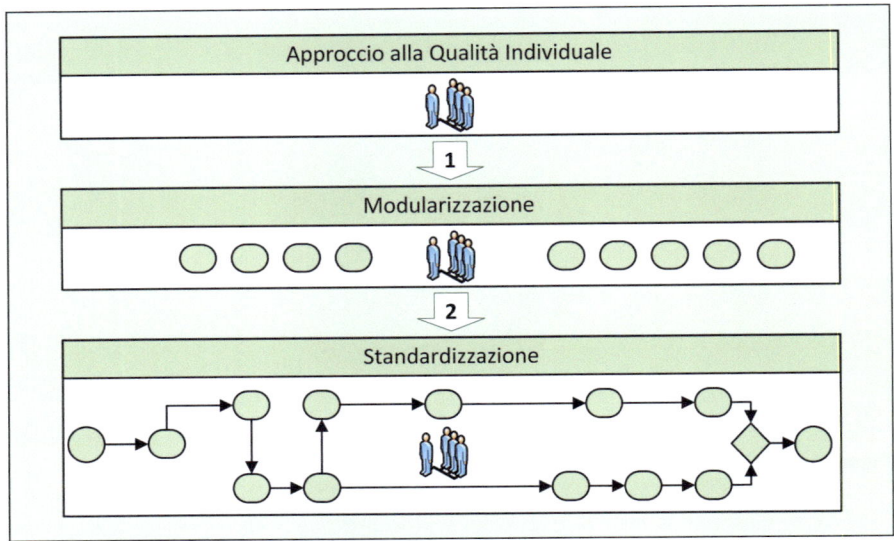

Figura 5.7: Secondo step - Standardizzazione del workflow QE

includono gli input richiesti, gli output attesi e le responsabilità totali date alle singole persone o team all'interno dei workflow. I workflow standardizzati sono accompagnati dalla gestione della qualità dove l'informazione sugli step intermedi sarà a questo punto disponibile.

La standardizzazione assicura che i processi strutturati e scomposti sono trasmessi atraverso l'azienda o una non identificata unità organizzativa. La standardizzazione fornisce l'opportunità di rendere sistematici gli approcci individuali dall'IQA – compiti, qualifiche, strumenti, etc. – in un approccio comune, dove ogni partecipante al processo deve accettare e seguire la propria definizione. Questo eviterà la definizione di nuovi workflow ogni volta che si inizia un progetto o un'attività e ridurrà la probabilità di fallimento dei processi se non vengono raggiunti gli obiettivi stabiliti.

Riguardo ai prodotti ICT, abbiamo ancora tutti i prodotti del ciclo di vita come parte dello sviluppo, della manutenzione e della gestione in esercizio. Potrebbero essere attività software e di documentazione, ma anche relative ai prodotti di qualità o agli asset V&V. Potrebbe anche essere l'intera realtà dei sistemi ICT o un'architettura aziendale completa. La standardizzazione in relazione ai prodotti assicura l'interscambiabilità e la riusabilità dei prodotti; supporta le linee di prodotto e le varianti, e prova ad eliminare ridondanze dove questo ha senso. Contrariamente alla modularizzazione, la standardizzazione non potrà essere effettuata senza un solido supporto complessivo dal management. Per beneficiare della standardizzazione è essenziale che gli standard siano stabiliti entro i confini della responsabilità personale e dei progetti.

Molti standard e bozze di standard sono disponibili per molti dei processi e prodotti rilevanti. Esempi di modelli di processo nello sviluppo e manutenzione sono

5.3 Standardizzazione

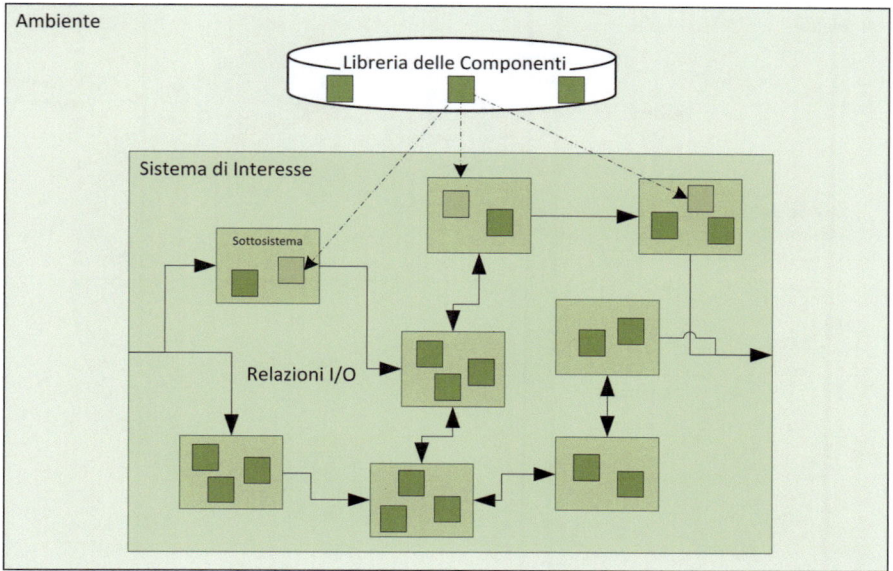

Figura 5.8: Standardizzazione - esempio di scomposizione del prodotto

CMMI (Chrissis et al. 2011) e SPICE (ISO-15504 2011); nelle attività di test sono TestSPICE (TestSPICE-PAM 2012) e (TestSPICE-PRM 2012), TMMI (van Veenendaal and Weels 2012), ISTQB (Spillner et al. 2011) e Tmap Next (Koomen et al. 2008); e per le attività di esercizio è ITIL (ITIL 2011). I modelli di processo sono per lo più completati dai modelli di valutazione per verificare e migliorare i processi. In maniera analoga, abbiamo molti standard dei prodotti e manufatti del ciclo di vita. Esempi in questo campo sono WSDL (WSDL 2007) per definire interfacce tecniche per servizi: UML (UML 2011) per descrivere e modellare tutti i prodotti nell'ingegneria del software; TOGAF, NAF, Zachman Framework, SAGA (Schekkerman 2006) per descrivere e modellare le architetture. Le interfacce devono usare i migliori standard disponibili. La standardizzazione, qui, è la precondizione per l'interscambiabilità e il riuso dei prodotti, i componenti del prodotto e i processi. Ed è anche un prerequisito per selezionare nuovi fornitori o sostituire un fornitore con un altro. Sono disponibili standard interni per unificare e facilitare lo scambio interno di informazioni, ma è preferibile un adattamento degli standard di settore, poiché ciò rende possibile l'interscambiabilità all'interno dell'azienda e tra aziende.

La standardizzazione dei prodotti è accompagnata da librerie di componenti per dare facilità di accesso a moduli e componenti standardizzati e specifici (cfr: Fig. 5.8).

Teoricamente, questo è supportato dai processi di gestione del rilascio e della configurazione che controlla l'uso e il numero di possibili varianti in un modo adeguato ed efficiente.

Alcuni aspetti da considerare nella standardizzazione della quality engineering sono:

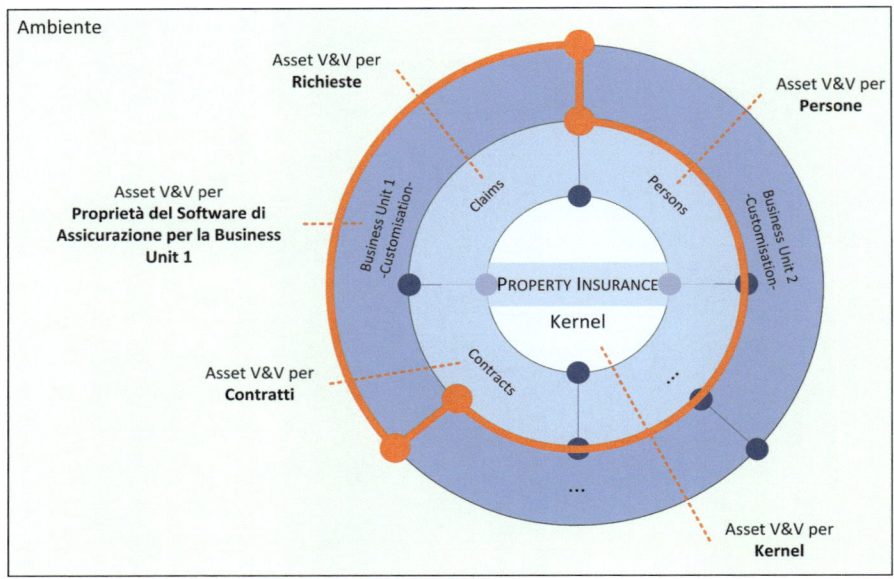

Figura 5.9: Standardizzazione - esempio dell'assicurazione

- verifica e validazione, prese nel loro insieme;
- modelli di processo appropriati, insieme ad analisi correlate e modelli di miglioramento;
- corretta qualità delle librerie di componenti;
- interfacce tra diversi processi della quality engineering;
- interfacce tra la quality engineering e la gestione dei rilasci e dei cambiamenti;
- interfacce tra la quality engineering e i processi di sviluppo.

Nella sezione 5.1 abbiamo fatto un esempio pratico nel campo delle assicurazioni per discutere le varie dimensioni e i loro impatti sulla quality engineering, i rispettivi prodotti e i prodotti della qualità. La standardizzazione ora fornisce l'immagine mostrata in fig. 5.9.

Da notare che qui stiamo discutendo altre dimensioni dell'industrializzazione. Dalla modularizzazione (cfr: Fig.5.6) sappiamo che i due cerchi interni comprendono le principali funzionalità e le funzionalità per le richieste, gestione dei contratti e delle persone. Abbiamo ora aggiunto un ulteriore livello che indica il software di assicurazione che deve essere implementato per diverse unità di business di un'azienda attraverso i mezzi di personalizzazione. Questo potrebbe essere il caso, per esempio, in cui un'azienda incorpora altre aziende.

Supponiamo che gli asset V&V consistano, per esempio, in modelli di test, test case, dati di test, script per i test manuali, ma anche risultati e report dei test. Nella standardizzazione l'obiettivo non è solo quello di definire gli standard per la quality engineering, ma anche di fornire asset V&V standardizzati per rendere i corrispondenti processi più efficienti. Questo può essere raggiunto, per dire, attraverso un portfolio standard di test case e i corrispondenti script di test per test funzionali sulle richieste, gestione di contratti e persone. Tali attività standard possono anche essere applicate all'attività di test dei processi di business in caso delle proprietà complessive del software di assicurazione per un particolare business unit. Questi asset V&V standardizzati possono essere di conseguenza adattati ad altri ambienti, cioè ad altre unità di business. Questo rende più efficiente e redditizia una verifica delle unità di business.

Il prodotto della qualità è spesso modulato sulla struttura del prodotto dato o parti di esso. Assumiamo di non avere le librerie del Kernel, per la gestione delle richieste, dei contratti, delle persone, etc. Quindi possiamo distinguere, per esempio, tra:

- asset V&V per il Kernel, per la verifica dei moduli, componenti e librerie;
- asset V&V per la gestione delle richieste;
- asset V&V per la gestione dei contratti;
- asset V&V per la gestione delle persone;
- asset V&V per la personalizzazione delle proprietà del software di assicurazione per una business unit.

5.4 Specializzazione

Il terzo step nel nostro metodo di industrializzazione della quality engineering è la specializzazione. I prerequisiti per la specializzazione sono la modularizzazione e la standardizzazione. Di solito, il punto di partenza è determinato attraverso i flussi standardizzati e scomposti, includendo le responsabilità date al singolo e al team.

Questo funziona bene finché siamo disposti ad accettare che ogni persona non sia uno specialista completamente autonomo rispetto ai flussi standardizzati. Ancora una volta contiamo totalmente sulle capacità, l'esperienza, la previsione e la disponibilità delle persone (cfr: Fig. 5.10). Ciò è simile alla situazione iniziale della standardizzazione.

Invece di richiedere semplicemente i prodotti standardizzati e contare sull'abilità e l'esperienza di figure non specializzate durante lo sviluppo o la manutenzione e le relative WBS standard (Terzo rettangolo in fig. 5.10), i workflow saranno strutturati in modo che figure esperte per la parte corrispondente del flusso compiranno le relative attività (Quarto rettangolo in fig. 5.10). La differenza con la modularizzazione e la standardizzazione è in realtà che la scomposizione e la strutturazione dei flussi e prodotti sono ora modellati da specialisti invece che da risorse non esperte. Tali strutture includono ancora gli input richiesti, gli output attesi e le responsabilità. I flussi standardizzati e specialistici sono anche abbinati alla gestione della qualità. L'informazione sugli step intermedi del flusso e i prodotti intermedi saranno anche disponibili analogamente a quanto visto nella standardizzazione.

La specializzazione assicura che non solo i processi di standardizzazione siano condotti in tutta l'azienda, o l'unità organizzativa autonoma, ma anche che le persone abbiano la corretta qualifica per le attività che devono effettuare. La specializzazione fornisce l'opportunità di modificare gli approcci generici – attività, qualifiche,

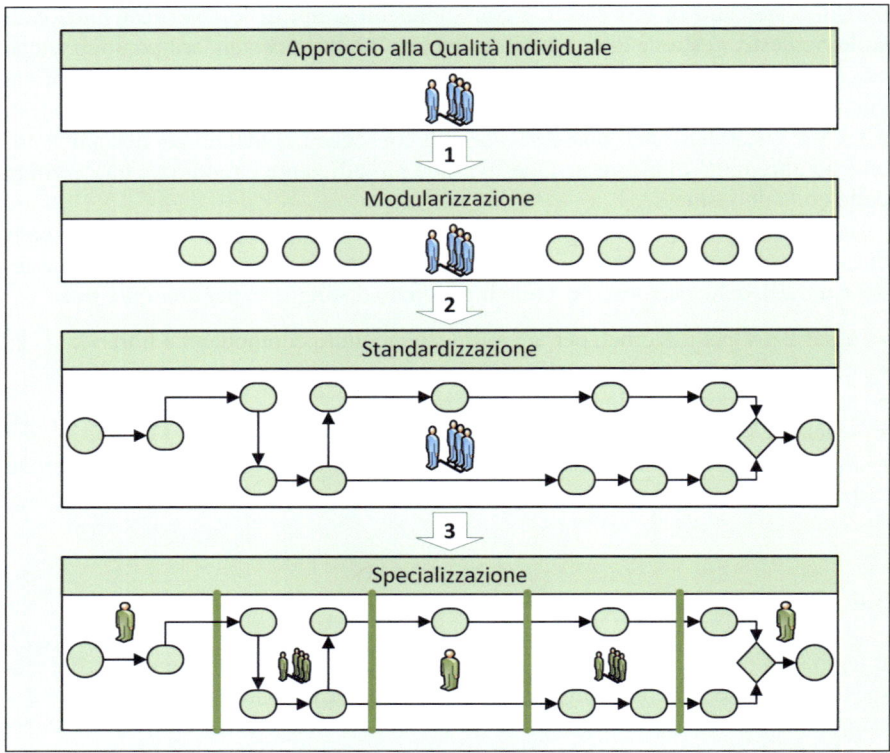

Figura 5.10: Terzo step - Specializzazione del flusso QE

strumenti – in un approccio ibrido che unisce esperti e non esperti al momento giusto e al posto giusto. Questo eviterà anche la perdita di tempo e di efficienza degli attori chiave. Su questa base è possibile migliorare, riducendo l'impegno tramite risorse (persone e tecnologia) con una migliore qualifica o riducendo i costi attraverso la sostituzione delle proprie risorse con fornitori specialistici. La specializzazione nei processi e nelle attività crea nuove opportunità per le persone e dà origine ad attività cross e concetti di outsourcing (cfr: Young et al. 2008 per una discussione completa sull'outsourcing). In ambiti in cui avevamo figure come quality manager e test manager, ricoperte da risorse non esperte che svolgevano da soli tutti i compiti previsti dal loro ruolo, possiamo ora differenziare meglio le attività e creare nuovi ruoli come process manager, quality manager e product manager nel campo della qualità ICT dell'azienda. Nel campo della quality engineering nuovi ruoli includono test manager, test engineer, test architect, test designer, esperti di performance, esperti e tester di sicurezza per l'esecuzione dei test. Questo eviterà che le persone non siano abbastanza motivate o che siano strapagate a causa della loro qualifica superiore. I flussi diventeranno più efficienti e redditizi.

Dando uno sguardo ai prodotti ICT, abbiamo ancora tutti i prodotti del ciclo di vita come parte dello sviluppo, della manutenzione e dell'esercizio. Potrebbero es-

5.4 Specializzazione

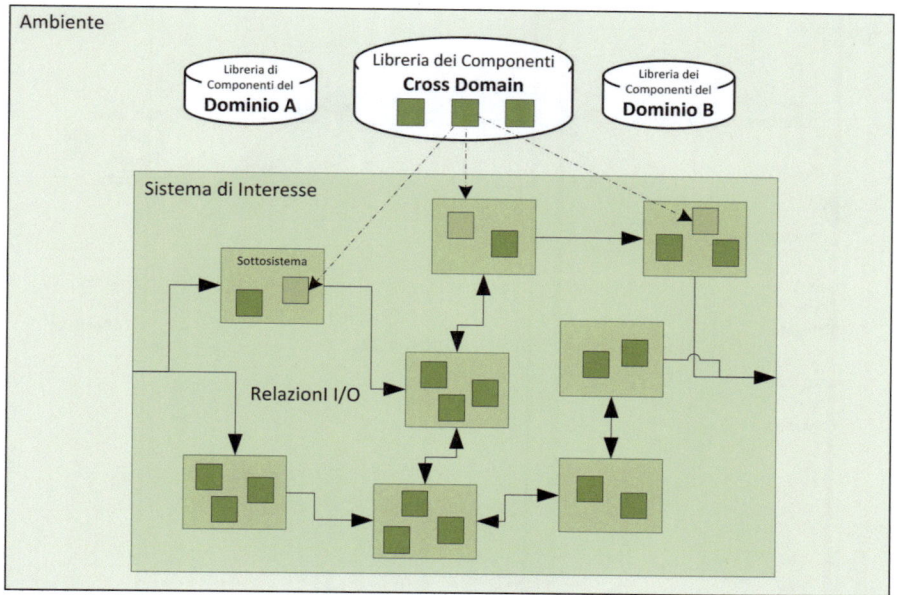

Figura 5.11: Specializzazione - esempio di scomposizione del prodotto

sere la realtà dei sistemi ICT, ma anche l'architettura aziendale complessiva. La specializzazione assicura una maggiore flessibilità e riusabilità dei prodotti perché possiamo a questo punto fare uso del know-how e dell'esperienza di specialisti. La realizzazione e la scomposizione dei prodotti sono focalizzate su specifici aspetti, che spesso sono correlati alla quality engineering e alla software engineering; supportano linee di prodotto del settore e relative varianti, separano i componenti tecnici dai componenti specifici di business e, dove ha senso, provano ad eliminare le ridondanze. Diversamente dalla modularizzazione, ma analogamente alla standardizzazione, la specializzazione non è possibile senza un forte supporto a livello aziendale dal management. Per beneficiare della specializzazione è essenziale che gli standard siano stabiliti entro i confini delle responsabilità personali e dei progetti. Per realizzare il potenziale di questa dimensione è necessario conoscere le abilità e le competenze richieste per gli aspetti rilevanti che devono essere trattati dall'organizzazione. È anche essenziale che l'azienda abbia le skill e un percorso di crescita del personale appropriati.

La specializzazione del prodotto è ottenuta dalle librerie dei componenti cross-dominio dando facile accesso ai moduli e ai componenti standardizzati da un punto di vista tecnico e di business (cfr: Fig. 5.11). Teoricamente, questo è supportato dai processi di gestione dei rilasci e gestione della configurazione, controllando l'uso e il numero di possibili varianti in un modo adeguato ed efficiente.

Alcuni aspetti da considerare nella specializzazione della quality engineering sono:

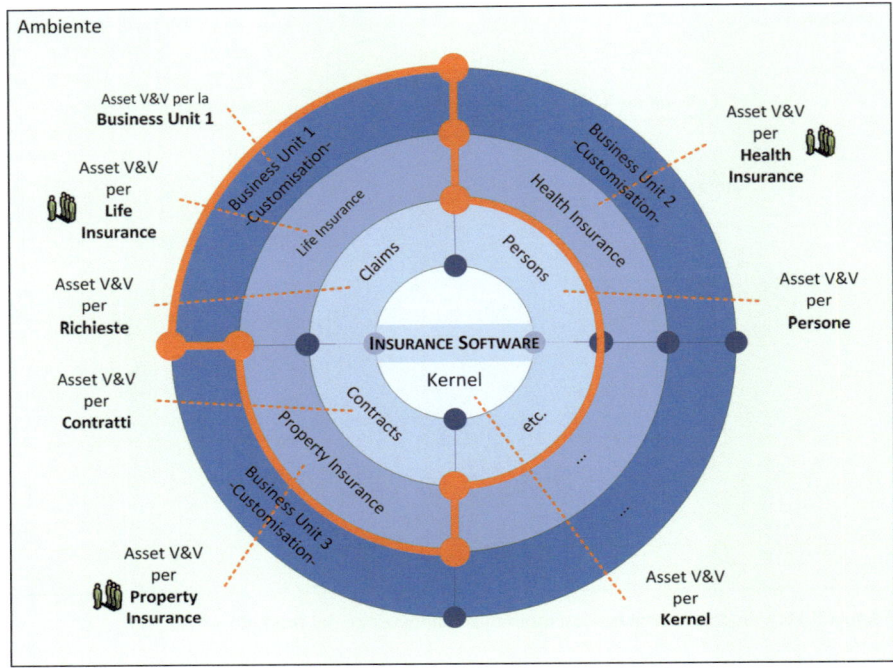

Figura 5.12: Specializzazione - esempio dell'assicurazione

- verifica e validazione prese nel complesso;
- modelli di processo standardizzati, insieme con le relative analisi e modelli di miglioramento;
- concetti standardizzati delle skill, competenze e ruoli specializzati per la verifica e la validazione;
- costruzione del team per specifici ruoli e compiti da eseguire;
- corretta qualità delle librerie di un dominio specifico, così come la corretta qualità delle librerie cross-dominio;
- interfacce tra diversi processi di quality engineering;
- interfacce tra la quality engineering e la gestione dei rilasci e dei cambiamenti;
- interfacce tra la quality engineering e i processsi di sviluppo.

Nella sezione 5.1 abbiamo iniziato con un esempio pratico nel campo dell'assicurazione per discutere le varie dimensioni e gli impatti sulla quality engineering, i rispettivi prodotti e i prodotti della qualità. La specializzazione ora fornisce l'immagine di fig. 5.12. Da notare che in questo contesto stiamo discutendo altre dimensioni dell'industrializzazione.

Dalla standardizzazione (cfr: Fig. 5.9) sappiamo che i due cerchi interni comprendono le funzionalità di Kernel e le funzionalità per le richieste, la gestione dei contratti e delle persone: inoltre viene inserito un ulteriore cerchio che rappresenta le business unit. Possiamo, quindi, aggiungere un livello intermedio per i rami dell'insurance business, per indicare che gli specialisti coinvolti sono di grande beneficio durante lo sviluppo e la manutenzione del software assicurativo, ma anche nella quality engineering. Questo potrebbe anche avere come risultato l'acquisizione di altre aziende.

Supponiamo che gli asset V&V consistano, per esempio, in modelli di test, test case, dati di test, script per test manuali, come pure i risultati e i report dei test. Nella specializzazione, c'è l'obiettivo non solo di definire sottoprocessi specializzati per la quality engineering, ma anche di avere un approccio ibrido più efficiente per assegnare specialisti a questi sottoprocessi. Questo è anche vero per il lavoro sugli asset V&V e può essere ottenuto, per esempio, attraverso la specializzazione proveniente dalle richieste di business come la property insurance, la life insurance o la car insurance. Questo può essere anche ottenuto effettuando una specializzazione tramite i processi della quality engineering. Per esempio, emergono nuovi ruoli come test order manager, test architect e test designer. Questo rende la verifica più efficiente e redditizia.

Il prodotto della qualità è più spesso modellato secondo la struttura del prodotto dato o parte di esso. Assumiamo che abbiamo librerie per il Kernel, la gestione delle richieste, la gestione dei contratti e quella delle persone. Potrebbero esserci anche librerie per la property insurance, la life insurance o la car insurance. Quindi possiamo distinguere, per esempio, tra:

- asset V&V per il Kernel per verificare i moduli, i componenti e le specifiche librerie;
- asset V&V per la gestione delle richieste, la gestione dei contratti, la gestione delle persone, etc., per verificare i requisiti di qualità funzionali e non funzionali;
- asset V&V per la life insurance e la property insurance per verificare i requisiti di qualità funzionali e non funzionali;
- asset V&V per il software di assicurazione delle unità di business, per verificare i requisiti di qualità del processo di business e requisiti di qualità funzionali e non funzionali come performance e sicurezza all'interno delle unità di business stabilite e loro personalizzazione.

5.5 Automazione

Il quarto step nel nostro metodo di industrializzazione della quality engineering è l'automazione. I prerequisiti per l'automazione sono modularizzazione, standardizzazione e specializzazione. Di solito, il punto di partenza per la specializzazione è tipicamente determinato dai flussi standardizzati e scomposti, includendo responsabilità date alle persone in un approccio ibrido. Questo significa che loro sono i più adatti per il rispettivo ruolo e che sono specialisti nel loro campo. Questo funziona bene finché siamo disposti ad accettare che ogni persona sia necessaria nei flussi standardizzati e non può essere efficientemente sostituita dall'automazione di task ripetitivi. Contiamo ancora sulla capacità, l'esperienza, la capacità previsionale e la disponibilità del singolo, ma anche sulla sua velocità e sul suo comportamento che potrebbe essere propenso all'errore (cfr: Fig. 5.13). Questo è simile alla situazione di partenza della specializzazione e della standardizzazione.

L'automazione significa sempre sostituire attività manuali con quelle automatizzate. Le persone sono sostituite dagli automi (robot). Questa definizione potrebbe essere applicata in genere ai processi nella produzione delle auto, ma anche ai processi di business, ai processi di sviluppo e di quality engineering, e alla gestione in esercizio.

Ecco i benefici dell'automazione per le altre dimensioni di industrializzazione:

- La modularizzazione fa un passo avanti, poiché apre la struttura interna di automazione. L'automazione è più efficiente se le funzioni, i moduli e i componenti possono essere riusati. Vengono ridotti l'impegno e la complessità di manutenzione con conseguenti effetti collaterali inattesi, per dare stabilità e soluzioni in linea con i tempi di commercializzazione. Infatti, la modularizzazione richiede architettura stratificata e automatizzata, che permette l'implementazione dei framework riutilizzabili. I componenti rilevanti per i processi possono essere separati da componenti contenenti funzioni arricchite per diversi tool usati in automazione. Di conseguenza questo approccio supporta il riuso sostenibile di asset V&V per diverse aziende e progetti.
- La standardizzazione riduce il numero di processi che crea l'output dallo stesso input. Se i processi non sono standardizzati e sono consentite varianti, diverse soluzioni di automazione sono necessarie. Di conseguenza, l'implementazione e la manutenzione dell'automazione porta ad alti costi, a causa della ridondanza e della complessità delle soluzioni di automazione.
- La specializzazione separa la conoscenza per i diversi ruoli nel processo di automazione. In aggiunta alla conoscenza del processo, abbiamo la conoscenza tecnica sulle tecnologie e framework di automazione. La specializzazione comprende due aspetti: vengono separate le aree con nessuna sovrapposizione e vengono definiti i ruoli che gli esperti della problematica in oggetto devono ricoprire, cioè in un approccio di factory. Quindi l'automazione rende i processi più efficienti, ma fornisce anche una buona base per i modelli di consegna diversi, come l'attività di test off-shore.

In generale, quando i processi sono analizzati e considerati un asset per il business, si può iniziare identificando le parti ripetitive del lavoro da ottimizzare. Queste parti dovrebbero teoricamente essere automatizzate. Dopo un'iniziale implementazione, l'automazione ha bisogno di un certo numero di esecuzioni per raggiungere il corretto RoI. Perciò, per ogni attività all'interno di un processo, anche per un processo completo, deve essere determinato il possibile livello di automazione.

Ci saranno attività che richiedono molte interazioni umane e sono eseguite in ambienti complessi, o applicazioni back-office, eseguite in batch, che girano ogni notte senza interazione umana. L'automazione può variare da attività individuali ad esecuzioni automatiche di intere catene di processi. Per sistemi legacy, tipici schemi possono essere le attività di copia-e-incolla manuali da un tool a un altro, o i quality check ripetitivi che richiedono troppo tempo su dati dell'applicazione eseguiti, con lo scopo di produrre informazioni già disponibili per altri sistemi.

5.5 Automazione

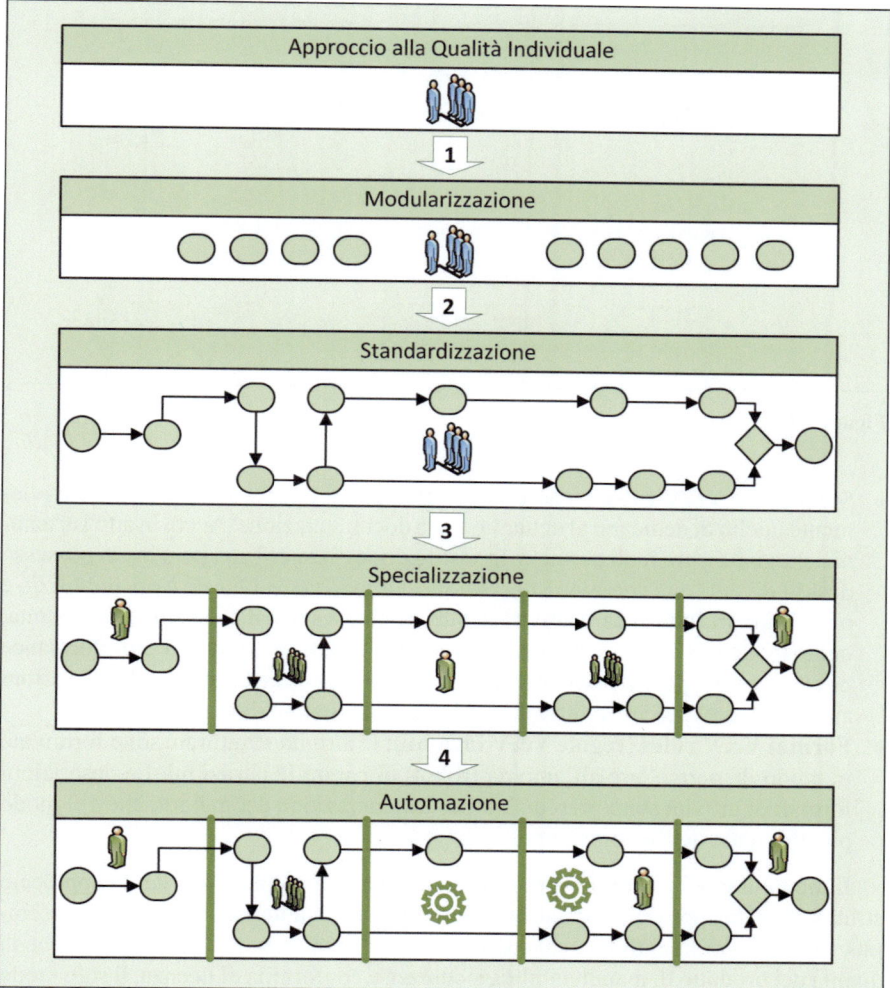

Figura 5.13: Quarto step - automazione di flussi QE

Le attività eseguite di frequente come rappresentato in fig. 5.14 sono i candidati ideali per l'automazione. Hanno diverse caratteristiche a seconda di come sono automatizzate.

- **Individual V&V rules (regole V&V individuali)**: si tratta di attività fortemente dipendenti dalle esecuzioni individuali delle attività. Gli esperti della materia in oggetto eseguono attività scarsamente documentate. I risultati dipendono dalla conoscenza e dall'aspettativa individuale. Ogni ripetizione differirà leggermente dalle decisioni prese direttamente durante l'esecuzione. L'assenza di esperti comporta il rischio di un blocco del processo con nessuna alternativa per la sostituzione degli esperti.

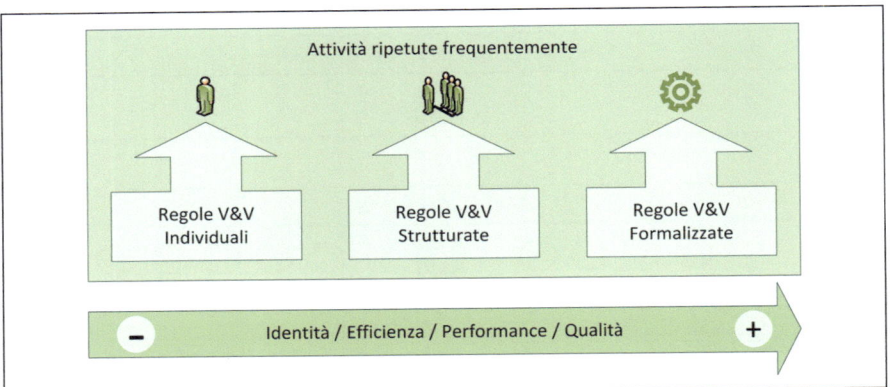

Figura 5.14: Automazione - regole di verifica e validazione

- **Structured V&V rules (regole V&V strutturate)**: il passo successivo è ovviamente quello di dedicarsi al dettaglio della documentazione. Avere in atto istruzioni dettagliate e graduali permette la sostituzione di esperti con persone in possesso di skill diversi, che compiono operazioni automatizzate. Questo è più redditizio e offre l'opportunità di dare attività in outsourcing a specialisti esterni. In aggiunta, ogni ripetizione sarà identica e indipendente da chi la effettua. Le performance possono essere potenziate coinvolgendo più persone che effettuano le operazioni automatizzate: perciò, si ottiene la riduzione del tempo di esecuzione.
- **Formal V&V rules (regole V&V formali)**: le attività strutturate sono formulate in modo da permettere all'automa (robot) di capire le istruzioni. Le descrizioni formali di attività sono prerequisiti per la generazione dei metodi, che è il modo più efficiente dell'automazione.

Il modo di trasformare un approccio individuale di regole V&V da un approccio strutturato a un approccio formalizzato è il processo di automazione in sé. Per esempio, se ci sono milioni di linee di codice da controllare, in base alle caratteristiche di qualità del prodotto di manutenibilità, sicurezza e conformità di licenza, il solo modo per fare questo efficientemente è l'automazione. Lo step verso un approccio strutturato fornisce concretezza nella condivisione del lavoro tra persone diverse. Le revisioni del codice con l'uso di tool facilitano l'implementazione di tecnologie appropriate e fanno risparmiare tempo e costi. In aggiunta, la ripetibilità garantisce la capacità di benchmarking. Gli indicatori e le misurazioni possono semplicemente essere strumenti per aumentare la qualità dell'applicazione. L'automazione è essenziale per la gestione della qualità del codice sostenibile rispetto alla qualità del prodotto. Una simile situazione si fonda sull'esecuzione dei test. La necessità di automazione è data da un approccio agile, cicli di aggiornamento o di un numero sufficiente di test di regressione in manutenzione. L'approccio strutturato di descrivere test case in modo completo, con sufficienti dettagli di documentazione, permette a tester non esperti di subentrare in questi task, cosicché gli esperti della materia in oggetto possono dedicarsi ad altri lavori creativi. Applicare parole chiave o action-word guidate

5.5 Automazione

da linguaggi di descrizione dell'automazione per i test case aumenteranno l'efficenza, le performance e la qualità dei corrispondenti test. Incrementare il numero di test case non avrà nessun grande impatto sull'esecuzione e tempo di manutenzione.

L'automazione in sé può essere vista come lo sviluppo di un progetto, all'interno del ciclo di vita del progetto stesso, contenendo tutte le tipiche fasi di analisi, design, implementazione, test e operazione. Tre aspetti devono essere risolti:

1. I processi hanno necessità di essere analizzati rispetto alla stabilità e ripetibilità. Se questi criteri non sono soddisfatti, l'automazione si rivolge a target dinamici e come conseguenza l'impegno di manutenzione è alto: nel peggiore dei casi, l'automazione non è fattibile.
2. L'automazione è più efficiente se il design e l'implementazione sono basati sulla generazione di approcci – invece di approcci di interpretazione – mettendo insieme i modelli diversi per creare una soluzione e generare gli script per l'esecuzione.
3. L'automazione è un approccio a lungo termine, specialmente quando usata in azienda. Di conseguenza, l'organizzazione del team deve essere impostata in modo che possano essere garantite la manutenzione e la gestione in esercizio del sistema automatizzato. Abbiamo anche bisogno di indicatori di qualità e di performance per continue misure e controlli, come base per miglioramenti continui dovuti ai cambiamenti di processo o ad una tecnologia migliore.

Dal nostro punto di vista, l'automazione riguarda la separazione del processo dai suoi propri prodotti.

I prodotti e le soluzioni devono essere in grado di rivolgersi a diverse infrastrutture e ambienti, così come ad una varietà di processi di quality engineering. Perciò, l'automazione deve essere parte di un'opportuna gestione dei rilasci e del processi di change management.

Entrando nel dettaglio dei processi della quality engineering, altre classificazioni possono essere utili. Le attività manuali, come parte dei processi, forniscono una mappa per implementare l'automazione. Questo varia da "nessuna automazione" all'"automazione dell'esecuzione del processo" come rappresentato in fig. 5.15. Questo modello di livelli di automazione permette di fermare l'implementazione dell'automazione quando il livello desiderato è stato raggiunto. A quale livello fermarsi dipende principalmente dal budget e dai parametri di tempo, dagli skill delle persone e dal residuo ciclo di vita del corrispondente prodotto.

Tipicamente, l'ambiente V&V di fornitura e inizializzazione (1) è un task set a bassa efficienza ma essenziale per la produttività della quality engineering e la ripetibilità per la regressione e il benchmarking. In molti casi l'automazione di questo tipo di attività rivela molti benefici. L'evoluzione dei risultati dopo l'esecuzione (2) porta via molto tempo ed è propensa agli errori perché deve essere analizzata una vasta quantità di dati. L'automazione della valutazione permette valutazioni nel tempo, ma anche l'analisi del set completo dei dati. Non c'è più necessità di avere un esempio random di tali dati.

Raggiungere questi dati automaticamente significa anche che i dati richiesti possono essere ripristinati durante la fornitura e l'inizializzazione. Combinando tutte le attività V&V per la fornitura e l'inizializzazione, per l'esecuzione, la valutazione e

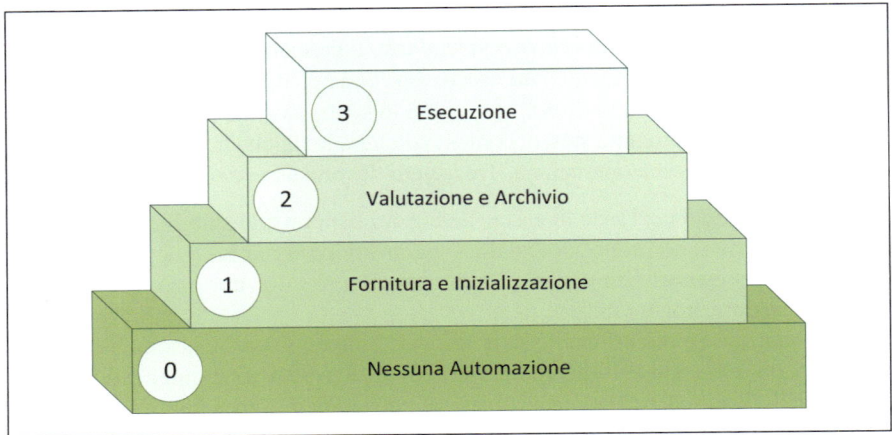

Figura 5.15: Gradi di automazione

l'archivio, raggiungiamo il livello più alto. Un importante prerequisito per il livello 3 è un prodotto stabile e un ambiente V&V.

Nella sezione 5.1 abbiamo fatto un esempio pratico nel campo assicurativo per discutere le varie dimensioni e i loro impatti sulla quality engineering e i relativi prodotti, e prodotti della qualità. L'automazione ora fornisce l'immagine mostrata nella Figura 5.16. Da notare: abbiamo discusso altre dimensioni di industrializzazione. Dalla specializzazione (cfr: Fig. 5.12) sappiamo che i tre cerchi più interni comprendono le funzionalità principali, le funzionalità di gestione delle richieste, gestione dei contratti e delle persone e i set di abilità separati, cioè property insurance e life insurance. Abbiamo cambiato il livello più esterno di assicurazione dalle unità di business a unità di business per paese, solo per indicare che più usiamo gli asset di qualità standardizzati, più benefici otteniamo quando li applichiamo alle diverse unità organizzative. Questo potrebbe essere pure il risultato di altre aziende nazionali o estere acquisite.

Supponiamo che gli asset V&V consistano ancora, per esempio, in modelli di test, test case, dati di test, script per test manuali, ma anche risultati e report di test. Nell'automazione l'obiettivo è automatizzare gli asset V&V per tutte le parti dei processi. In questa dimensione abbiamo bisogno di specialisti per l'implementazione, così come abbiamo bisogno di strumenti e strutture appropriate. Per esempio, emergono nuovi ruoli come progettista dei test di automazione, amministratore dei test di automazione e ingegnere dei test di automazione. Questo rende la verifica più efficiente e redditizia.

La qualità del prodotto è più spesso modellata sulla struttura del dato prodotto o parte di esso. Assumiamo di avere librerie per il Kernel, per la gestione delle richieste, dei contratti e delle persone. Potrebbero esserci altre librerie per la property insurance, la life insurance e la car insurance per una business unit in uno o più paesi.

Ma abbiamo anche gli asset di automazione V&V come indicato sopra. Quindi possiamo differenziare per esempio tra:

5.5 Automazione

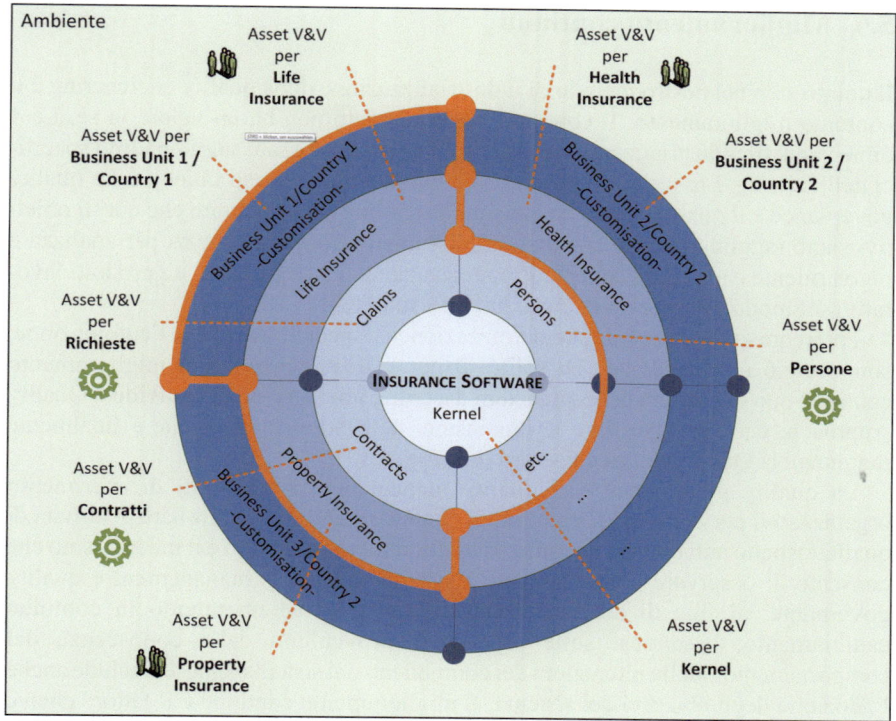

Figura 5.16: Automation - esempio di assicurazione

- Asset V&V per il Kernel, per verificare moduli, componenti e specifiche librerie, entrambi manuali o automatizzati.
- Asset V&V per la gestione delle richieste, dei contratti, delle persone, etc., per verificare requisiti funzionali e non, sia in maniera manuale che automatizzata.
- Asset V&V per la life insurance e la property insurance, per verificare requisiti di qualità funzionali e non, sia manualmente sia automaticamente.
- Asset V&V per il software di assicurazione delle unità di business, per verificare i requisiti di qualità dei processi di business e i requisiti di qualità funzionali e non, come performance e sicurezza, all'interno delle unità di business date e loro personalizzazione. In questo caso abbiamo anche la scelta tra procedure manuali o automatizzate.
- Implementazione e manutenzione degli asset V&V di automazione;
- Amministrazione del sistema V&V automatizzato.

5.6 Miglioramento continuo

Il quinto step nel nostro metodo di industrializzazione della quality engineering è il continuo miglioramento. Il continuo miglioramento non ha un valore in sè. Le 4 dimensioni di industrializzazione descritte finora sono basate sugli obiettivi specifici dell'azienda. I processi e i prodotti sono modellati su questi obiettivi. La quality governance e il quality management sono discipline per assicurare che questi obiettivi siano raggiunti, ed un continuo miglioramento fornisce i mezzi per analizzare regolarmente e sistematicamente l'organizzazione, i suoi processi e i prodotti lavorativi sul modo di avere un ICT produttivo e redditizio.

I prerequisiti, come per la standardizzazione, la specializzazione e l'automazione, sono perciò non necessari. Di solito, il punto di partenza per il miglioramento continuo può essere una delle situazioni descritte, iniziando con l'Individual Quality Approach, che va verso tutte le dimensioni dell'industrializzazione e finalmente raggiunge la Quality Service Factory (cfr: Fig. 5.17).

La quality governance e il quality management sono punti di riferimento organizzativi per definire gli obiettivi di qualità e stabilire e controllare le attività di qualità rispetto agli obiettivi definiti. Il miglioramento continuo è il meccanismo che consente di osservare continuamente i sistemi di quality management e quality governante, al fine di adattare entrambi i sistemi ad un mondo in continuo cambiamento, basandosi sulle esperienze provenienti dalla conoscenza del comportamento e delle interazioni dei componenti del sistema. Questo include anche l'adozione degli obiettivi del sistema. Il miglioramento continuo è il fattore chiave nel definire e implementare la corretta qualità. Ci fornisce processi ICT e prodotti ICT affidabili, non eccessivi, ma anche non difficili da realizzare. Fornisce il meccanismo per sviluppare l'industrializzazione dall'efficacia all'efficienza, ridefinendo la modularizzazione, la standardizzazione, la specializzazione e l'automazione controllate dalla struttura creata dalla quality governance, dal quality management e dal portfolio management.

Anche se abbiamo compiti ben definiti (modularizzazione), processi standardizzati, metodi e procedure (standardizzazione), definizione di competenze e ruoli, persone formate, recruitment definito e programmi di formazione (specializzazione) e, per ultimo, strutture di automazione stabilite (automazione), è richiesta una continua valutazione sulla situazione aziendale che tenga conto dei cambiamenti nel mercato, delle mutevoli condizioni di business, dei nuovi modelli di business, delle capacità correnti e delle capacità dell'azienda. Per decidere attentamente i cambiamenti dell'azienda abbiamo anche bisogno degli indicatori chiave di performance e degli indicatori chiave di qualità per i processi ICT e prodotti ICT. Per essere applicato efficacemente, il miglioramento continuo deve essere avviato con il primo step di industrializzazione.

Tutti gli aspetti descritti precedentemente nel nostro viaggio verso l'industrializzazione della quality engineering dovrebbero essere controllati dopo l'implementazione. I feedback e le esperienze devono essere raccolte e fornite in un portale di Quality Intelligence per decisioni sostenibili. In un primo livello, feedback e impressioni personali sono i più preziosi: aggiungendo più dettagli e concetti misurabili per

5.6 Miglioramento continuo

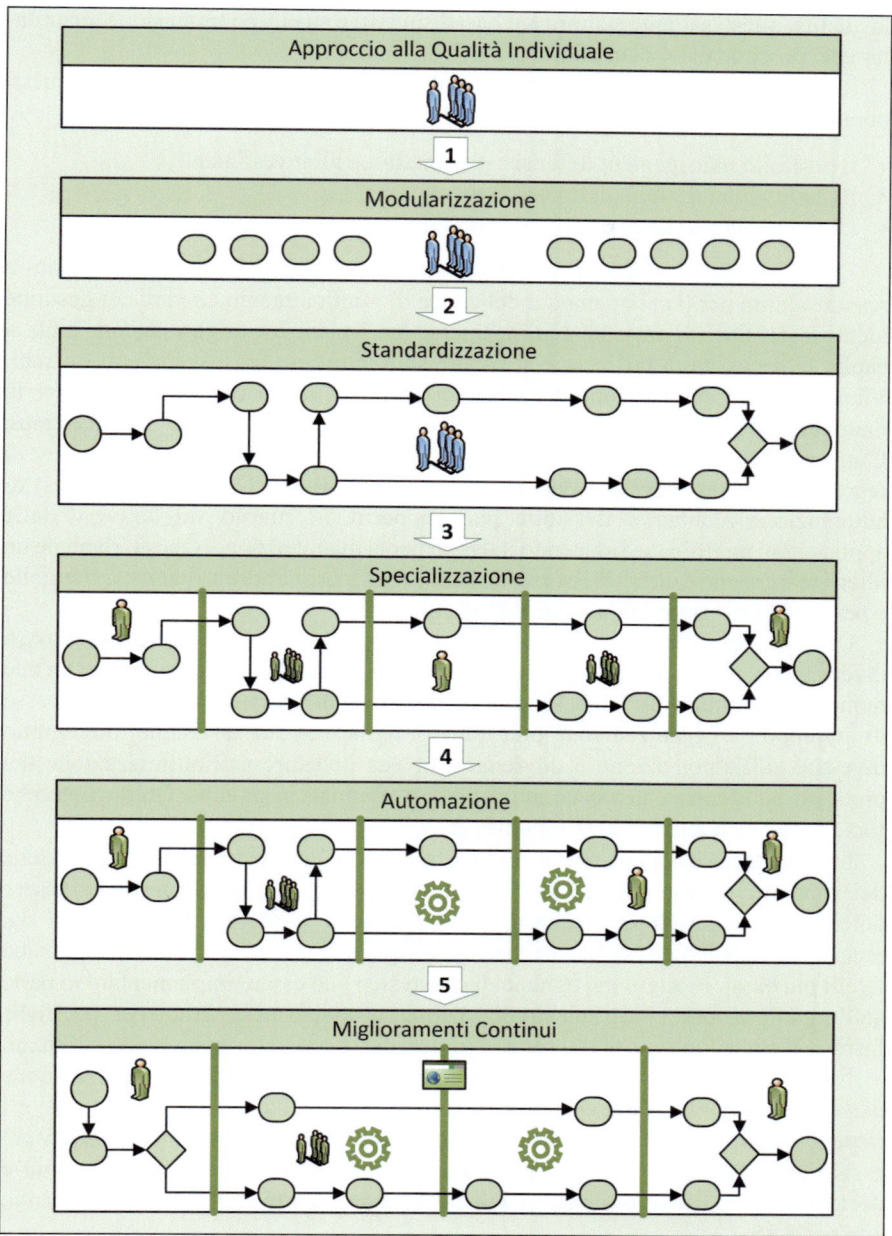

Figura 5.17: Quinto step - continuo miglioramento del flusso QE

la qualità, questi saranno sempre più basati sui fatti e su una comprensione quantitativa dei processi e dei risultati.

Un importante collegamento alle discipline di gestione è rappresentato da questi punti:

- Il portfolio management definisce gli obiettivi e gli investimenti;
- Il quality management definisce le regole;
- La quality governance definisce i controlli.

Un approccio strutturato per il miglioramento continuo fornisce meccanismi e responsabilità per il collegamento delle idee di miglioramento alle aree di gestione identificate. Questo assicura l'allineamento tra i piani e i miglioramenti; aiuta a capire le necessità di business e si riflette sull'equilibrio tra investimenti e rischi. Viene fornita l'automazione dei test, per esempio, in un certo momento per la manutenzione e per l'esecuzione prima che un prodotto ICT sia rilasciato. L'automazione dei test soddisfa l'obiettivo di mantenere un'alta copertura di test di regressione in un breve periodo di tempo di esecuzione. Una struttura di test di automazione altamente flessibile può sopperire al ritardo sul delivery delle applicazioni modificate, riducendo il tempo per la manutenzione. Questo richiede un ulteriore impegno e ulteriori risorse, al fine di creare una struttura altamente flessibile e per svolgere il lavoro di manutenzione.

Una volta che il miglioramento continuo è messo in atto, emergeranno nuove e diverse problematiche. Perchè la consegna è così in ritardo? Perchè abbiamo un tale numero di cambiamenti? Si basano su requisiti o su difetti trovati tardi nel processo di sviluppo? L'organizzazione può quindi vagliare la sua decisione: dovremmo investire sull'automazione o dovremmo invece investire sull'ottimizzazione del processo, sulla consegna o su un'attività di test effettuata in anticipo. Questo potrebbe forse portare a compiti nuovi o modificati.

In relazione alla dimensione, il grado di interazione con i partner e la composizione dei prodotti, la necessità di stabilire livelli di industrializzazione deve essere determinata e introdotta in una maniera scalabile. Molti benefici derivanti dai precedenti step di industrializzazione possono già essere usati a nostro vantaggio dai livelli più bassi. In aggiunta, ognuno di questi step può essere implementato in parte dall'organizzazione, cioè l'industrializzazione può essere messa in atto per specifiche fasi V&V come l'attività di test senza che i test di accettazione utente siano effettuati.

Nella sezione 5.1 abbiamo dato un esempio pratico nel campo dell'assicurazione per discutere le varie dimensioni e il loro impatto sulla quality engineering e i rispettivi prodotti e i prodotti della qualità. I miglioramenti continui possono ora essere applicati quando le aziende iniziano a considerare la tecnologia cloud e decidere sul suo uso. L'ultima immagine del nostro esempio nel campo assicurativo è in fig. 5.18.

Concludendo questa sezione sul miglioramento continuo, possiamo porci alcune domande che devono trovare risposta in una situazione concreta:

- Cosa deve essere cambiato nei prodotti dei processi aziendali?
- Quali asset V&V sono influenzati da questi cambiamenti?

5.7 House of Quality risultante

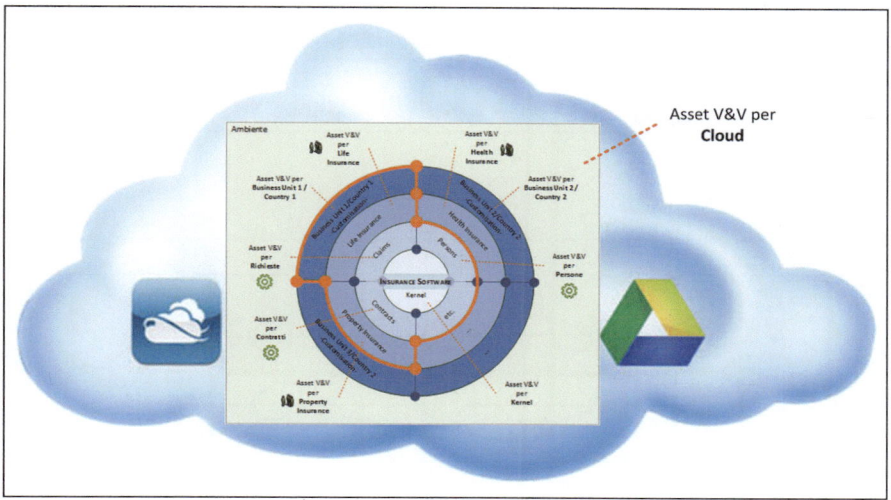

Figura 5.18:   Esempio assicurativo - miglioramento continuo

- La quality engineering nel suo complesso è un candidato per i cambiamenti?
- Possiamo usare la tecnologia cloud per le attività di quality engineering?
- Possiamo applicare gli asset V&V correnti alla tecnologia cloud?
- Cosa cambia quando gli asset V&V non sono cloud compatibili e si decide di non applicarli?

5.7 House of Quality risultante

L'immagine finale del processo di industrializzazione deve essere sviluppata dalla sezione 5.1 fino alla 5.6. Alla fine del nostro viaggio, che è iniziato con l'Individual Quality Approach e nel quale abbiamo esaminato le varie dimensioni di industrializzazione – modularizzazione, standardizzazione, specializzazione, automazione, miglioramento continuo –, siamo giunti alla Quality Service Factory. Ricordiamo il punto iniziale e ora esaminiamo la situazione finale in fig. 5.19.

Dentro il secondo rettangolo troviamo un flusso scomposto che consiste in quattro fasi, con la fase iniziale sulla sinistra, la fase finale sulla destra e in parallelo due fasi per l'esecuzione di attività simili. In questi due flussi lavorano persone qualificate e vengono eseguite strutture di automazione adeguate per l'esecuzione efficiente degli ordini in entrata. Per una descrizione dettagliata rimandiamo al capitolo 6.

La risultante "Industrialised House of Quality" contiene ora tutte le dimensioni di industrializzazione, iniziando dal IQA e concludendo con la QSF, e in aggiunta è consolidata l'attività dalle discipline di gestione della quality governance e del quality management (cfr: Fig. 5.20).

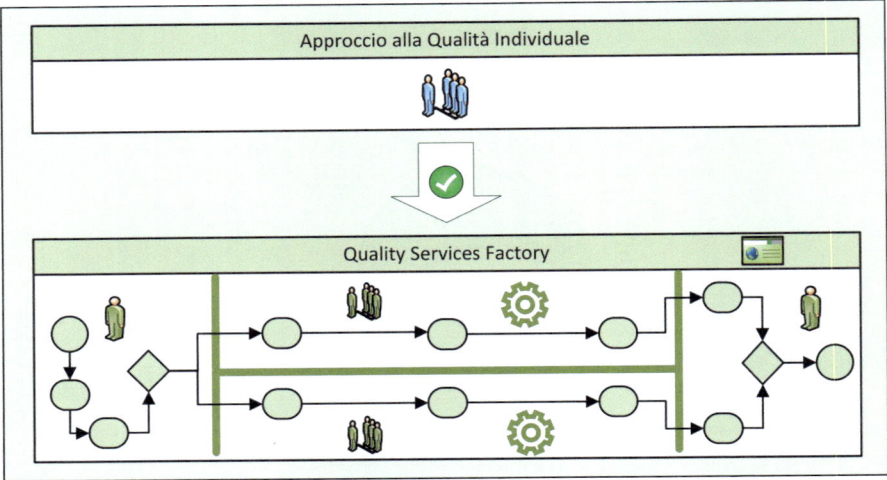

Figura 5.19: Il processo di industrializzazione è completo - QSF

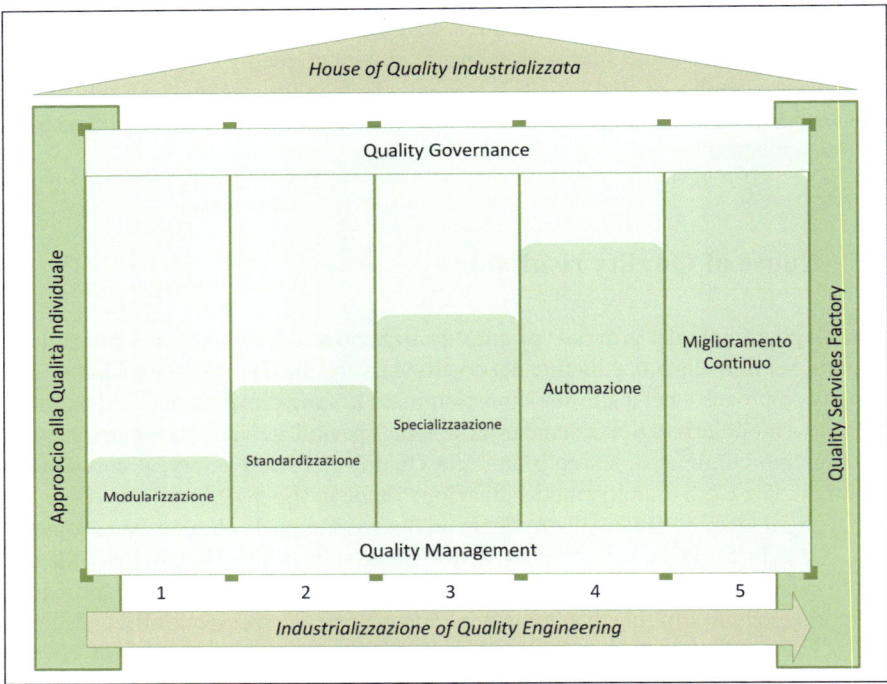

Figura 5.20: Industrialised House of Quality

5.7 House of Quality risultante

La quality governance e il quality management, alla fine, completano l'approccio all'industrializzazione per costruire la House of Quality che guida la graduale evoluzione delle 5 dimensioni. Analogamente ai modelli di valutazione e di processo SPICE (ISO-15504 2011) e CMMI (Chrissis et al. 2011), nella nostra House of Quality è integrato un concetto di livello che riflette la sequenza di step adeguati verso l'approccio industrializzato della quality engineering. Si può indicare con un livello il punto specifico in cui ci troviamo tra la posizione della quality engineering e la configurazione target, cioè il livello di industrializzazione.

Come detto in precedenza, la quality governance e il quality management sono discipline essenziali per mettere successivamente in pratica l'industrializzazione.

La **quality governance** segue la definizione del COBIT (ISACA 2012), che assicura:

- La valutazione delle esigenze, delle condizioni e delle opzioni di qualità degli stakeholder.
- La valutazione dell'equilibrio tra il set degli obiettivi dell'azienda ai fini della qualità e le esigenze di business.
- L'impostazione delle priorità per l'implementazione.
- Il monitoraggio della conformità con le relative KQI e KPI governative.
- Il decision-making basato sui risultati del monitoraggio.

In molte aziende, la quality governance non è una disciplina separata. Se visibile nel complesso, non è riconosciuta come parte importante nella definizione della direzione della qualità e dello sviluppo dell'organizzazione. Suggeriamo di renderla parte della governance complessiva e di associare la responsabilità al consiglio di amministrazione. Le responsabilità specifiche della quality governance potrebbero essere delegate a speciali strutture organizzative ad un livello appropriato, specialmente in aziende più grandi e complesse.

Il quality management che segue la definizione del COBIT (ISACA 2012) assicura:

- La definizione di un sistema di attività e delle misure mappate sugli obiettivi di qualità impostati dalla governance di qualità.
- La pianificazione di attività per ottenere gli obiettivi di qualità.
- Il monitoraggio della conformità ai KQI e KPI.
- Il mapping e il reporting del raggiungimento degli obiettivi di qualità, impostato dalla quality governance.

In molte aziende questa funzione è stabilita da un ruolo di quality management come rappresentanza del top level management (CxO). Dietro obiettivi definiti è essenziale definire e stabilire un sistema di valutazione e miglioramento delle performance dell'azienda e della qualità dei prodotti ICT. Sono necessari indicatori e misurazioni per scomporre gli obiettivi e gli scopi in oggetti, caratteristiche e checkpoint. Questo è descritto in figura 5.21 e copre il gap tra la quality governance e il quality management (cfr: Simon and Simon 2010).

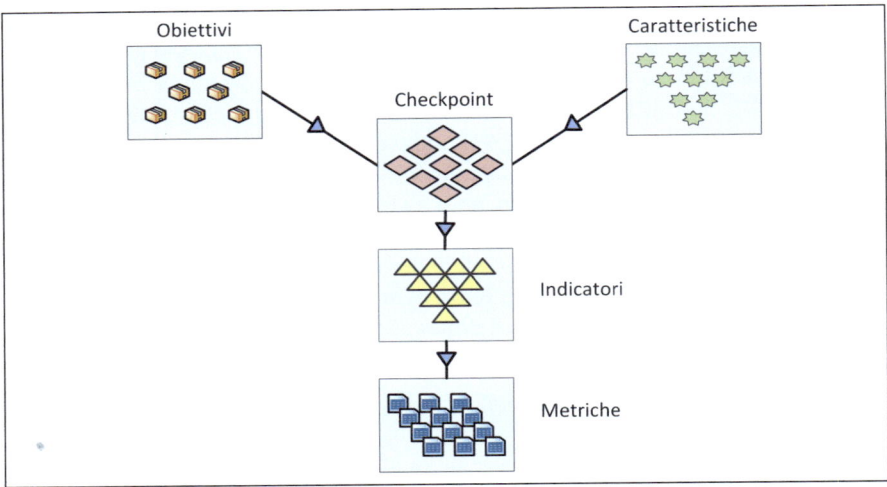

Figura 5.21: il modello-Y per il controllo di qualità

- **Obiettivi**: quali prodotti dovrebbero essere monitorati e controllati? Esempi sono architettura, codice, processi e risorse.
- **Caratteristiche**: quali proprietà saranno importanti per monitorare e controllare il contesto definito? Esempi sono forniti nel capitolo 3.
- **Checkpoint**: che obiettivi dovrebbero avere? Quali caratteristiche? O una combinazione di queste? Esempi sono forniti nella tabella 3.7 dove le caratteristiche sono associate per ogni tipo di prodotto.
- **Indicatori**: quali sono i valori di soglia e i pesi dei vari checkpoint che mostrano anomalie e problemi? Esempi sono i valori guadagnati, la copertura di codice e la copertura di test.
- **Metriche**: come vengono misurati gli indicatori? Esempi sono il budget, i costi correnti, il livello di rischio, il numero di requisiti e il volume del sistema.

Per implementare questo approccio, prima bisogna selezionare gli obiettivi corrispondenti e determinare le caratteristiche rilevanti. Quindi bisogna capire gli obiettivi con la corrispondente caratteristica. Si deve definire un rischio imminente con valori indicati e, per ultimo, bisogna definire parametri tali che gli indicatori possano essere misurati. Tutti gli oggetti, le caratteristiche e gli indicatori possono anche essere pesati se necessario.

Per esempio, supponiamo che un'azienda abbia deciso a livello strategico di incrementare la produttività implementando le dimensioni dell'industrializzazione. Per raggiungere questo, l'automazione di test, così come l'oggetto, deve diventare più efficiente: questa è la caratteristica. Il checkpoint sarà "controllare l'automazione di test per efficienza". Esempi di indicatori sono "troppo staff per i test case" e "grado di automazione troppo piccolo". Il numero di staff, il numero di test case automatizzati e il numero totale di test case sono misurazioni per calcolare tali indicatori. Applicando i pesi e le soglie a livello di indicatori, si ottiene la trasparenza e possono essere prese decisioni.

Riferimenti e Link

Avaloq (2013) Industrialisierung, Erreichen Sie Kostensenkungen mittels Industrialisierung. http://www.avaloq.com/de/bpo/industrialisierung/ consultato il 18 novembre 2013
BITKOM (2010) Industrielle Softwareentwicklung, Leitfaden und Orientierungshilfe. BITKOM, Berlino
Buxmann P, Diefenbach H, Hess T (2008) Die Softwareindustrie: Ökonomische Prinzipien, Strategien, Perspektiven. Springer, Berlino
Capgemini (2012) Studie IT-Trends 2012- Business-IT-Alignment sichert die Zukunft. Capgemini, Berlino
Chrissis M, Konrad M, Shrum S (2011) CMMI for development: guidelines for process integration and product improvement, 3rd edition Pearson Education, Boston
Free D, Wang E (2013) Mgic quadrant for international retail core banking. Gartner ID: G00252184. http://www.gartner.com/technology/reprints.do?id=1-1LRK80J&ct=131015&st=sb#. Pubblicato l'8 ottobre 2013. Consultato il 13 dicembre 2013
ISACA (2012) COBIT 5- a business framework for the governance and management of enterprise IT. ISACA
ISO-15504 (2011) Information technology – process assessment. International Organization for Standardization (ISO), Ginevra
ITIL (2011) ITIL lifecycle publication suite. The Stationary Office, Norwich
Koomen T, van der Alst L, Broekman B, Vroom M (2008) TMap Next – Ein praktischer Leitfaden für ergebnisoriertes Softwaretesten, dpkunt, Heidelberg
Schekkerman J (2006) How to survive in the jungle of enterprise architecture frameworks: creating or choosing an enterprise architecture framework. Trafford Pubblishing, Bloomington, IN
Simon F, Simon D (2010) Qualitäts-Risiko-Management-Ganzheitliche IT Projektsteuerung. Logos, Berlino
Spillner A, Roßner T, Winter M, Linz T (2011) Praxiswissen Softwaretest – <testmanagement: Aus- und Weiterbildung zum Certified Tester – advanced Level nach ISTQB-Standard. Dpunkt, Heidelberg
TestSPICE SIG (2012) the TestSPICE PAM – Process Assessment Model. http://www.intacs.info/index.php/testpice. Consultato il 16 dicembre 2013
TestSPICE SIG (2012) The TestSPICE PRM – Process Reference Model. http://www.intacs.ifo/index.php/testpice. Consultato il 16 dicembre 2013
UML (2011) OMG Unified Modeling Language (OMG UML). Version 2.4.1 http://www.omg.org/spec/UML/2.4.1/.consultato il 16 dicembre 2013
Van Veenendaal E, Wells B (2012)<Test Maturirity Model integration (TMMi) – guidelines for test process improvement. UTN Publishers, Den Bosch
Wiki-Industrialistion (2013). http://simple.wikipedia.org/wiki/Industrialization. Consultato il 13 dicembre 2013
Wiki-Industrie (2013) http://de.wikipedia.org/wiki/Industrie . consultao il 13 dicembre 2013
WSDL (2007) Web Services Description Language (WSDL) Version 2.0 http://www.w3.org/TR/#tr_WSDL. Consultato il 16 dicembre 2013
Young A, et al (2008) Gartner on outsourcing, 2008-2009. http://www.gartner,com/id=844219. Consultato il 13 novembre 2013

 http: //media2.giga.de/2012/05/cloud1.jpg consultato il 15 dicembre 2013

Capitolo 6
Quality Services Factory

Un numero crescente di aziende hanno implementato un modello interno di condivisione dei servizi che rilascia servizi ICT ai loro utenti finali. L'obiettivo del team di servizi condivisi è guidare il perfezionamento e il miglioramento di applicazioni e dei sistemi di business esistenti. In aggiunta, il team focalizza il consolidamento e la sostituzione dei sistemi legacy che sono il risultato di un'acquisizione o sono stati accumulati nel tempo come parte del sistema complessivo.

Come detto nel capitolo 3.5, siamo convinti che un approccio olistico, focalizzato sulla qualità, che combini l'orientamento al prodotto con l'industrialised quality engineering e un'idea appropriata di corretta qualità, ridurrà i costi. L'obiettivo ultimo, come visto nel capitolo 5, è chiamato Quality Service Factory. È utile essere affiancati da un partner strategico per definire, costruire e eseguire tale modello. Ci sono diverse ragioni per coinvolgere uno specialista: l'aumento della velocità nell'implementazione del modello nello specifico, l'esperienza, le best practice, l'autonomia e la flessibilità. L'organizzazione ospitante può contribuire con la conoscenza e l'esperienza nel proprio dominio e nelle proprie metodologie. L'organizzazione specialistica può contribuire con anni di esperienza nell'implementazione e nel miglioramento dei necessari processi, attraverso una grande varietà di clienti.

Trasformare l'attuale organizzazione di qualità in una Quality Service Factory richiede diversi aspetti e diverse attività da considerare preventivamente. Questo è indipendente dal fatto che la QSF sia applicata completamente internamente o in collaborazione con un partner strategico. Questi vari aspetti e compiti comprendono l'analisi della situazione in corso e la definizione dei concetti QSF, inclusi i servizi, i processi e le strutture interne, i processi esterni e i meccanismi di escalation, il modello di cooperazione con il business e le altre organizzazioni ICT nell'azienda. Questo sarà discusso più avanti

6.1 Il nostro approccio alla factory

Ricordiamo che il nostro modello di industrializzazione si compone delle seguenti discipline fondamentali e delle dimensioni per portare un'azienda ad una redditizia Quality Services Factory:

1. Dimensioni di industrializzazione:

    (a) Modularizzazione: identiche o analoghe attività possono fare uso di asset di qualità esistenti come modelli della qualità e verifiche associate e asset di validazione.
    (b) Standardizzazione: i template e processi di best practice possono essere usati per ogni progetto di manutenzione e di sviluppo del prodotto.
    (c) Specializzazione: persone che lavorano in una tale services factory possono usare la loro conoscenza e la loro esperienza proveniente da attività precedenti nello stesso dominio o simili.
    (d) Automazione: processi standardizzati o parte di processi possono essere condotti usando strutture e script automatizzati.
    (e) Miglioramenti continui: il ciclo di controllo dei feedback crea miglioramenti nelle altre 4 dimensioni e complessivamente nella QSF.

2. Discipline di gestione

    (a) Quality governance: assicura che la corretta qualità dei rispettivi prodotti e degli asset V&V è trasparente e rende trasparente i rischi di prodotti ICT specifici, se applicati in produzione.
    (b) Quality Management: pianificare, costruire, eseguire e monitorare tutte le attività in linea con le direttive fornite dalla direzione aziendale per raggiungere gli obiettivi dell'azienda, incluse la misura della qualità e le caratteristiche delle performance.

Tutti i servizi offerti dalla QSF in un assetto stabile sono basati sugli asset della qualità che sono già disponibili e in evoluzione. Se gli asset non sono disponibili, sarà necessario prima definirli e quindi entrare nella fase stabilizzata della QSF. Nella nostra visione sistemica, una Quality Service Factory è una black box (cfr: Fig. 6.1) che trasforma input specifici in output, che sono stati definiti nel corrispondente catalogo dei servizi.

Nel nostro caso, gli input della QSF consistono in una cosiddetta "Quality Service Request" per iniziare il processo di factory. Deve essere fornito materiale aggiuntivo alla factory insieme a questa. Molto spesso il materiale è contenuto nel database come parte di specifici tool software. "Fornire" in questo contesto significa sia fornire a persone della QSF l'accesso a quel tool, che fornire il tool come file dati o come documentazione cartacea. Come minimo deve essere fornito il seguente *input*:

- Requisiti: cosa deve essere implementato.
- Quality model: cosa deve essere verificato.
- Business process portfolio: cosa deve essere cambiato nel business.
- Realtà ICT: cosa è cambiato nell'ICT.

6.1 Il nostro approccio alla factory

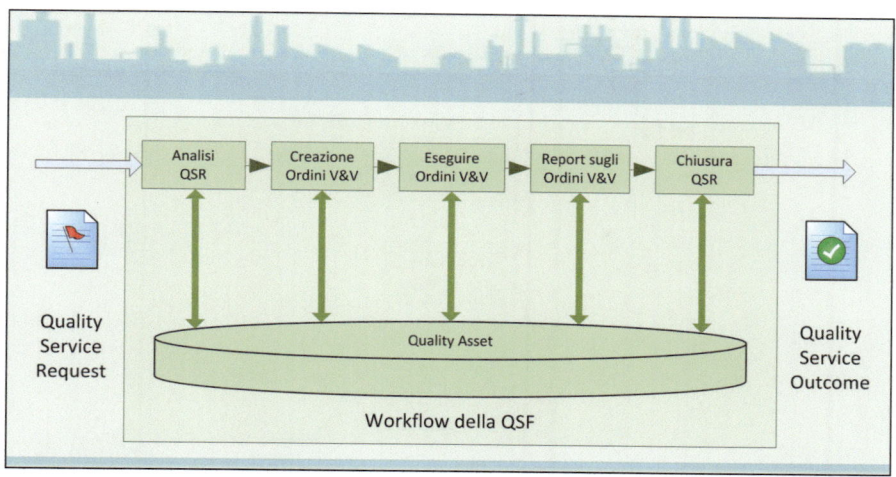

Figura 6.1: Quality Service Factory

La lista di tutti i prodotti di input dipende dal servizio specifico e forma parte del corrispondente Service Level Agreement (SLA).

Allo stesso modo, l'output del QSF è dato dal cosiddetto "Quality Service Outcome" per l'unità di richiesta che ha accettato il QSO finale. Anche in questo caso il materiale aggiuntivo deve essere fornito dall'unità richiesta. Come detto in precedenza, questo materiale QSO è contenuto nel database in quanto parte di particolari tool software, o sarà fornito come file dati o documentazione cartacea. Deve almeno essere fornito il seguente output:

- Quality report: quali sono i risultati del servizio e il rimanente livello di qualità/rischio.
- Lezioni ricevute: cosa è stato appreso durante l'esecuzione.

La lista di tutti i prodotti di output dipendono da un particolare servizio e fanno parte del corrispondente SLA.

Un'implementazione pratica della QSF basata su questi princìpi è, per esempio, la "SQS Test Automation Factory", come brevemente descritto in Kasmalkar (2012).

Elaborazione della Factory

La Quality Services Factory fornisce un numero di servizi che sarà fornito secondo il modello di Quality Service Request indicato. Tale richiesta è inizializzata dalla corrispondente sede, definita nel contratto della factory. La richiesta sarà quindi eseguita seguendo il processo sulla destra (cfr: Fig. 6.2).

Il primo sottoprocesso è l'analisi della QSR. La richiesta, che include l'input associato, sarà analizzata rispettando la conformità al contratto e alla completezza, alla

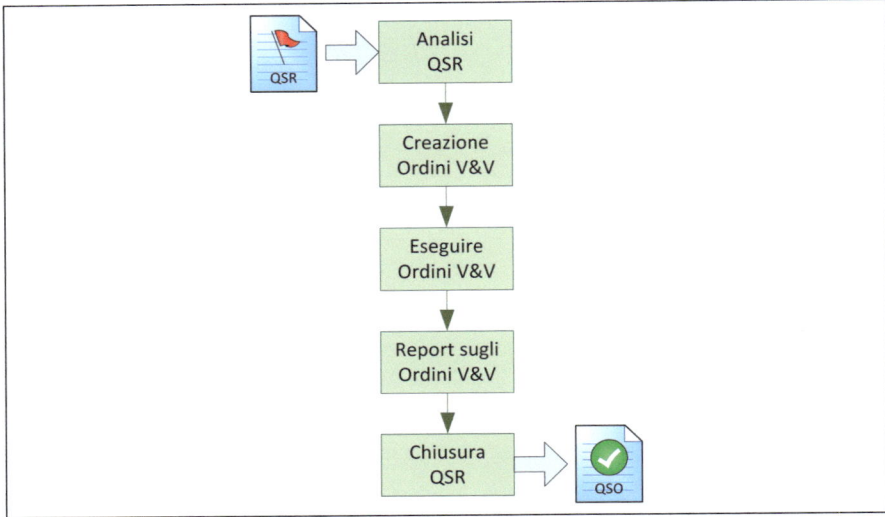

Figura 6.2: Factory processing

durevolezza e alla concretezza dell'input associato. Dopo la valutazione, la richiesta può essere sia rifiutata che accettata. Viene rifiutata se, per esempio, il contenuto è incompleto, inconsistente, o incomprensibile, o le condizioni in corso di struttura della QSF non permettono di effettuare la richiesta. Se la richiesta viene accettata, sarà avviato il successivo sottoprocesso, dove i cosiddetti ordini di Verifica e Validazione sono generati e gestiti per l'esecuzione. Questo è dato nel successivo sottoprocesso. Ogni ordine V&V contiene esattamente un servizio QSF. Il servizio è rappresentato seguendo la descrizione del processo predefinito e fornisce il risultato corrispondente. Durante l'esecuzione il processo è monitorato e controllato da un manager della qualità interna e il reporting continuo è fornito dall'avanzamento fatto dalla assembly line in questione. Una volta che il risultato finale è stato prodotto, il processo è completato e il risultato viene raccolto per la consegna all'unità richiedente.

Come la catena di montaggio nell'industria manifatturiera, usiamo il termine "Order Execution Line" (OXL) o "QSF Assembly Line" per la corrispondente factory selezionata per l'esecuzione di un ordine particolare. L'OXL sarà localizzato da qualche parte nel mondo come parte di un sourcing centre dove sia presente il know-how disponibile, e la schedulazione dell'esecuzione permette alle condizioni di essere soddisfatte nel tempo. Al di là del tempo e del know-how, la scelta di un particolare ordine della linea di esecuzione dipende dai parametri addizionali:

- la ponderatezza dell'ordine V&V, cioé la ponderatezza del materiale dato come parte dell'ordine V&V;
- il livello di protezione dei dati, cioè il grado con il quale i dati sono coinvolti durante l'ordine di esecuzione V&V per rispettare le regole della protezione dei dati dell'azienda corrispondente;

6.1 Il nostro approccio alla factory

Tabella 6.1: Esempio di selezione dell'OXL disponibile

Ordine V&V	Ponderatezza dell'ordine V&V	Livello di protezione della privacy		Consegna / linea di esecuzione dell'ordine
	bassa	basso	→	onsite
	media	basso	→	onsite o nearshore o offshore
	alta	basso	→	onsite o nearshore o offshore
	bassa	alto	→	onsite
	media	alto	→	onsite o nearshore
	alta	alto	→	onsite o nearshore

- la location, cioè il paese dove l'azienda è collocata;
- la lingua, cioè la lingua usata dall'azienda.

Per ottenere maggiore visibilità all'interno di queste regole diamo un'occhiata all'esempio rappresentato in tabella 6.1. Diversi valori di parametri sono possibili e definiti come segue:

- Ponderatezza dell'ordine V&V:
  - bassa – necessità del coinvolgimento del cliente, faccia-a-faccia;
  - media – non altamente standardizzato, ma il coinvolgimento del cliente non è necesario;
  - alta – altamente standardizzato.

- Livello di protezione delle privacy:
  - bassa – i dati personali non sono usati o i dati sono anonimi;
  - alta – i dati personali vengono usati.

- Linea di esecuzione del Delivery/Order:
  - onsite – QSF nella sede aziendale;
  - nearshore – QSF nella sede di un partner di outsourcing, ma nello stesso paese;
  - offshore – QSF nella sede di un partner di outsourcing di un altro paese.

L'OXL dipenderà dalla lingua del rispettivo progetto e dalla lingua del delivery centre. Per esempio, se l'azienda è inglese e la lingua di progetto è l'inglese, il delivery centre potrebbe essere nell'Irlanda del Nord. Se l'azienda è tedesca e la lingua di progetto è l'inglese, potrebbe essere scelto un nearshore centre se in esso si parla inglese; altrimenti deve essere selezionato un offshore centre in cui si parli inglese. Se l'azienda è tedesca e la lingua di progetto è anche tedesca, un'opzione è nearshore delivery; un'altra opzione potrebbe essere offshore solo se in quel centro si parla tedesco.

Asset di qualità

Come precedentemente detto, ci sono vari asset di qualità che possono essere definiti, mantenuti e applicati durante il ciclo di vita di un'azienda della realtà ICT. Alcuni di questi appartengono alla QSF, mentre altri appartengono alle altre unità di business o ICT. In questo approccio della factory, diversi asset della qualità sono assegnati alla corrispondente release del portfolio del processo di business e a ogni sistema ICT della realtà ICT. Gli asset di qualità di solito comprendono diversi tipi di prodotti reali e virtuali. In questo capitolo, le seguenti categorie sono rilevanti:

- Documentazione in termini di specifiche, concetti e template: esempi sono quality gate concept, test concept, test automation concept, test reports.
- Metodologia in termini di metodi e procedure per la modellazione dei test, per il design dei test case, per l'esecuzione, la misurazione e il reporting dei test.
- Tool software come i tool di test management, i tool di verifica delle performance, i code coverage tool e i cruscotti.
- Prodotti di qualità in termini di regole di validazione, regole di verifica, modelli di test, portfolio dei test case, dati di test, script di test e ambienti di test, inclusi i database di test.
- Conoscenza ed esperienza delle risorse QSF in termini di know-how del dominio di business, know-how di verifica e validazione, know-how dei test e know-how dei tool.

È obbligatorio avere una solida gestione dei rilasci e della configurazione in atto, perché ci sono prodotti gestiti da persone all'esterno della QSF e altri prodotti gestiti dalla QSF stessa. In qualsiasi momento, abbiamo bisogno di sapere qual è la versione valida dei prodotti e degli asset di qualità che può essere applicata per la validazione e la verifica dei criteri di qualità. Rivediamo un esempio di processo della factory dove la QSR contiene un test funzionale manuale che deve essere eseguito dalla QSF, poiché c'è stata una change request (cfr: Fig. 6.3).

L'input comprende:

- QSR - il test funzionale manuale causato da una change request (CR);
- documentazione del processo di business BP1 e BP4, che sono rilevanti per il sistema SYS1;
- documentazione del sistema ICT SYS1, inclusi i canali CH1 e CH2;
- documentazione della change request;
- documentazione del modello della qualità del prodotto.

L'output consiste in:

- QSO - richiesta per accettazione;
- report dei test;
- lezioni apprese.

6.1 Il nostro approccio alla factory

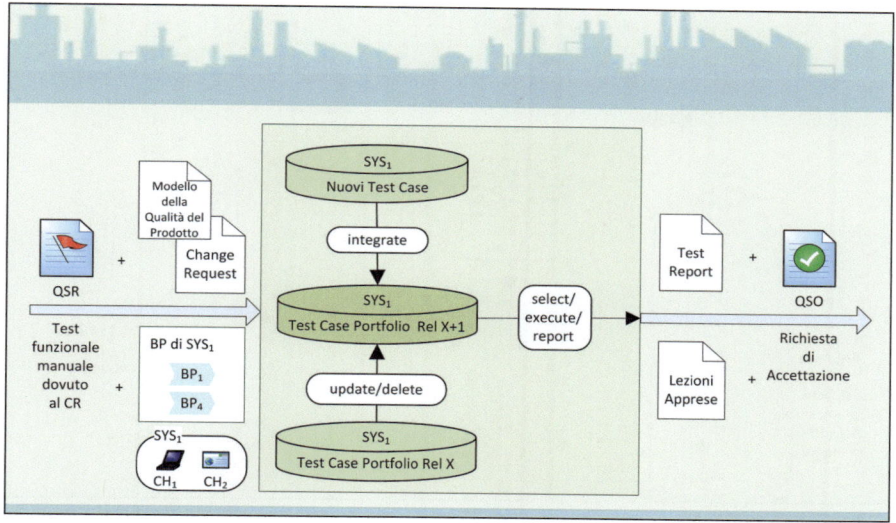

Figura 6.3: Test funzionale manuale dovuto al CR

Gli asset di qualità in carico alla factory in questo caso sono:

- Il prodotto della qualità contenente:
  - i nuovi test case per il sistema SYS1 derivanti dalla change request;
  - il portfolio dei test case per il sistema SYS1 - release Rel X;
  - il portfolio dei test case per il sistema SYS1 - release Rel X + 1;
  - la documentazione dei risultati dei test dopo l'esecuzione.

Ci potrebbero essere ulteriori asset di qualità appartenenti al prodotto della qualità che è stato cambiato, come script o database di test, ma in questo caso abbiamo assunto che non siano necessari ulteriori cambiamenti.

L'esempio riportato proviene dal livello operativo di un'azienda durante la sua normale attività. Il prossimo esempio deriva dal livello tattico (cfr: Fig. 6.4). In questo ambito prendiamo per buono che tutti gli asset di qualità siano oggetti di cambiamento. Deve essere chiaro qual è la parte davvero influenzata dalla documentazione dell'ottimizzazione del processo di business, e quali sono i modelli di qualità a questo livello (cfr: Capitolo 3). Una QSR ha inizio dai cambiamenti strategici o tattici nell'azienda, o dai cambiamenti nell'architettura, dovuti ai miglioramenti di efficienza.

Gli input comprendono:

- QSR - l'ottimizzazione degli asset di test dovuta all'ottimizzazione dei processi di business;
- la documentazione del portfolio del processo di business;
- la documentazione dell'ottimizzazione del processo di business;
- la documentazione del modello strategico di qualità/rischio.

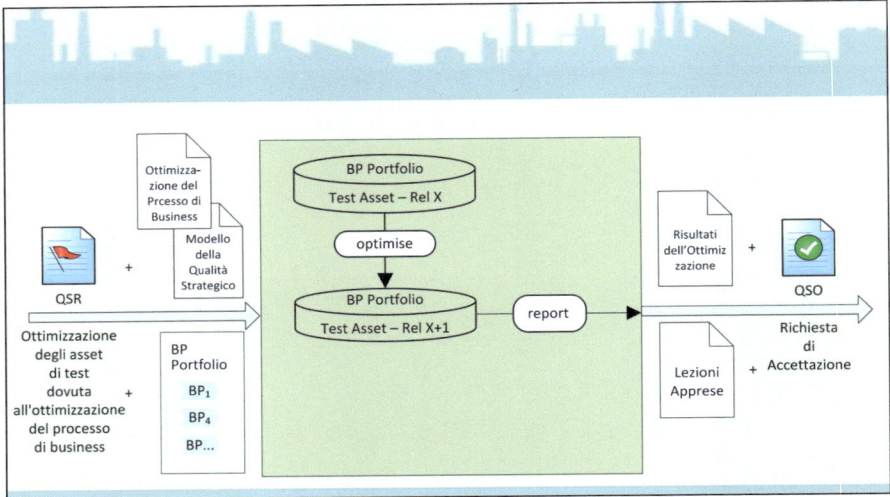

Figura 6.4: Ottimizzazione degli asset di test dovuta all'ottimizzazione del processo di business

Gli output consistono in:

- QSO - richiesta di accettazione;
- risultati di ottimizzazione;
- lezioni apprese.

Gli asset di qualità in carico alla factory sono in questo caso:

- Il prodotto di qualità contenente:
  - gli asset per il portfolio del processo di business – release Rel X;
  - gli asset per il portfolio del processo di business – release Rel X + 1;
- La documentazione dei risultati di ottimizzazione.

Quest'ultimo esempio mostra che un progetto non deve essere il motore dei cambiamenti degli asset di qualità, ma ciò deve far parte del ciclo di vita del prodotto finale e delle decisioni a livello tattico.

Servizi QSF

All'inizio di questo capitolo abbiamo detto che una QSF è impostata da un provider interno *shared-services*. Gli obiettivi sono definiti per la quality engineering onde raggiungere efficacia e, quindi, ridurre i costi nel campo della ICT.

I servizi della QSF sono distinti nelle seguenti tre categorie che chiameremo **service cluster**:

- core services (possibilmente suddivisi);
- management services;
- supporting services.

6.1 Il nostro approccio alla factory

Core services (COR): sono quelli per i quali la factory è costruita e per i quali l'approccio della factory può essere applicato in senso stretto. Per esempio, dimostrare che la qualità del codice di un'applicazione software può essere assegnata ad una QSF, così come le attività di test del corrispondente software basate sui processi di business dopo la manutenzione. Un ulteriore esempio è l'ottimizzazione di un portfolio di test case per un sistema nella realtà ICT.

Management services (MAN): sono necessari per la pianificazione, il monitoraggio e il controllo di tutte le richieste del servizio della qualità e di conseguenza degli ordini V&V. I servizi derivanti da questo service cluster non possono essere eseguiti da soli, poiché sono sempre accompagnati dal core e dai servizi di supporto. Gli esempi sono on/off-boarding di risorse, gestione degli ordini V&V e gestione dei difetti.

Supporing services (SUP): sono quelli che abilitano i services core ad essere eseguiti in un ambiente particolare. Per esempio, se i tool supportano la validazione e la verifica dei prodotti devono essere impostati, mantenuti e gestiti come parte di un cloud privato dell'azienda.

Quali sono i candidati appropriati per l'outsourcing in una QSF? Dal capitolo 2 sappiamo che le attività e i compiti ai quali le 5 dimensioni del nostro modello di industrializzazione possono essere applicate su larga scala sono candidati adatti. Per trovare le risposte, diamo uno sguardo al nostro modello del ciclo di vita della qualità (cfr: Fig. 6.5).

Tra i quality gate Q2 e Q7 ci sono alcune verifiche e/o attività di validazione che permettono la realizzazione parziale o completa di una QSF, cioè:

- la validazione e la verifica dei requisiti;
- la verifica del design funzionale;
- la verifica del design tecnico;
- la validazione e la verifica del prodotto della qualità;
- la verifica del software e dei sistemi.

Ovviamente, ci sono attività simili nel rettangolo "(Esercizio) Manutenzione" che non sono state considerate in questo caso. Ciò che diventa parte della QSF e ciò che rimane nel modo tradizionale dipende dai risultati di un "QSF readiness check" durante la fase di setup e di transizione.

Esaminiamo una configurazione del servizio QSF (cfr: Tabella 6.2) che potrebbe essere disponibile per la verifica di un sistema legacy con change request durante le fasi di esercizio e manutenzione (cfr: Capitolo 3 per le caratteristiche dei sistemi legacy).

Per essere capace di distinguere facilmente una QSR o un ordine V&V, è utile associare ogni servizio con il cosiddetto "service identification number", univoco nel portfolio dei servizi QSF. Un option field indica se un certo servizio è "obbligatorio", "opzionale" o "consigliato". Se un servizio è offerto dalla QSF, ma non è ancora applicabile, l'option field assumerà il valore "no". Il valore assunto dall'option field potrebbe non essere lo stesso per tutte le QSF. Questo dipende dal setup a livello strategico della QSF e dal suo funzionamento completo e durevole durante il ciclo di vita.

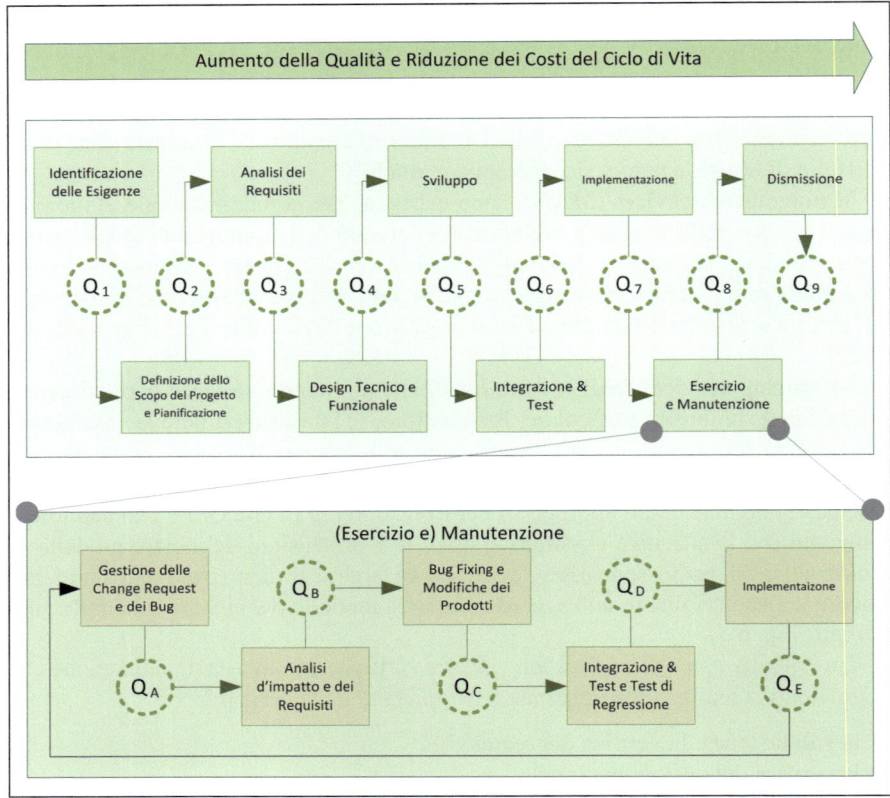

Figura 6.5: Il ciclo di vita della qualità è uguale al ciclo di vita del prodotto

Una definizione di servizio esamina le caratteristiche di ogni servizio. La nostra visione sistematica permette di definire un servizio come una black box. Al di là delle caratteristiche già menzionate (SID, service cluster, service name e option field), sono stati forniti i seguenti dettagli:

- descrizione del servizio;
- condizioni aggiuntive;
- ruoli;
- service input;
- service result;
- SLA;
- fatturazione.

La tabella 6.3 mostra un esempio di un servizio chiamato "Re-test of defects" come parte del nostro servizio di portfolio proposto.

6.1 Il nostro approccio alla factory

Tabella 6.2: Un esempio di configurazione del servizio QSF per sistemi legacy

SID	Service cluster	Nome del servizio	Opzione
QSF-COR-S01	Core	Analisi dei requisiti con feedback della qualità con il modello della qualità ReqQMod	opzionale
QSF-COR-S02	Core	Analisi di progettazione funzionale con feedback di qualità con il modello di qualità DocQMod	opzionale
QSF-COR-S03	Core	Analisi architetturale con feedback di qualità con il modello di qualità ArchQMod	opzionale
QSF-COR-S04	Core	Analisi del codice con feedback di qualità con i modelli di qualità CodeQMod e DataQMod	raccomandato
QSF-COR-S05	Core	Generazione del prodotto di qualità con feedback di qualità con i modelli di qualità definiti	no
QSF-COR-S06	Core	Manutenzione del prodotto di qualità	obbligatorio
QSF-COR-S07	Core	Ottimizzazione degli asset di qualità	opzionale
QSF-COR-S08	Core	Test di prodotto	obbligatorio
QSF-COR-S09	Core	Test del processo di business	obbligatorio
QSF-COR-S10	Core	Test funzionale	obbligatorio
QSF-COR-S11	Core	Test esplorativo	no
QSF-COR-S12	Core	Test di carico/performance	no
QSF-COR-S13	Core	Test di sicurezza	no
QSF-COR-S14	Core	Secondo ciclo di Test di difetti con il corrispondente modello di qualità e lista di difetti	obbligatorio
QSF-MAN-S15	Gestione	Gestione dei test	obbligatorio – sovraccarico per altri servizi -
QSF-MAN-S16	Gestione	Gestione degli ordini	obbligatorio – sovraccarico per altri servizi -
QSF-MAN-S17	Gestione	Gestione dei difetti	obbligatorio – sovraccarico per altri servizi -
QSF-SUP-S18	Supporto	Setup dei tool di test, manutenzione ed esercizio	obbligatorio
QSF-SUP-S19	Supporto	Gestione dell'infrastruttura e dell'ambiente	obbligatorio
QSF-SUP-S20	Supporto	Gestione dei dati di test	obbligatorio

Ruoli e responsabilità

Far funzionare una QSF e assumersi la responsabilità dei diversi risultati sono attività che richiedono diversi ruoli con le relative responsabilità. Alcune di queste vengono selezionate all'interno dell'azienda stessa e altre provengono dal provider interno di servizi condivisi o da partner esterni della QSF.

Tabella 6.3: Esempio di una definizione di servizio

SID	Service cluster	Nome del servizio	Opzione
QSF-COR-S17	Core	Secondo ciclo di test dei difetti con il corrispondente modello di qualità e lista di difetti	obbligatorio
Descrizione del servizio			
<ul><li>Tutti i ticket di difetti assegnati alla QSF saranno testati nuovamente.</li><li>Se il risultato del secondo test di un certo ticket è negativo, cioè il difetto esiste ancora, questo ticket è direttamente restituito allo sviluppo e alla manutenzione.</li><li>Se un nuovo difetto è riconosciuto, un nuovo ticket sarà necessario in relazione allo schema di classificazione del difetto valido.</li><li>Se sono riconosciute interdipendenze tra i ticket, sarà inserito un collegamento tra quei ticket.</li></ul>			
Condizioni aggiuntive			
<ul><li>La descrizione di tutti i ticket associati deve essere completa, cioè:<ul><li>Scenario del secondo test e step di test;</li><li>Use case e database;</li><li>Screenshot per il confronto;</li><li>Descrizione del risultato atteso;</li><li>Il numero di versione in cui il difetto è risolto;</li><li>Momento da cui il difetto può essere verificato.</li></ul></li><li>I dati di test necessari per il secondo test devono essere forniti anonimamente dall'ambiente di test.</li><li>Il database di test deve essere compatibile con la principale versione del software in cui il ticket deve essere verificato.</li><li>La nuova versione del software deve essere installata completamente nell'infrastruttura di test corrispondente.</li><li>I ticket che sono stati testati due volte, come parte di altri servizi, non saranno testati nuovamente da questo servizio.</li></ul>			
Ruoli			
Analista dei test			
Input al servizio			
Tutti i difetti assegnati a QSF			
Risultato del servizio			
I risultati del secondo test saranno forniti come parte del report degli UAT o del report di esecuzione del test.			
Service level agreement			
<ul><li>Il livello di servizio è misurato da KPI-TM-01</li><li>I periodi possono essere concordati su richiesta</li></ul>			
Fatturazione			
La fatturazione per questo servizio è basata sul valore/prodotto. Il tariffario è parte del contratto corrispondente.			

La tabella 6.4 fornisce una breve panoramica dei ruoli e delle responsabilità. I ruoli riflettono la nostra visione come parte dell'approccio olistico alla qualità per un'azienda.

All'interno della QSF esiste una gamma di ruoli e responsabilità più variegata. Dietro ai ruoli di gestione, sono necessari esperti per analizzare, condurre e portare a termine le attività corrispondenti tra gli ordini V&V. Seguendo l'intento di avere un catalogo dei servizi, come già detto, abbiamo tematiche come architettura, sviluppo, codifica e testing ICT. La nostra proposta è fornita in tabella 6.5.

6.1 Il nostro approccio alla factory

Tabella 6.4 Ruoli e responsabilità della sede dell'azienda

Ruolo	Descrizione
Responsabile ICT	Responsabile dell'intera realtà ICT dell'azienda.
Proprietario del prodotto	Responsabile di un certo sistema ICT all'interno della realtà ICT dell'azienda.
Responsabile del programma	Responsabile di un particolare programma ICT.
Responsabile del progetto	Responsabile di un particolare progetto ICT.
Responsabile dello sviluppo	Responsabile dello sviluppo di un particolare Progetto/Programma.
Responsabile della qualità	Responsabile di tutti i requisiti di qualità e della loro implementazione.
Manager QSF	Responsabile che si interfaccia alla QFS.

Tabella 6.5: Ruoli e responsabilità della sede di QSF

Ruolo	Descrizione
Responsabile QSF	Responsabile complessivo delle performance della QSF.
Manager QSR	Responsabile delle richieste del servizio di qualità, inclusi la pianificazione, il monitoraggio e il controllo della consegna del servizio.
Manager dei difetti	Responsabile di tutti i difetti sollevati all'interno delle richieste del servizio di qualità.
Analista della qualità	Responsabile della realizzazione dei prodotti di qualità.
Esperto dello strumento	Responsabile dell'amministrazione e della manutenzione degli strumenti.
Esperto del business	Analisi dei requisiti di business.
Esperto della tecnologia	Analisi dei requisiti della tecnologia, amministrazione dell'infrastruttura e degli strumenti di test.
ICT Architect	Analisi dell'architettura ICT.
Esperto del codice	Analisi del codice del software.
Analista dei test	Creazione dei prodotti di test (per esempio, test case logici e fisici).
Ingegnere dei test	Automazione dei test case.
Tester	Esecuzione dei test case manuali e automatizzati, analisi dei risultati dei test.

Risorse

On- e off-boarding di risorse è un processo interno critico della QSF. La flessibilità e le performance della QSF sono fortemente dipendenti da questo processo. Per esempio, viene fornita maggiore flessibilità se il provider interno di servizi condivisi ha più di un'opzione per distribuire il carico di lavoro a diversi sourcing centres della factory. La decisione per definire se questo provider effettua il setup di questi centri da sé, o lo assegna ad un partner esterno, fa anche parte di una decisione strategica per la QSF. Gli skill delle relative risorse sono importanti per le performance di tali fattori. Queste abilità comprendono la conoscenza e l'uso dei servizi da eseguire e, fino ad un certo punto, la conoscenza e il know-how del dominio durante la validazione e la verifica dei corrispondenti prodotti. È indispensabile avere piani di formazione adatti e sistemi di supervisione in atto.

Infrastruttura

Dietro le persone c'è un altro prerequisito per la produttività di una QSF, cioè l'infrastruttura. Questo comprende edifici, per esempio posti di lavoro e ambienti di lavoro, sistemi informativi, infrastruttura di comunicazione, software, DB, sistemi e tool.

Tutti i servizi suddetti saranno eseguiti con il supporto di diverse persone, per esempio staff tecnico, custodi, etc.

Reporting

Ci sono due tipi di reporting dalla QSF all'azienda, cioè quality reporting e performance reporting. Mentre i report di qualità presentano la misura corrente per lo sviluppo della qualità di soluzioni software, i report di performance rappresentano lo stato in atto delle performance dei processi selezionati e degli SLA. I report possono contenere tabelle, diagrammi e test che descrivono la situazione secondo gli obiettivi del report e del contratto. Una panoramica dei report forniti dalla QSF è presentata nella tabella 6.6.

Esempi tipici di report sono anche rappresentati in figura 6.6. I report possono essere forniti da un tool che colleziona tutti i dati durante l'intero ciclo di vita, un cosiddetto Quality Intelligence tool, o dai documenti contenenti testo, fogli e diagrammi. Il tipo di reporting è anche determinato nel relativo concetto della QSF.

KQI/KPI

La qualità di servizio (QoS) che la QSF fornisce su richiesta è definita come uno SLA, in quanto parte corrispondente del contratto tra il provider QSF e l'azienda. Il QoS può essere definito da un particolare servizio, per una QSR o per la QSF nel suo complesso. In tutti e tre i casi, il termine QoS sarà usato. Il QoS può quindi essere monitorato e controllato da un portale QI. Tabelle e grafici di esempio sono illustrati nella figura 6.6.

Gli SLA di base (descritti più avanti) sono un set di Key Performance Indicators (KPI) e un set di Key Quality Indicators (KQI). La tabella 6.7 fornisce le proposte per un KPI utile, così come un KQI, che sono state applicate in molti casi.

SLA

Se la QoS non può essere misurata, si suppone che segua i metodi dello stato dell'arte, delle procedure e dei tool conosciuti dal mercato. Per tutte le altre situazioni, il QoS e i suoi SLA sono definiti in tabella 6.8.

6.1 Il nostro approccio alla factory

Tabella 6.6: Report di qualità e performance

RID	Nome	Tipo	Obiettivo	Frequenza
QSF-R-01	Report QSR	Performance	Trasparenza sullo stato attuale delle QSR.	mensilmente
QSF-R-02	Report di accettazione dell'utente	Qualità	Trasparenza sull'impegno, risultati e raccomandazioni per l'avvio in esercizio.	Per ogni accettazione
QSF-R-03	Report di generazione dei test case	Performance	Trasparenza sulla generazione dei test case manuali e automatizzati.	mensilmente
QSF-R-04	Report di manutenzione dei test case	Performance	Trasparenza sulla manutenzione dei test case manuali e automatizzati.	mensilmente
QSF-R-05	Report del portfolio dei test case	Performance	Trasparenza sull'ottimizzazione del portfolio dei test case.	mensilmente
QSF-R-06	Report dei test di regressione	Qualità	Trasparenza sull'impegno e sui risultati.	mensilmente
QSF-R-07	Report dei test esplorativi	Qualità	Trasparenza sull'impegno e sui risultati.	mensilmente
QSF-R-08	Report di esecuzione dei test case	Qualità	Trasparenza sull'impegno e risultati, incluso il secondo ciclo di test.	mensilmente
QSF-R-09	Report dell'analisi dei requisiti	Qualità	Trasparenza sull'impegno e sui risultati.	mensilmente
QSF-R-10	Report dei test di carico/performance	Qualità	Trasparenza sull'impegno e sui risultati.	mensilmente
QSF-R-11	Report dei test di sicurezza	Qualità	Trasparenza sull'impegno e sui risultati.	mensilmente
QSF-R-12	Report di revisione dell'architettura	Qualità	Trasparenza sull'impegno e sui risultati.	mensilmente
QSF-R-13	Report di conformità del livello di servizio	Performance	Trasparenza sullo stato attuale della conformità del livello di servizio.	mensilmente
QSF-R-14	Report di controllo	Performance	Trasparenza sull'impegno e sui risultati.	mensilmente
QSF-R-15	Report di implementazione	Performance e qualità	Trasparenza sullo stato attuale dello sviluppo del software.	mensilmente

Collaborazione ed escalation

Per rendere le performance di una QSF tanto efficienti quanto efficaci, devono essere definite le procedure di governance e di escalation. La governance si basa sul reporting descritto. Il modello di governance è definito per tutti e 3 i livelli dell'organizzazione, cioè il livello strategico, il livello tattico, il livello operativo (cfr: Tabella 6.9). La seguente matrice di escalation deve essere definita per trattare con l'eventualità di problemi maggiori durante l'operazione di una QSF. Le ragioni che potrebbero causare l'escalation sono:

148   Quality Services Factory

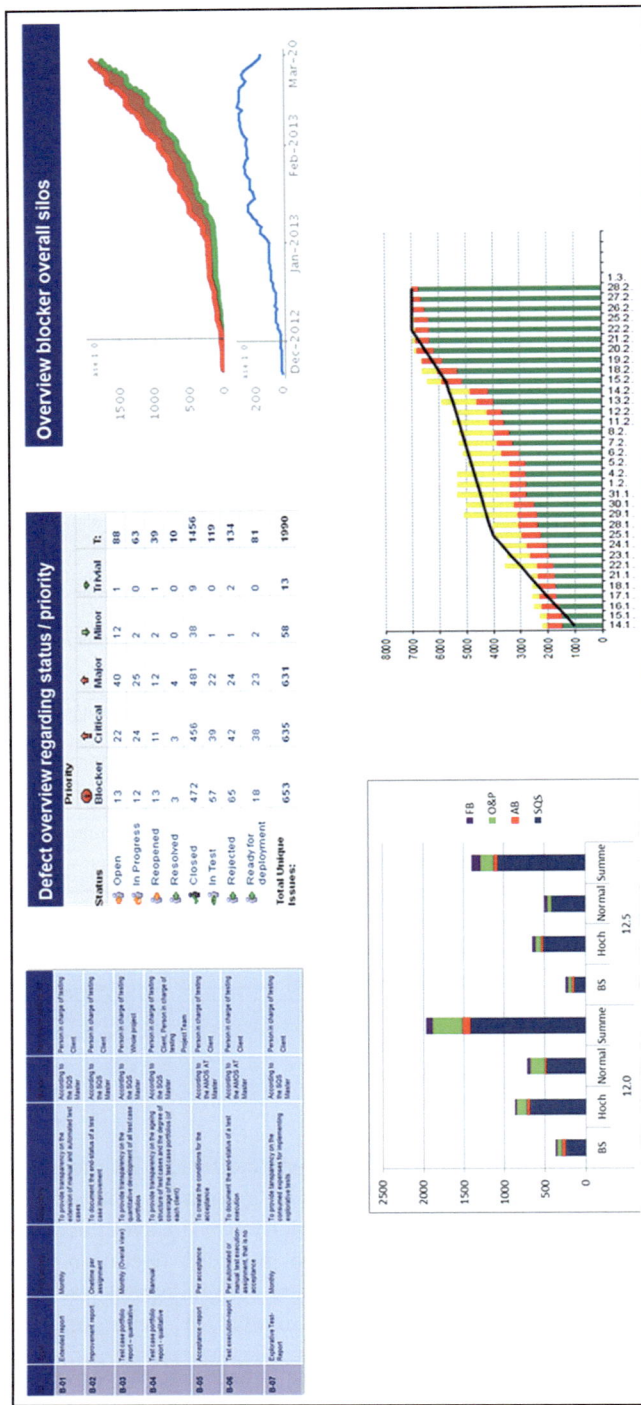

Figura 6.6: Esempi di reporting fornito dal portale QI

6.1 Il nostro approccio alla factory

Tabella 6.7: KQI/KPI

KID	KQI/KPI	Descrizione
KPI-01	Rispetto delle date di consegna	• La data di consegna è la data in cui il risultato dell'esecuzione di un servizio o un ordine V&V è fornito all'azienda. • È associato al servizio o a un ordine V&V. • Il valore target standard è 5 giorni lavorativi dal momento di inizio. • Accordi individuali sono consentiti e devono essere stabiliti come parte del servizio corrispondente o dell'ordine V&V.
KQI-01	Interruzione di business	• L'interruzione di business è data se e quando in produzione si verifica un difetto che porta ad un grave malfunzionamento del sistema, che causa l'interruzione del business per una certa quantità di tempo. • È associato alla release del software in produzione e, perciò, indirettamente al QoS della QSF per questa release. • Ci sono due alternative per questo KPI: o il numero assoluto di difetti che hanno portato all'interruzione del business o il tasso di errore residuo (calcolati al primo decimale e arrotondati in base alla regola di business comune). Il tasso di errore residuo è il numero di tutti gli errori trovati nella validazione, verifica e produzione, il primo mese dopo il rilascio, diviso la quantità degli errori trovati durante la validazione e verifica. Questo include il conteggio degli errori che determinano interruzioni e gravi.

Tabella 6.8: Service Level Agreement

SLA-ID	Livello	KQI/KPI	Descrizione	Penalità
SLA-01	QSR	KQI-01	• Una QSR soddisfa il livello di servizio se il piano corrispondente è soddisfatto. • La misurazione è effettuata e riportata ogni mese. • La soddisfazione è valutata alla fine di ogni trimestre.	Le penalità sono definite nel contratto corrispondente.
SLA-02	QSF	KPI-01	• Su richiesta e dopo l'accettazione della QSR gli ordini V&V corrispondenti sono eseguiti in base a certe precondizioni. • Causa e effetto di ogni interruzione di business non sono facilmente riconoscibili; perciò l'azienda e il provider QSF devono lavorare insieme sul miglioramento delle release e dei processi della qualità del software. • La misurazione è effettuata e riportata 4 settimane dopo l'avvio in esercizio della release corrispondente. • Una valutazione delle performance complessive è effettuata una volta l'anno.	Le penalità sono definite nel contratto corrispondente.

Tabella 6.9: Modello della governance

	Livello strategico	Livello tattico	Livello operativo
Attività	Coordinamento e specifica delle linee guida ICT e di business con impatto sulla quality assurance e sui servizi di test • Revisione delle relazioni • Pianificazione strategica	• comitati direttivi esecutivi • gestione dell'escalation • approvazione per la successiva fase di implementazione • rallentare/incrementare • gestione del know-how a lungo termine secondo la pianificazione della release • transizione della revisione e del rapporto onsite/offshore • reporting periodico	• gestione QSR • gestione QSO • revisione delle attività e questioni di test attuali • pianificazione, monitoraggio e controllo • coordinamento delle attività di test e business giornaliero • reporting KPI/KQI/SLA sulla consegna del servizio
Livello di governance	• comitato dell'assegnazione delle priorità del software • comitato del cliente del sotware	• Quality governance • Supplier governance	• gestione QSR • gestione QSO
Provider QSF Rappresentativi	• global account manager	• Account manager	• Responsabile QSF • Manager QSR

- un servizio particolare non può essere eseguito;
- un livello di servizio particolare non può essere mantenuto;
- la qualità dei risultati di un certo servizio non è soddisfacente;
- una certa risorsa deve essere sostituita.

Si distinguono due tipi di escalation: orizzontale e verticale. Se si verifica un problema, la persona responsabile è la prima ad essere interpellata per la risoluzione del problema nel suo specifico contesto. Se ciò non risolve il problema, quest'ultimo viene riportato al livello superiore come indicato in fig. 6.7.

Per esempio, se un certo quality gate non può essere soddisfatto durante l'esecuzione dei servizi, una escalation del problema viene effettuata dal QSR Manager. Se non è possibile risolvere il problema a questo livello, viene effettuata un'ulteriore escalation al livello superiore, cioè al responsabile della QSF. Se ancora il problema non può essere risolto, un'escalation sarà riportata dal comitato di direzione al livello di management. Se si verifica un'altra situazione che causa l'escalation non riportata in questo contesto, verrà applicata la corrispondente matrice dell'escalation.

6.1 Il nostro approccio alla factory

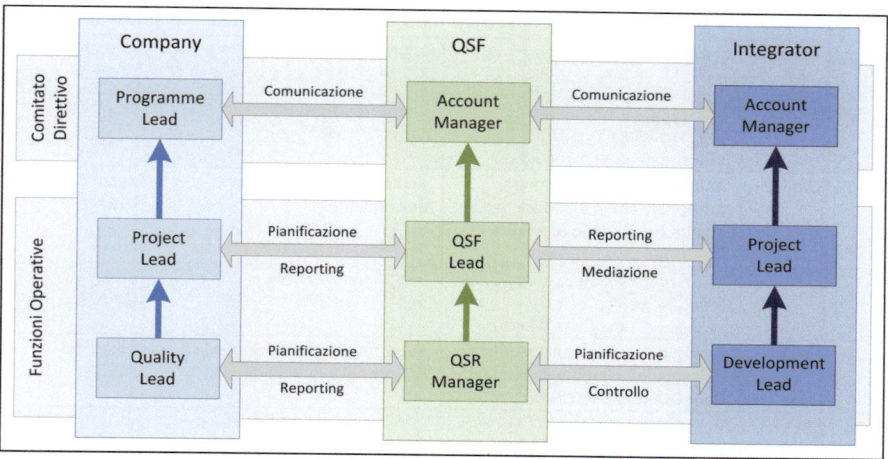

Figura 6.7: Collaboration e Escalation

Engagement model e pricing

L'engagement model e pricing sono basati sulla QSR come nella fase di roll out della QSF.

Durante la fase di setup, tutti i prezzi sono basati su "Time and Material". In relazione alla situazione corrente del cliente e dell'informazione all'interno del progetto, si può proporre un prezzo fisso basato su una tariffa combinata, che include una parte aggiuntiva per coprire il rischio.

L'asset e il pricing basato sul valore è definito in fase di esecuzione. Tutte le attività effettuate dalla QSF saranno avviate da un ordine V&V. Ogni ordine V&V, quindi, consiste in un solo servizio, cosicché il pricing può essere correlato agli asset e ai valori associati a tali servizi. La tabella 6.8 è costituita da quegli elementi dove gli asset/valori provengono dalla descrizione del servizio.

In alternativa, l'azienda può anche optare per un modello di tariffa mista. Comunque, nessuna riduzione della tariffa può essere offerta nel modello di tariffa mista. Durante la fase stabile è definito solo il pricing del rischio e il pricing basato sul valore. La tabella 6.10 riprende i servizi dalla tabella 6.2 e associa un tipo di prezzo.

Tabella 6.10: Esempio di configurazione del pricing degli ordini della QSF durante la fase stabile

SID	Nome del servizio	Risultati principali	Assegnazione costo fisso
QSF-COR-S01	Analisi dei requisiti con il feedback della qualità e il modello di qualità ReqQMod	Report della qualità dei requisiti	Prezzo del package
QSF-COR-S02	Analisi della progettazione funzionale con il feedback della qualità e il modello di qualità DocQMod	Report della progettazione della qualità	Prezzo del package
QSF-COR-S03	Analisi dell'architettura con il feedback della qualità e il modello di qualità ArchQMod	Report della qualità dell'architettura	Prezzo del package
QSF-COR-S04	Analisi del codice con il feedback della qualità e i modelli di qualità CodeQMod e DataQMod	Report della qualità del codice Report della qualità dei dati	Prezzo del package
QSF-COR-S05	Generazione del prodotto della qualità con i feedback della qualità e i modelli di qualità	Prima versione del rispettivo prodotto della qualità	Non applicabile
QSF-COR-S06	Manutenzione del prodotto di qualità	Nuova versione del rispettivo prodotto della qualità	Prezzo del package
QSF-COR-S07	Ottimizzazione delle risorse di qualità	Risorse della qualità ottimizzate	Prezzo del package
QSF-COR-S08	Test del prodotto	Risorse del test per il rispettivo prodotto	Prezzo del package
QSF-COR-S09	Test del processo di business	Risorse del test per i rispettivi processi di business	Prezzo del package
QSF-COR-S10	Test funzionale	Risorse del test per le rispettive funzioni di un'applicazione	Prezzo del package
QSF-COR-S11	Test esplorativi	Risorse del test per i rispettivi elementi di test	Non applicabile
QSF-COR-S12	Test di carico/performance	Risorse del test per i rispettivi elementi di test	Non applicabile-
QSF-COR-S13	Test di sicurezza	Risorse del test per i rispettivi elementi di test	Non applicabile
QSF-COR-S14	Secondo ciclo di test dei difetti con il corrispondente modello di qualità e lista di difetti	Risorse del test per i rispettivi elementi di test	Prezzo del package
QSF-MAN-S15	Gestione dei test	Pianificazione, monitoraggio e controllo delle attività dei test	incluso nel rispettivo prezzo del package
QSF-MAN-S16	Gestione degli ordini	Pianificazione, monitoraggio e controllo degli ordini	incluso nel rispettivo prezzo del package
QSF-MAN-S17	Gestione dei difetti	Pianificazione, monitoraggio e controllo dei difetti	incluso nel rispettivo prezzo del package
QSF-SUP-S18	Setup, manutenzione edesercizio del tool di test	Tool di test pronto per l'uso	Prezzo del package
QSF-SUP-S19	Gestione dell'infrastruttura e dell'ambiente	Infrastruttura e ambiente pronto all'uso	Prezzo del package
QSF-SUP-S20	Gestione dei dati di test	Definizione, setup e manutenzione dei dati di test	Prezzo del package

6.2 Cooperazione con il business e l'ICT

Per il successo di una QSF è necessario definire una struttura di governance adatta e un modello di cooperazione tra QSF e altre unità dell'organizzazione del business e dell'ICT, cosicché tutti i partner agiscono in trasparenza rispetto alle proprie responsabilità. Dietro una struttura di comunicazione adatta, il principio base è definito dagli output (cfr: Capitolo 2). I quality gate per una certa QSF devono essere definiti nel concetto QSF nella fase di set up. L'orientamento è fornito dal modello del ciclo di vita (cfr: Fig. 6.5).

I quality gate sono non solo parte della transazione tra due fasi, ma possono anche essere messi in atto all'interno di una fase. Nella tabella 6.11, abbiamo illustrato 3 esempi di quality gate per dare utili dimostrazioni dei nostri progetti e delle nostre esperienze. La prima è chiamata "Ready for system test", necessaria per verificare se l'applicazione o il sistema ha le proprietà del prodotto richieste; la seconda è chiamata "Ready for acceptance test", dove gli utenti potenziali verificano le proprietà di quality-in-use dell'applicazione e indicano la loro accettazione. L'ultima è chiamata "Ready for go-live": di solito è l'ultimo step prima che l'applicazione sia gestita in Esercizio. L'ultima QG è particolare perchè la QSF non partecipa

Tabella 6.11: Esempi di quality gate di una QSF

QG	Prodotti rilevanti	Criteri di qualità	Consegnato dal progetto	Consegnato dalla QSF	Accettazione tramite il progetto	Accettazione tramite la QSF	Tempo per accettazione
Pronto per il test di sistema (System Test - ST)	Schedulazione del tempo – impiegato per ST	Completo, durevole, realizzabile basato su rischi in esercizio noti	x			x	1
	Test del componente del report	Copertura del codice (100%)	x			x	2
	Test di integrazione del componente del report	Copertura del codice (100%)	x			x	2
	Ambiente ST	Completo, incluso il software e i dati di test	x			x	5
	Schedulazione del tempo di ST	Completo, durevole, realizzabile basato su rischi in esercizio noti			x	x	1
	Specifica del test case di ST	Completo, per esempio, almeno un test concreto per ogni test case logico			x	x	5
	Report di ST (inclusi i risultati di ST)	Copertura funzionale (100%); test case superati (95%)			x	x	3

Tabella 6.11: Continuazione

Pronti per i test di accettazione (User Acceptance Test - UAT)	Schedulazione del tempo – impiegato per UAT	Completo, durevole, realizzabile basato su rischi in esercizio noti	x			x		1
	Report di ST	Fornito da ST						
	Ambiente UAT	Completo incluso il software e i dati di test	x			x		5
	Schedulazione del tempo di UAT	Completo, durevole, realizzabile basato su rischi in esercizio noti		x	x			1
	Specifica del test case di UAT (FSpec)	Idoneità della funzionalità, per esempio, almeno un test case per ogni processo di business E2E		x	x			5
	Specifica del test case di UAT (NFSpec)	Misura dell'efficienza delle performance (dipendente dal tipo di applicazione/sistema); misura di affidabilità (dipende dal tipo di applicazione/sistema); misura della sicurezza (dipende dalla potenziale minaccia)		x	x			3
	Report di UAT (inclusi i risultati degli UAT)	Copertura E2E (100%) e test case superati (95%) e nessun evento critico; misura dell'efficienza delle performance (dipende dal tipo di applicazione/sistema); misura della sicurezza (dipende dalla potenziale minaccia)		x	x			3
Pronto per il rilascio in esercizio (Go-live - GOL)	Tempo di schedulazione – impiegato per il rilascio in esercizio	Completo, durevole, realizzabile basato su rischi in esercizio noti	x					
	Report di UAT	Fornito da UAT						
	Ambiente di produzione	Completo inclusi i dati di software e produzione	x					
	Prova generale	Nessun evento critico e nessun rischio senza il piano di continuità del business	x					
	Report di accettazione finale (inclusi i risultati della prova generale)	Completo in termini di direttive di qualità/rischio e risultati; raccomandazioni finali per il rilascio in esercizio	x					

attivamente alla verifica di questa QG, ma viene citata per completezza e mostra come i risultati siano usati dai precedenti servizi della QSF.

Nella tabella 6.11 l'ultima colonna è denotata dal "tempo di accettazione", che è misurato in giorni lavorativi (working days - WD).

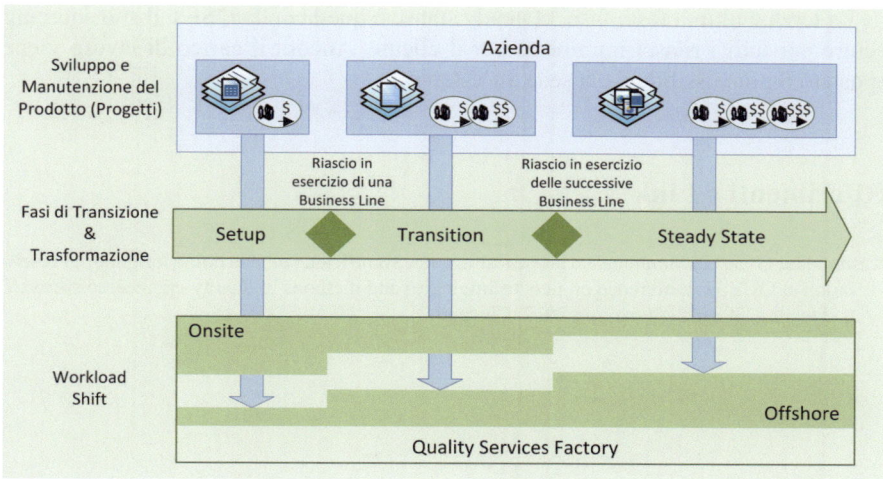

Figura 6.8: Transizione in una QSF

6.3 Transizione e trasformazione

L'approvazione di un nuovo cliente segue la pianificazione strategica dell'implementazione della corrispondente applicazione. Dopo aver deciso di accettare un nuovo cliente, bisogna mettere in atto diverse fasi per avviare il cliente alla normale gestione della QSF. I servizi applicati, così come i diversi livelli di implementazione della QSF, sono rappresentati schematicamente nella fig. 6.8.

Appena un nuovo cliente è stato inserito, le corrispondenti attività e prodotti saranno gradualmente integrati in un approccio QSF. Questo processo è separato nelle seguenti tre fasi:

- fase 1: setup;
- fase 2: execution;
- fase3: steady state.

La fase 1 (setup) analizza la situazione in atto nella sede del nuovo cliente per trovare la giusta strategia e il giusto approccio per l'integrazione nella QSF e nei suoi servizi. Questa fase termina con il rilascio in esercizio di una business line. Le esperienze effettuate nella prima fase influenzeranno l'approccio delle due fasi successive. La parte principale del lavoro verrà realizzata da un team in loco.

La fase successiva, fase 2 (execution), prevede lo spostamento di una certa quantità del carico di lavoro dalla sede all'esterno. Questo è un processo continuo che farà sempre più affidamento sull'approccio QSF per il nuovo cliente. Alla fine di questa fase sarà completato il rilascio in esercizio di tutte le linee di business. Le esperienze influenzeranno la visione della prossima fase.

La terza e ultima fase, fase 3 (steady state), è quella della QSF e il suo sourcing centre per tutti i rilasci imminenti per il cliente. Ancora il carico di lavoro viene spostato il più possibile dalla sede all'esterno.

Riferimenti e Link

Kashmalkar G (2012) Maintenance phase testing – the significant value in doing it right. In: Presentation at QUEST conference on new technologies and methods in quality engineered software and testing, 30 aprile-4 maggio 2012, Chicago

Capitolo 7
Benefici della RiSSQ, bilanciare qualità e rischio

Ricordiamo (vedi capitolo 4) che la qualità simultanea è gratuita, poiché è costruita sul prodotto durante lo sviluppo e la manutenzione dello stesso. Se richiediamo di effettuare lo sviluppo e la manutenzione al livello corretto di qualità, o rispettivamente al livello corretto di rischio, è spesso più difficile ottenere risposte logiche e complete. Comunque, occorre trasparenza sulla qualità e sul rischio per essere sicuri che gli investimenti sulle risorse (persone, denaro, tempo, etc.) siano sostenibili. Infine, abbiamo bisogno di affidabilità nella realtà ICT e nei suoi componenti.

La qualità e/o il rischio deve essere previsto e controllato. Nel caso della qualità è un investimento per il futuro, proprio per ridurre il disservizio per il business, e nel caso di rischio rappresenta il costo quando i rischi diventano perdite. I rischi possono essere gestiti solo se sono noti. Perciò, investire sufficientemente nella gestione della qualità e nella quality engineering porterà successivamente a notevoli costi. L'obiettivo è bilanciare gli investimenti sul quality management e sulla quality engineering con i costi dei disservizi e delle perdite.

Con la nostra definizione di corretta qualità possiamo chiarire quali sono i rischi e dove si trovano, ma anche calcolare un optimum in cui gli investimenti e i rischi residui sono bilanciati. Questo verrà descritto brevemente nel capitolo seguente.

7.1 Fare chiarezza sui rischi del prodotto ICT

La qualità e il rischio di un prodotto ICT sono le due facce della stessa medaglia. Come discusso nel capitolo 3, la qualità è il grado con il quale un prodotto soddisfa le esigenze espresse ed implicite dei vari stakehoder e questo fornisce valore all'azienda. Invece, il rischio è il grado con il quale un prodotto non soddisfa le esigenze espresse e implicite dei vari stakeholder e questo rappresenta il potenziale danno e le possibili perdite. I rischi cambiano nel tempo e in relazione agli stakeholder, come fa la qualità (cfr: Capitolo 2 e 3). Cosa vuol dire questo per un prodotto ICT durante il suo ciclo di vita? Esaminiamone brevemente le motivazioni aziendali basate su fig. 7.1.

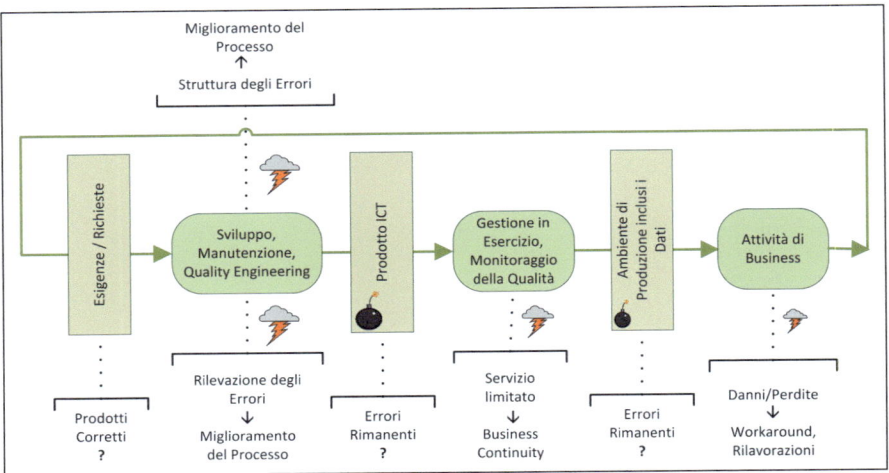

Figura 7.1: Evoluzione della qualità e del rischio

Il processo inizia con le esigenze o le richieste dal business per nuove funzionalità modificate o per migliorare l'efficienza. Molto spesso questo conduce allo sviluppo di un nuovo prodotto ICT o alla modifica di uno esistente (manutenzione). Quando il prodotto è stato completato, la gestione in esercizio lo indirizza verso l'ambiente di produzione. Una volta che è stato ultimato, se tutto va bene, il business viene soddisfatto con la risoluzione.

Durante le varie fasi, c'è la possibilità di fare errori, prendere decisioni sbagliate o inappropriate e consegnare soluzioni scomode e propense all'errore. Due domande hanno bisogno di trovare risposta: i processi sono corretti e i prodotti intermedi sono corretti? Assumendo che le esigenze o i requisiti siano descritti in un modo adatto – che sfortunatamente non corrisponde sempre alla realtà – lo sviluppo o la manutenzione e la quality engineering iniziano i loro processi di implementazione e manutenzione. Questa fase in fig. 7.1 è propensa all'errore, nel senso che potrebbero essere generati errori durante la realizzazione e durante la rilevazione degli errori effettuati nella fase di realizzazione. I processi e i prodotti nelle successive fasi del ciclo di vita dipendono, in misura variabile, dai processi e dai prodotti nelle sue prime fasi. Metodi, procedure, e tool appropriati devono essere applicati durante la gestione degli errori per fare chiarezza sulla qualità o sul rischio di tali processi o prodotti. Naturalmente, questo è anche valido per il prodotto finale. Alla fine di ogni processo sappiamo che non ci sarà il 100% di qualità o lo 0% di rischio nel prodotto intermedio o nel prodotto ICT finale. Ci saranno errori residui quando si va in produzione, ma molto spesso non sappiamo di cosa si tratti. Ciò di cui abbiamo bisogno è una previsione del livello di qualità o del livello di rischio. Quest'ultimo sembra più facile da calcolare perché abbiamo già molti metodi di gestione del rischio.

La prossima fase in fig. 7.1 è "Gestione in Esercizio e Monitoraggio della Qualità". La gestione in esercizio deve fornire meccanismi per assicurare la business continuity in caso di errori delle applicazioni o dei sistemi. Perciò, sarebbe necessa-

7.1 Fare chiarezza sui rischi del prodotto ICT

rio allineare il livello di qualità o di rischio proveniente dallo sviluppo o dalla manutenzione alle esigenze della business continuity (cfr: Wieczorek et al. 2002). Alla fine di questo processo, la gestione in esercizio fornisce un ambiente di produzione che gli utenti di business usano nelle attività quotidiane. Quindi la qualità emerge durante lo sviluppo e la manutenzione e deve essere fatta in modo trasparente per gli stakeholder rilevanti, il C-level, il senior management e il livello operativo per consegnare agli utenti di business soluzioni e prodotti ICT affidabili.

Per ottenere trasparenza sul livello di rischio e sul livello di investimento per tutti i prodotti nel ciclo di vita, è utile avere un meccanismo di calcolo che aiuti a prendere le decisioni giuste sui livelli di qualità e rischio e sugli investimenti. Ricordiamo le diverse fasi del ciclo di vita e i loro prodotti nel capitolo 2:

1. Identificazione delle esigenze: un esempio di prodotto è la "documentazione delle esigenze";
2. Definizione dello scopo del progetto e pianificazione: un esempio di prodotto è la "carta dei servizi del progetto";
3. Analisi dei requisiti: un esempio di prodotto sono le "specifiche dei requisiti";
4. Design funzionale e tecnico: un esempio di prodotto è il "modello architetturale";
5. Sviluppo: un esempio di prodotto è il "codice sorgente";
6. Integrazione e attività di test: un esempio di prodotto è il "system cluster";
7. Implementazione: un esempio di prodotto è l'"ambiente di sistema";
8. Esercizio & Manutenzione; un esempio di prodotto è il sistema produttivo (realtà ICT).

Per tutti i prodotti rilevanti è necessario rispondere alle seguenti domande per avere una previsione del livello della qualità e del rischio, e confrontare questo con gli obiettivi provenienti dal livello tattico e strategico di un'azienda. Questo è anche necessario per allineare gli investimenti sulla quality assurance con la strategia ICT.

1. Qual è il rischio fornito da un modello architetturale non verificato, basato su metodi, procedure e risorse di sviluppo in atto, se non c'è la gestione degli errori?
2. Quale investimento aggiuntivo è necessario per la gestione degli errori?
3. Quali metodi sono disponibili per la gestione degli errori?
4. Qual è l'impegno aggiuntivo per le attività supplementari di gestione degli errori?
5. Qual è la riduzione del rischio atteso delle attività supplementari di gestione degli errori?

L'esempio in fig. 7.2 aiuterà ad analizzare la situazione dell'azienda nella fase di avvio di un progetto o per altre motivazioni strategiche. I prodotti rilevanti sono impostati in relazione ai parametri che devono soddisfare.

In conclusione, abbiamo bisogno di un metodo di calcolo che permetta di ragionare sulla qualità o sul rischio durante l'intero ciclo di vita, che consenta i criteri di accettazione nei quality gate intermedi durante l'accettazione del prodotto finale e fornisca suggerimenti per la business continuity in Esercizio.

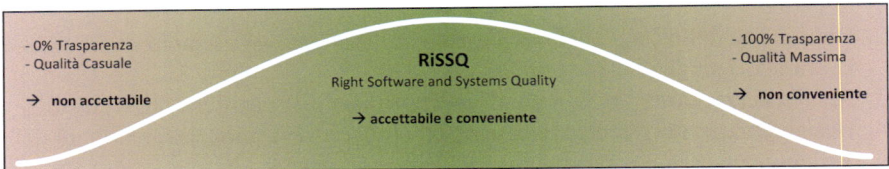

	Expected Risk	Risk Reduction	Investment	Time Schedule	Remaining Risk
Needs Documentation					
Project Documentation					
Requirements					
Architecture					
Source Code					
Product/System					
System Cluster					
ICT Systems Landscape					

(Overlay: 1. Calculation by experts 2. Simulation of different scenarios 3. Decision about scenario to be taken)

Figura 7.2: RiSSQ calculation sheet

Figura 7.3: Bilanciare qualità e rischio

7.2 Bilanciare qualità e rischio

Come già detto nei precedenti capitoli, le misure dirette per la qualità sono difficili da definire e molto spesso troviamo delle alternative che in qualche modo presentano un'approssimazione della qualità. Questo non vale per altri due importanti indicatori di progetto, ovverro il budget e il tempo. Ci sono altri testi che riguardano la misura e il controllo della qualità del prodotto software, per esempio Wagner (2013) e Boland et al. (2010).

È necessario bilanciare la qualità e il rischio come rappresentato in fig. 7.3.

Nel capitolo 3 abbiamo introdotto la nostra valutazione del Right Software and Systems Quality. Questa comprende l'investimento per la verifica e la validazione di particolari caratteristiche di qualità per budget e tempo. Usiamo il nostro metodo di calcolo RiSSQ per mostrare un esempio preso dalla verifica di uno specifico sistema (o prodotto) ICT. Il nostro metodo di calcolo ha bisogno di diversi dati di input per la taratura e prevede il livello di rischio e di investimento: essi producono diversi scenari per ottenere il livello corretto di qualità/rischio. Vari parametri di input sono richiesti per il calcolo, per esempio:

- valori target;
- valori di taratura V&V;
- valori di classificazione del progetto.

Una rappresentazione semplificata di tale calcolo è fornita in figura 7.4. I due diagrammi in fig. 7.5 mostrano lo stesso valore delle tabelle. Esso dà una panoramica su dove investire e indica il livello di rischio atteso.

Calculation Scenario for a particular Change Request

			Functional Testing	Functional Regression Testing	Performance Testing	Security Testing	Business Process Testing	Total
	Residual Risk Level:		Target 20.00%	Prediction 14.62%				
	Investment for QA:		180,000 €	242,625 €				
	V&V Procedures		FT	FRT	PT	ST	BPT	T
V&V Calibration	Normalised Effort	[unit]	0.75	0.25	2.50	2.50	1.25	
	Hit Rate	[%]	90.00%	90.00%	60.00%	80.00%	90.00%	
Project Classification	System Risk due to Change Request	Index	100	30	20	60	50	260
		[%]	38.46%	11.54%	7.69%	23.08%	19.23%	100.00%
	V&V Volume	Units	500	500	15	50	50	
	Affected Volume	[%]	30.00%	70.00%	80.00%	10.00%	100.00%	
Prediction for V&V	Risk Reduction	Index	90	27	12	48	45	222
		[%]	40.54%	12.16%	5.41%	21.62%	20.27%	100.00%
	Residual Risk	Index	10	3	8	12	5	38
		[%]	3.85%	1.15%	3.08%	4.62%	1.92%	14.62%
	Investment	[€/unit]	750 €	750 €	900 €	1000 €	850 €	
		[€]	84,375 €	65,625 €	27,000 €	12,500 €	53,125 €	242,625 €
		[%]	34.78%	27.05%	11.12%	5.15%	21.90%	100.00%

Figura 7.4: Esempio di calcolo RiSSQ per una change request

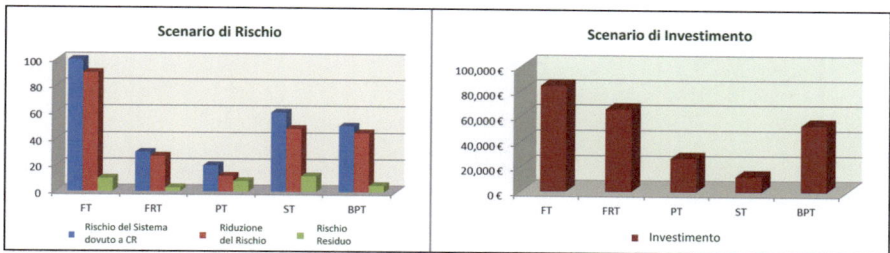

Figura 7.5: Diagramma di investimento/rischio per l'esempio del calcolo RiSSQ

Riferimenti e Link

Boland T, Cleraux C Fong E (2010) Toward a preliminary framework for assesing the trustworthiness of software. Software and Systems Division, Information Technology Laboratory, NIST National Institute of Standards and Technology, Gaithersburg, MD

Wagner S (2013) ◇Software product quality control. Springer, Berlino

Wieczoreck M, Naujoks U, Bartlett B (eds) (2002) Business continuity – IT risk management for international corporations. Springer, Berlino

Capitolo 8
Come concludere la discussione

Questo capitolo conclude il nostro percorso, nel quale abbiamo esaminato l'ICT e gli aspetti di qualità e discusso il nostro approccio olistico per la qualità delle aziende ICT. A questo fine abbiamo dato 3 definizioni base: una nozione fondamentale di RiSSQ; portfolio management, quality governance, quality management e quality engineering come approccio olistico attraverso i 3 livelli di un'azienda, cioé strategico, tattico e operativo; una struttura di industrializzazione per implementare la quality engineering.

La sezione 8.1 descrive le argomentazioni dei capitoli da 1 a 7 e la sezione 8.2 fornisce una check list per stabilire il nostro approccio rispetto ad una situazione aziendale.

8.1 Ciò che è stato ottenuto

Contemporaneamente alla stesura di questo libro, molti difetti e guasti si saranno verificati nei sistemi reali in cui la tecnologia, il software e le persone svolgono un ruolo fondamentale: in essi sono state riscontrate incertezze sulle reali proprietà dei rispettivi sistemi, di cui non si conosceva così tanto da pensare di investire nella quality engineering per raggiungere un basso livello di rischio. Prendiamo il seguente esempio, tradotto da Burket (2013):

> "molte famose applicazioni basate su Android hanno diversi problemi di sicurezza. Questo non è solo fastidioso ma potrebbe portare ad un danno ingente perché banche e pubblicitari lo usano. Android è il sistema operativo mobile de facto. Esso è installato in tutto il mondo nella maggior parte dei dispositivi mobile come Smartphone e tablet."

Sandberg e Rollins affermano anche nel loro libro (Sandberg and Rollins 2013):

> "se vuoi raggiungere più utenti con un singolo codice, Android è il modo per farlo."

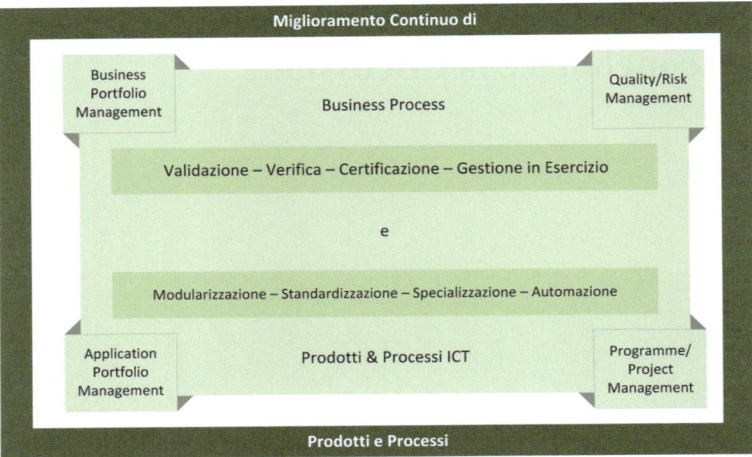

Figura 8.1: Qualità di un'azienda ICT che attiva la RiSSQ

Basandoci su tali esempi abbiamo discusso in questo libro sul fatto che i due mondi dei sistemi ICT e dei sistemi embedded si stanno incontrando, che la software industry è sul punto di industrializzare i suoi processi di sviluppo e perciò devono essere rivisti il quality management e la quality engineering.

Siamo partiti dall'idea di focalizzarci sui prodotti ICT e sui loro cicli di vita, piuttosto che pensare puramente in termini di progetti. Inoltre, abbiamo detto che non bastano solo le metodologie, procedure e tool migliori, la parte di quality management e quality engineering per migliorare la qualità dei prodotti ICT e assicurare la business quality. Deve essere stabilito e implementato un approccio integrato e olistico alle questioni della qualità, in tutte le loro manifestazioni, in un'azienda. Nel fare ciò, l'industrializzazione della quality engineering sarà anche una questione di scelta come volontà di integrazione con il portfolio management.

Abbiamo discusso e definito 3 punti base:

1. Una nozione fondamentale di Right Software and Systems Quality;
2. Un approccio gestionale, durevole, nel portfolio management, risk management, quality governance e quality management, in riferimento a tutti e 3 i livelli di un'azienda, cioè strategico, tattico e operativo;
3. Una struttura di industrializzazione per implementare RiSSQ in un'azienda.

Le pietre miliari del nostro approccio sono descritte in fig. 8.1.

Capitolo 1: Motivazioni e introduzione

Come settore relativamente giovane, il settore del software ha visto per molti anni la realizzazione di nuovi metodi, procedure e tool per rendere lo sviluppo del software

8.1 Ciò che è stato ottenuto

meno propenso all'errore e più redditizio. Molti nuovi paradigmi sono stati inventati, come quello di sviluppo Agile e incrementale. La qualità del prodotto e la qualità del processo sono diventati concetti ugualmente importanti. Nel complesso crediamo che un ulteriore step sia necessario per migliorare lo sviluppo del software o parte di esso, in senso lato.

Abbiamo discusso esempi di diverse pubblicazioni su casi di insuccesso di sistemi software. È stata presentata una breve storia dei sistemi ICT e sistemi embedded per effettuare un confronto. Abbiamo analizzato le similitudini e le differenze tra la realtà ICT e la realtà embedded, per imparare da entrambe la possibilità di migliorare la qualità del sistema ICT. Abbiamo discusso delle principali sfide nel ciclo di vita dei sistemi software e abbiamo rivisto gli approcci all'industrializzazione esistenti.

Per concludere, nel primo capitolo abbiamo ipotizzato un approccio olistico alla qualità che si fonda su 3 pilastri:

1. un concetto dell'intera azienda che comprende il portfolio management, quality governance, quality, risk management e quality engineering;
2. un modello di industrializzazione per la quality engineering come struttura di implementazione;
3. una nozione per l'intera azienda di un corretto livello di qualità del software e del sistema.

Capitolo 2: Le 4 "P" dell'azienda ICT

Un approccio olistico alla qualità si fonda su una certa visione delle aziende e delle loro ICT. Descrivere le aziende e le loro ICT è un compito complesso e molte discipline e persone si sono dedicate a questo. In questo ambito non è nostro obiettivo fornire un'altra teoria di Business Administration, Computer Science, ICT management o simili, ma piuttosto presentare le questioni di un approccio olistico alla qualità allineate a livello verticale e orizzontale con l'organizzazione aziendale.

Tale approccio deve essere in linea con le richieste del business e influenza le persone che vi lavorano, i processi implementati, i prodotti ICT implementati e le applicazioni e i progetti e programmi ICT definiti. Abbiamo discusso tutti questi argomenti e li abbiamo chiamati le 4 "P" per indicare: 1) Persone, 2) Processi, 3) Prodotti, 4) Progetti e Portfolio.

Capitolo 3: Qual è il Right Software and Systems Quality?

Di certo, il settore del software ha riconosciuto che la qualità dei sistemi software è importante. Una varietà di tool è stata resa disponibile per condurre la verifica e la validazione a supporto del computer dei rispettivi prodotti. Molti di loro sono dedicati ai test dinamici e controllo statico della qualità del codice. I tool stessi coprono una varietà di capacità di testing, e abbracciano le dinamiche dei vari scenari attraverso ambienti di sviluppo di applicazioni e progetti tramite sistemi di produzione. Di solito, i progetti e i programmi hanno iniziato a potenziare, sostituire, manutenere o migliorare i sistemi software. Tali progetti e programmi hanno definito obiettivi e condizioni della struttura, che sono principalmente orientati alle funzionalità, al budget e al tempo. Ma la domanda "da dove vengono i requisiti della qualità?" è ugualmente importante.

Abbiamo considerato le caratteristiche della qualità per la quality-in-use e la qualità del prodotto basata su una serie di standard ISO (cfr. ISO/IEC 25010 2011 e ISO/IEC 25012 2008) e abbiamo dedotto dall'esperienza pratica una valutazione della rilevanza delle specifiche caratteristiche di qualità per i diversi tipi di sistema, per esempio i sistemi legacy. Abbiamo anche messo alla prova diversi stakeholder e le loro aspettative riguardanti le caratteristiche di qualità. Questo ci porta direttamente alla domanda "le proprietà dei sistemi software cambiano nel tempo e in risposta ai cambiamenti delle attese degli stakeholder?". Inoltre, abbiamo definito la nostra nozione di Right Software and Systems Quality e abbiamo suggerito un modello di qualità fattibile per ogni prodotto del ciclo di vita.

Capitolo 4: Come possiamo stabilire la Right Quality per un'azienda?

Nel 2012, ISACA ha pubblicato i risultati di un'indagine effettuata su circa 3700 professionisti ICT e professionisti di business e membri ISACA (2012). Più del 40% degli intervistati era operante in organizzazioni del settore della finanza, bancario, assicurativo, governativo e militare. Un risultato sorprendente è stato che più del 50% degli intervistati ha affermato che "il livello di coinvolgimento del business management nella governance dell'ICT di un'azienda non è molto alto".

Dal nostro punto di vista, per la realtà ICT è arrivato il tempo di intraprendere un approccio product-oriented e un approccio project-oriented. I sistemi ICT sono prodotti, quindi ci sono due importanti questioni da considerare: garantire che il prodotto sia corretto e che abbia la corretta qualità. Obiettivi chiari da parte del top management sono necessari per impostare lo scopo e la libertà di azione, ma anche per definire le caratteristiche della qualità. Perciò abbiamo discusso il nostro concetto di portfolio management integrato, quality governance e quality management, orientato ai livelli dell'azienda, cioé quello strategico, tattico e operativo. Ogni livello è stato descritto individualmente.

Capitolo 5: Come possiamo implementare una struttura per la Right Quality?

Creare una struttura per la right quality, che consenta la piena trasparenza sulla qualità dei prodotti e l'allineamento dei rischi alle esigenze di business dell'azienda, significa implementare un approccio alla qualità olistico e integrato. Dal nostro punto di vista, questo approccio deve essere sia product che project oriented. La nostra struttura per autorizzare la right quality accompagna le aziende nel loro percorso da una gestione basata esclusivamente sulle singole azioni delle persone ad una basata su una *Quality Service Factory* altamente efficiente e redditizia, caratterizzata da un adeguato grado di industrializzazione che si focalizza sulla quality engineering.

Il modo più adatto di valutare e migliorare l'organizzazione attraverso l'industrializzazione è spiegato nelle pagine successive, dalle 5 dimensioni della nostra "House of Quality". Queste dimensioni sono modularizzazione, standardizzazione, specializzazione, automazione e continuo miglioramento, supportate dal quality management e dalla quality governance. Deve essere valutato attentamente l'ordine di applicazione delle suddette dimensioni, altrimenti potremmo aver bisogno di una successiva revisione completa dell'approccio della quality engineering. Il risultato migliore può essere raggiunto generalmente seguendo la sequenza suddetta, anche se è possibile e a volte necessario lavorare in parallelo sulle problematiche specifiche delle diverse dimensioni per miglioramenti interni o per ridurre i rischi ad alta priorità. Per esempio, l'automazione di particolari aspetti della qualità è più efficiente quando la modularizzazione e la standardizzazione sono già state implementate fino ad un certo punto, per evitare ulteriori attività lavorative e di manutenzione aggiuntive. Inoltre, questo ordine consente un alto grado di riuso dei componenti preesistenti.

Capitolo 6: La Quality Service Factory

Un numero crescente di aziende in vari settori hanno implementato un modello *shared-service* che fornisce servizi ICT ai loro utenti finali o clienti. L'obiettivo del team di servizi condivisi è guidare i potenziamenti e i miglioramenti delle applicazioni e dei sistemi di business esistenti. In aggiunta, c'è il focus del consolidamento e della sostituzione di sistemi legacy, che sono il risultato di acquisizione o sono stati accumulati nel tempo come parte del sistema complessivo.

Siamo convinti che un approccio olistico, focalizzato sulla qualità ICT, che combini l'orientamento del prodotto con la quality engineering, l'industrializzazione e una nozione solida di right quality, ridurrà i costi. L'obiettivo finale dell'industrializzazione, come discusso nel capitolo 5, è la cosiddetta Quality Service Factory. È utile allinearsi con un partner strategico per definire, costruire e far funzionare tale modello. Ci sono diverse ragioni per coinvolgere uno specialista: l'aumento della velocità dell'implementazione del modello nello specifico, l'esperienza, le best practice, l'autonomia e la flessibilità. L'organizzazione ospitante può contribuire con la conoscenza e l'esperienza del proprio dominio e delle proprie metodologie. L'organizzazione specialistica può vantare molti anni di esperienza nell'implementazione e nel miglioramento dei processi necessari di una grande varietà di clienti.

Per trasformare l'organizzazione di qualità in atto in una QSF, bisogna prendere in considerazione in anticipo i vari aspetti e le varie attività. Questo non dipende dal fatto che la QSF operi esclusivamente internamente all'azienda o in collaborazione con un partner strategico. Sono stati discussi vari aspetti e attività, quali servizi QSF, processi e strutture QSF, meccanismi di escalation QSF e il modello di cooperazione QSF con le unità di business e le altre strutture ICT nell'azienda.

Capitolo 7: I benefici di RiSSQ, bilanciare qualità e rischio

Nel capitolo 4 abbiamo detto che la qualità casuale è gratuita, in quanto ottenuta nel prodotto dallo sviluppo e dalla manutenzione. Se chiediamo lo sviluppo e la manutenzione del prodotto per il corretto livello di qualità o rispettivamente per il corretto livello di rischio, non è facile ottenere risposte logiche e complete. Comunque, abbiamo ancora bisogno di trasparenza sulla qualità e sul rischio per essere sicuri che gli investimenti sulle risorse (persone, denaro, tempo, etc.) siano sostenibili. Alla fine, abbiamo bisogno di affidabilità nella realtà ICT e nei suoi componenti.

La qualità e il rischio devono essere previsti e controllati. Nel caso della qualità, si tratta di un investimento per il futuro, per ridurre l'interruzione del servizio e nel caso del rischio ciò rappresenta il costo se i rischi diventano perdite. I rischi possono essere gestiti solo se sono noti. Perciò, investire in maniera non adeguata nella gestione della qualità e nella quality engineering porterà a costi che non potranno essere evitati. L'obiettivo è bilanciare gli investimenti per la gestione della qualità e la quality engineering con i costi per le interruzioni di servizio e le perdite. Abbiamo detto che con la nozione di RiSSQ possiamo chiarire quali siano i rischi e capire dove si trovano, ma possiamo anche calcolare un optimum in cui gli investimenti e i rischi residui siano bilanciati.

Una checklist per stabilire RiSSQ in un'azienda

Concluderemo questo capitolo con una checklist per stabilire RiSSQ, se un'azienda o le strutture hanno un portfolio management solido e completo e un sistema di quality governance in atto. Abbiamo diviso la checklist in 3 tabelle separate: tabella 8.1 sul livello strategico; tabella 8.2, che si applica al livello tattico; tabella 8.3, che si applica al livello operativo.

8.1 Ciò che è stato ottenuto

Tabella 8.1: Checklist - livello strategico

	Argomenti	Domande
Livello strategico	Gestione portfolio	1. Valuti regolarmente i cambiamenti nel tuo business e nel mercato? 2. Hai un processo di portfolio management? 3. Hai definito il portfolio di business? 4. Hai un'architettura del processo di business? 5. Stai facendo l'investimento corretto? Hai definito criteri di valutazione? 6. Ritieni che i programmi e i progetti saranno consegnati al meglio e raggiungeranno i loro obiettivi strategici? Hai definito i criteri di valutazione? 7. Credi che l'organizzazione stia operando per realizzare gli obiettivi attesi? Hai definito i criteri di valutazione?
	Modello della qualità del rischio	1. Hai un modello strategico della qualità del rischio a livello aziendale (policy, esigenze, rischi e caratteristiche di qualità)? 2. Tieni regolarmente in considerazione i cambiamenti nel business e nelle aspettative degli stakeholder per il modello della qualità del rischio? 3. Hai standardizzato KPI e KQI? 4. Hai un piano di implementazione per il modello della qualità del rischio come direttiva per il livello tattico? 5. Puoi gestire la qualità della tua realtà ICT, secondo KPI e KQI definiti?
	Ciclo di direttive e feedback	1. Hai definito la struttura di governance ICT e aziendale? 2. Hai definito la struttura di quality governance? 3. Hai assegnato gli obiettivi e le responsabilità di quality governance? 4. Fornisci direttive a livello tattico, relative agli obiettivi dei programmi, alla loro qualità e rischio? 5. Hai un concetto di formazione e comunicazione per la struttura di quality governance? 6. Hai un regolare processo di revisione della gestione per analizzare i feedback, comunicare e trovare accordo sulle azioni correttive? 7. Hai un approccio sistematico per conservare traccia di obiettivi, computi e risultati delle valutazioni?

Tabella 8.2: Checklist - livello tattico

	Argomenti	Domande
Livello tattico	Portfolio management	1. Stai portando avanti i programmi e i progetti corretti secondo le decisioni di investimento a livello strategico? 2. Hai definito il portfolio dell'applicazione? 3. Sei a conoscenza della corretta realtà dell'applicazione per le esigenze del business? 4. Ritieni che tutte le applicazioni supportano il tuo business in tutte le sue forme? 5. Sai se tutte le applicazioni hanno la corretta qualità? Hai definito i criteri di valutazione? 6. Sai se gli investimenti nelle applicazioni sono legati al livello di rischio di quella applicazione? 7. Hai definito gli obiettivi di industrializzazione? Hai definito i criteri di valutazione?
	Modelli della qualità del rischio per sistemi e applicazioni	1. Hai un modello di qualità del rischio per ogni applicazione o sistema? Hai definito i criteri di valutazione? 2. Hai tenuto in considerazione i diversi domini e processi di business per la definizione del modello della qualità del rischio? 3. I modelli della qualità del rischio soddisfano le direttive strategiche? 4. Hai definito il modello della qualità del rischio per tutti i prodotti rilevanti dei processi stabiliti di programmi e progetti? 5. Hai definito gli asset di verifica e validazione per le varie applicazioni o sistemi dovuti ai modelli della qualità del rischio? 6. Hai definito gli asset di verifica e validazione per i vari processi di business in relazione ai modelli di qualità del rischio?
	Asset V&V per sistemi e applicazioni	1. Hai definito e stabilito gli standard per gli asset di verifica e validazione che sono usati nei programmi e nei progetti? 2. Hai una struttura di industrializzazione? Hai definito i criteri di valutazione? 3. Hai un'infrastruttura per la verifica e la validazione, comprendendo gli ambienti, i tool e le procedure standard? 4. Hai definito criteri per costruire una struttura di regression, cioè regole di verifica e validazione? 5. Hai un framework per gli asset, per mantenere la qualità? 6. Ritieni che gli asset di qualità sono riusati dai programmi e dai progetti? Hai definito i criteri di valutazione?
	Direttive e ciclo di feedback	1. Conosci le direttive del livello strategico? 2. Sei sicuro che il quality management abbia le responsabilità adeguate per allineare le richieste di qualità agli obiettivi strategici? 3. Collezioni, conservi, analizzi i dati in accordo con le direttive della quality governance? 4. Hai meccanismi regolari per valutare dati, feedback e soddisfazione delle direttive stabilite? Hai definito i criteri di valutazione? 5. Ci sono cicli di feedback, dal livello operativo a quello tattico?

Tabella 8.3: Checklist - livello operativo

	Argomenti	Domande
Livello operativo	Requisiti di qualità e riduzione del rischio	1. Hai regole dettagliate e criteri per valutare rischi a livello operativo (programmi/progetti, applicazioni/ sistemi)? 2. Hai criteri provenienti dalla qualità e piani per la riduzione del rischio sistematicamente verificati in base agli attuali risultati delle revisioni e rilasciati in seguito? 3. La copertura degli obiettivi e criteri di qualità è valutata come parte del processo di autorizzazione? 4. I progetti ottengono i loro requisiti di qualità dal livello tattico?
	Asset V&V nei progetti	1. I progetti ottengono gli asset di verifica e la validazione dal livello tattico? 2. Hai una struttura di regression test che è derivata dalla libreria standard a disposizione?
	Lezioni apprese e ciclo di feedback	1. Esiste un ciclo di feedback, dal livello operativo al livello tattico a quello strategico, per il monitoraggio e il controllo della qualità e del rischio? 2. C'è un database di esperienze per raccogliere i dati di KPI e KQI forniti dall'Esercizio e dalla Manutenzione? 3. C'è una lista di compiti selezionati, derivati dagli standard di gestione della qualità e/o lezioni apprese dai progetti precedenti? 4. C'è un elenco delle lezioni apprese, valutate, preparate dal progetto attuale?

Riferimenti e Link

Burket A (2013) Systenterror durch fehlerhafte Apps für Android. Redaktion Springer für Professionals, Pubblicato il 10 dicembre 2013. Consultato il 21 gennaio 2014

ISACA (2012) Governance of enterprise IT (GEIT) survey – global edition. http://www.isaca.org/Pages/2012-Governance-of -Enterprise-IT-GEIT-Survey.aspx. consultato l'11 novembre 2013

ISO/IEC 25010 (2011) Systems and software engineering – systems and software quality requirements and evaluation (SQuaRE) – system and software quality models. International Organization for Standadization (ISO), Ginevra

ISO/IEC 25012 (2008) Software engineering – systems and software quality requirements and evaluation (SQuaRE) – Data quality model. International Organization for Standadization (ISO), Ginevra

Sanberg R, Rollins M (2013) The business of Android apps development: making and marketing apps that succeed on Google Play, Amazon Appstore and more. Apress, New York, NY

Appendice A: Modelli di qualità e metodi di verifica

Come indicato nei precedenti capitoli, non abbiamo trattato i vari metodi di verifica che sono già presenti in molte pubblicazioni. La tabella seguente può essere utile nella ricerca dei metodi appropriati per affrontare i diversi prodotti nel ciclo di vita del prodotto. Non pretendiamo che siano completi, ma abbiamo fornito metodi di verifica comuni, applicati nei nostri progetti.

Tipo di prodotto	Modello della qualità	Metodi di verifica
Documentazione	DocQMod	• Revisione tra pari • Revisione di gruppo strutturata • Spiegazione esauriente • Revisione tecnica • Revisione interna
Processi di business	BPQMod	• Revisione tra pari • Revisione di gruppo strutturata • Ispezione formale (basata sui modelli di processo, per esempio swim lane, modelli del processo di business e dell'applicazione) • Spiegazione esauriente • Prototipazione GUI • Modellazione dei test (basata sui modelli di processo) • Progettazione dei test case in anticipo • Test di usabilità

Tipo di prodotto	Modello della qualità	Metodi di verifica
Requisiti	ReqQMod	• Revisione di gestione • Revisione tra pari • Revisione di gruppo strutturata • Audit • Ispezione • Spiegazione esauriente • Revisione tecnica • Revisione informale • Prototipazione GUI • Modellazione di test (basata sui requisiti) • Specifica dei test case (basata sui requisiti)
Architettura	ArchQMod	• Revisione tra pari • Revisione di gruppo strutturata • Ispezione formale • ATAM • Prototipazione (incluso il test funzionale e non funzionale) • FMEA
Database	DataQMod	• Ispezione formale (per esempio sulla normalizzazione) • Revisione tra pari (su indici, statement SQL, stored procedure) • Revisione di gruppo strutturata • Test funzionale (dall'applicazione) • Test non funzionale (include performance e sicurezza)
Codice sorgente	CodeQMod	• Revisione tra pari • Revisione di gruppo strutturata • Ispezione formale (per esempio linee guida per lo stile, standard di codifica) • Analisi statica del codice sorgente (basata sul tool) • Profilazione (per esempio, perdite di memoria) • Test dinamico funzionale e non funzionale • Test di codifica • Test di branch • Test LCSAJ

Appendice A: Modelli di qualità e metodi di verifica

Tipo di prodotto	Modello della qualità	Metodi di verifica
(Parte di) applicazione o sistema	SysQMod	• Test del processo di business • Test end-to-end • Test funzionale • Test non funzionale (per esempio, test di affidabilità, performance, sicurezza e usabilità) • Test basati sulla struttura • Test basati sulle specifiche • Test con le Decision Tables • Test con State Transition Diagram • Test con Equivalence Partitioning • Boundary Value Analysis • Grafico causa-effetto • Test combinatorio • Test di use case • User Story Testing • Analisi di dominio • Test esplorativo • Test di massa • Test automatizzati/manuali
Ambiente	EnvQMod	• Revisione tra pari • Revisione di gruppo strutturata • Ispezione formale • ATAM • Prototipazione (incluso il test funzionale e non funzionale) • FMEA • Monitoraggio • Revisioni in corso
Archivio a lungo termine	DigPresQMod	• Ispezione • Revisione tra pari • Test di recovery • Test di regressione • Ispezioni tramite esempi • Spot test

Appendice B: Standard rilevanti internazionali

Tutti gli standard, bozze di standard o standard specifici di settore come DO 178C, AQAP o CMMI sono principalmente derivati da standard nazionali o internazionali sviluppati da vari enti di standardizzazione, nazionali e internazionali. Nella tabella successiva abbiamo riportato esclusivamente gli standard internazionali, che sono rilevanti per gli obiettivi di questo libro, e che si concentrano sulla quality governance, sulla gestione della qualità e sull'ingegneria della qualità. Se uno standard non è applicato in un paese, ci dovrebbe essere uno standard equivalente, applicabile all'interno del paese.

Numero di riferimento	Titolo
IEC 31010: 2009	Risk management – Risk assessment techniques
IEEE STD 1028: 2008	IEEE Standard for Software Reviews and Audits
ISO 9000: 2005	Quality management systems – Fundamental and vocabulary
ISO 9001: 2008	Quality management systems – Requirements
ISO 9004: 2009	Managing for the sustained success of an organization – A quality management approach
ISO 10001: 2007	Quality management – Customer satisfaction – Guidelines for codes of conduct for organizations
ISO 10002: 2009	Quality management – Customer satisfaction – Guidelines for complaints handling in organizations
ISO 10003: 2007	Quality management – Customer satisfaction – Guidelines for dispute resolution external to organizations
ISO 10005: 2005	Quality management systems – Guidelines for quality plans
ISO 10006: 2003	Quality management systems – Guidelines for quality management in projects
ISO 10007: 2003	Quality management systems – Guidelines for configuration management
ISO 10012: 2003	Measurement management systems – Requirements for measurement processes and measuring equipment

Numero di riferimento	Titolo
ISO/TR 10013: 2001	Guidelines for quality system documentation
ISO 10014: 2007	Quality management – Guidelines for realizing financial and economic benefits
ISO 10014: 2006	Quality management – Guidelines for realizing financial and economic benefits
ISO 10015: 1999	Quality management – Guidelines for training
ISO 10018: 2012	Quality management – Guidelines on people involvement and competence
ISO 10019: 2005	Guidelines for the selection of quality management system consultans and use of their service
ISO 19011: 2012	Guidelines for auditing management systems
ISO 26262-1: 2011	Road vehicles – Functional safety – Vocabulary
ISO 26262-2: 2011	Road vehicles – Functional safety – Management of functional safety
ISO 26262-3: 2011	Road vehicles – Functional safety – Concepts phase
ISO 26262-4: 2011	Road vehicles – Functional safety –Product development at the system level
ISO 26262-5: 2011	Road vehicles – Functional safety –Product development at the hardware level
ISO 26262-6: 2011	Road vehicles – Functional safety – Product development at the software level
ISO 26262-7: 2011	Road vehicles – Functional safety – Production and operation
ISO 26262-8: 2011	Road vehicles – Functional safety – Supporting processes
ISO 26262-9: 2011	Road vehicles – Functional safety – Automative Safety Integrity Level (ASIL) oriented and safety-oriented analyses
ISO 26262-10: 2011	Road vehicles – Functional safety – Guideline on ISO 26262
ISO31000: 2009	Risk management – Principles and guidelines
ISO/IEC 12207: 2008	Systems and software engineering – Software life cycle processes
ISO/IEC 15288: 2008	Systems and software engineering – System life cycle processes
ISO/IEC 15504-1: 2004	Information technology – Process assessment – Part 1: Concepts and vocabulary
ISO/IEC 15504-2: 2004	Information technology – Process assessment – Part 2: Performing an assessment
ISO/IEC 15504-3: 2004	Information technology – Process assessment – Part 3: Guidance on performing an assessment
ISO/IEC 15504-4: 2004	Information technology – Process assessment – Part 4: Guidance on use for process improvement and process capability determination
ISO/IEC 15504-5: 2004	Information technology – Process assessment – An exemplar software life cycle process assessment model
ISO/IEC 15504-7: 2004	Information technology – Process assessment – Part 7: Assessment of organizational maturity
ISO/IEC 15504-9: 2004	Information technology – Process assessment – Part 9: Target process profiles
ISO/IEC 15504-10: 2004	Information technology – Process assessment – Part 10: Safety extension

Appendice B: Standard rilevanti internazionali

Numero di riferimento	Titolo
ISO/IEC 16085: 2006	Systems and software engineering – Life cycle processes – Risk management
ISO/IEC 20000-1: 2011	Information technology – Service management – Part 1: Service management system requirements
ISO/IEC 20000-2: 2012	Information technology – Service management – Part 2: Guidance on the application of service management systems
ISO/IEC 25010: 2011	System and Software-Engineering – Systems and software Quality Requirements and Evaluation (SQuaRE) – System and software quality models
ISO/IEC 25012: 2008	Software-Engineering – Software product Quality Requirements and Evaluation (SQuaRE) – Data quality model
ISO/IEC 25020: 2007	Software-Engineering- Software product Quality Requirements and Evaluation (SQuaRE) – Measurement reference model and guide
ISO/IEC 25021: 2012	Systems and software-Engineering – Systems and software Quality Requirements and Evaluation (SQuaRE) – Quality measure elements
ISO/IEC 25030: 2007	Software-Engineering – Software product Quality Requirements and Evaluation (SQuaRE) – Quality requirements
ISO/IEC 25040: 2011	Systems and Software-Engineering – Systems and software Quality Requirements and Evaluation (SQuaRE) – Evaluation process
ISO/IEC 25041: 2012	Systems and Software-Engineering – Systems and software Quality Requirements and Evaluation (SQuaRE) – Evaluation guide for developers, acquires and independent evaluators
ISO/IEC 27001: 2013	Information technology – Security techniques – Information security management systems – Requirements
ISO/IEC 90003: 2004	Software engineering – Guidelines for the application of ISO 9001 to computer software
ISO/IEC FDIS 25000: 2013	Systems and Software-Engineering – Systems and software Quality Requirements and Evaluation (SQuaRE) – Guide to SQuaRE
ISO/IEC FDIS 25001: 2013	Systems and Software-Engineering – Systems and software Quality Requirements and Evaluation (SQuaRE) – Planning and management
ISO/IEC/IEEE 29119-1: 2013	Software and Systems-Engineering – Software-Testing – Concepts and definitions
ISO/IEC/IEEE 29119-2: 2013	Software and Systems-Engineering – Software-Testing – Test process
ISO/IEC/IEEE 29119-3: 2013	Software and Systems-Engineering – Software-Testing – Test documentation
ISO/IEC/IEEE 29148: 2011	Systems and software engineering – Life cycle processes – Requirements engineering

Glossario

AG Aktiengesellschaft; S.p.A.
Agile Gruppo di metodi di sviluppo del software, basato su uno sviluppo iterativo e incrementale, dove i requisiti e le soluzioni si sviluppano attraverso la collaborazione tra team autogestiti e cross-funzionali.
Anti-pattern Pattern usato nelle attività sociali o di business o nell'ingegneria del software, che può essere comunemente usato ma non è efficace e/o controproducente in pratica.
APM Application Portfolio Management.
AQAP Allied Quality Assurance Pubblications (NATO).
ArchQMod Architecture Quality Model.
Assemblaggi di Breadboard Procedura standardizzata per la verifica e la validazione dei sistemi o dei componenti, e per l'integrazione di tali componenti.
ASP Application Service Providing.
Asset Oggetti o elementi che possono essere creati e modificati.
ATAM Architecture Tradeoff Analysis Method.
ATM Authomated Teller Machine.
Avaloq Soluzione del software bancario; o anche l'azienda svizzera che ha sviluppato il software.
Basel II Secondo degli accordi di Basel, raccomandazioni sulle leggi e norme bancarie pubblicate dal comitato Basel sul Controllo Bancario.
Basel III Terzo degli accordi di Basel, standard normativo globale sui requisiti patrimoniali della banca, test di stress e rischio di liquidazione del mercato, emessi dal comitato Basel sul Controllo Bancario.
BMW Bayrische Motoren Werke, azienda automobilistica tedesca.
BP Business Process.
BPO Business Process Outsourcing.
BPQMod Business Process Quality Model.
Ciclo di vita Un certo numero di fasi sequenziali, raggruppate insieme, che va dalla ideazione allo sviluppo, alla sua eventuale dismissione e include varianti aggiornate della versione, rilasciata per aiutare a migliorare il software o fissare bug ancora presenti nel prodotto.

CIO Chief Information Officer.
CMMI Capability Maturity Model Integration.
COBIT Control Objectives for Information and Related Technology.
COBIT5 Struttura di business per la Governance e la Gestione delle aziende IT.
CodeQMod Code Quality Model.
CPU Central Processing Unit.
CxO Indica uno qualunque dei seguenti termini: CEO, COO o CIO.
DataQMod Data Quality Model.
DigPresQMod Digital Preservetion Quality Model.
DO 178C Standard specifico di settore intitolato "Software Considerations in Airbone Systems and Equipment Certification" e pubblicato dalla RTCA, Inc., insieme a EUROCAE.
DocQMod Documentation Quality Model.
DPE Digital Preservation Europe, organizzazione europea.
E/E Electric and Electronic.
E2E End to End.
ECU Electronic Control Unit.
EFQM European Foundation for Quality Management Model.
EnvQMod Enviroments Quality Model.
ERP Enterprise Resource Planning.
EUROCAE European Organisation for Civil Aviation Equipment.
ES Embedeed System.
FlexRay Sistema di bus per applicazioni superiori.
FMEA Failure Mode and Effects Analysis.
FSpec Specifica dei test case che affronta le proprietà funzionali.
GoL Go-Live.
Go-Live Fase dello sviluppo del software che rilascia il software per gli utenti in un ambiente di produzione.
HiL Hardware in the Loop.
ICTS Information and Communication Technology System.
IEC International Electrotechnical Cimmission.
IEEE Institute of Electrical and Electronics Engineers.
Interruzione di Business Interruzione del funzionamento o breakdown.
IQA Individual Quality Approach.
ISACA Information System Audit and Control Association, organizzazione americana.
ISO International Organization for Standardization.
ISTQB International Software Testing Qualifications Board.
ITIL Information Technology Infrastructure Library.
IT I due termini IT e ICT sono usati analogamente, sebbene nel libro si predilige il termine ICT.
KID Numero di identificazione per KPI/KQI.
KPI Key Performnce Indicator.
KQI Key Quality Indicator.
LCSAJ Linear Code Sequence and Jump.

Glossario

Livello di rischio Grado di incertezza.
Malfunzionamento del sistema Sistema che funziona non correttamente.
MS Microsoft.
NAF NATO Architecture Framework.
NASDAQ National Association of Securities Dealers Automated Quotations, organizzazione americana.
NATO North Atlantic Treaty Organization.
Nearshore Effettuare un'attività usando un partner in outsourcing, ma nello stesso paese.
NFSpec Specifica dei test case dedicata alle proprietà non funzionali.
NHTSA National Highway Traffic Safety Administration, organizzazione americana.
NYSE New York Stock Exchange, organizzazione Americana.
OEM Original Equipment Manufacturer.
Offshore Effettuare un'attività usando un partner in outsourcing, ma in un diverso paese.
Ordine V&V Assegnazione alla QSF per l'esecuzione di un servizio basato sugli asset e valori dati.
OXL Order Execution Line.
PMI Project Management Institute.
PC Personal Computer.
PLM Product Lifecycle Management.
PMO Project Management Office.
PPM Project Portfolio Management.
PQM Portfolio Quality Management.
ProcQMod Process Quality Model.
ProdQMod Product Quality Model.
QE Quality Engineering.
QG Quality Gate.
QI Quality Intelligence.
QoS Quality of Service.
QSF Quality Services Factory.
QSO Quality Service Outcome.
QSR Quality Service Request.
Quality Gate Checkpoint in un ciclo di vita per valutare le caratteristiche di qualità
ReqQMod Requirements Quality Model.
Rel Rilascio.
RiSSQ Right Software and Systems Quality.
ROI Return on Investment.
RTCA Radio Technical Commission for Aeronautics, organizzazione americana.
SAGA Standards and Architectures for e-Government Applications.
SAP Systemanalyse und Programmentwicklung or Systeme, Anwendungen und Produkte in der Datenverarbeitung; un'azienda tedesca.
Scrum Framework per una collaborazione del team efficace su progetti complessi
SEI Software Engineering Institute, organizzazione americana.

SEPA Single Euro Payments Area.
Service cluster Un certo numero di servizi con proprietà simili raggruppati insieme.
Sistema legacy Vecchio sistema o vecchio programma applicativo.
SLA Service Level Agreement.
SLA-ID Service Level Agreement Identification Number.
SPICE Software Process Improvement and Capability Determination.
SQuaRE Ingegneria dei sistemi e del software, Systems and Software Quality Requirements and Evaluation.
SQS Software Quality Systems, azienda tedesca.
SQS PractiQ Standard aziendale globale per tutti i consulenti SQS.
STD Standard.
SysQMod System Quality Model.
Temenos Soluzione software bancaria; o anche l'azienda svizzera che ha sviluppato il software.
TestSPICE Miglioramento del processo del software e capacità di determinazione per i processi di test.
TMMI Test Maturity Model Integration.
TMap Approccio alla gestione dei test.
TOGAF The Open Group Architecture Framework.
UAT User Acceptance Test.
UML Unified Modelling Language.
US United States (of America).
V&V Verification and Validation.
Valore Beneficio concreto che può essere usato e prodotto da un servizio.
VM-XT V-Model XT.
WD Working Days (di solito 8 ore al giorno).
WSDL Web Services Description Language.
Y2K Year 2000.
Zachman framework Enterprise architecture frame work, che fornisce un modo formale e altamente strutturato di conoscere e definire un'azienda.

MIX
Papier aus verantwortungsvollen Quellen
Paper from responsible sources
FSC® C105338

If you have any concerns about our products,
you can contact us on
ProductSafety@springernature.com

In case Publisher is established outside the EU,
the EU authorized representative is:
**Springer Nature Customer Service Center GmbH
Europaplatz 3, 69115 Heidelberg, Germany**

Printed by Libri Plureos GmbH
in Hamburg, Germany